RECLAM-BIBLIOTHEK

Keine Frage: Die deutsche Literatur der Gegenwart genießt ein Image, das selbst Werbeagenturen in Verzweiflung stürzen würde. Ihren Erzeugnissen wurden »Talentschwäche« (Frank Schirrmacher), »Neigung zum Unsinnlichen« (Uwe Wittstock) und Ähnlichkeit mit dem »Stadtplan von Kiel« (Maxim Biller) attestiert; ihre Autoren erhielten den guten Rat, »sich wieder an jene dirty places« zu begeben, »wo Bisse und Küsse so schwer zu unterscheiden sind« (Matthias Altenburg).

Von diesen Angriffen her entwickelte sich in den letzten Jahren eine hitzige Diskussion, an der sich Kritiker, Verleger, Autoren und Lektoren gleichermaßen beteiligten. Der von Andrea Köhler, Literaturredakteurin der *Neuen Zürcher Zeitung*, und Rainer Moritz, Publizist und Programmgeschäftsführer des Verlags Hoffmann und Campe, herausgegebene Band versammelt zentrale Texte zur Debatte und versucht mit Originalbeiträgen die eingefahrenen Gleise der Auseinandersetzung zu verlassen.

Maulhelden und Königskinder

Zur Debatte über die deutschsprachige Gegenwartsliteratur

Herausgegeben von Andrea Köhler und Rainer Moritz

RECLAM VERLAG LEIPZIG

ISBN 3-379-01620-9

Reclam-Bibliothek Band 1620
1. Auflage, 1998
Reihengestaltung: Hans Peter Willberg
Umschlaggestaltung: Oberberg + Puder, Leipzig,
unter Verwendung von: Cornelis Norbertus Gijsbrechts
»Rückseite eines Gemäldes«, 1670, Öl auf Leinwand
Gesetzt aus Meridien
Satz: Peter Conrad, Brandis
Druck und Bindung: Ebner Ulm
Printed in Germany

Inhalt

ANDREA KÖHLER/RAINER MORITZ

Einleitung

»Jammern tun alle in diesem Gewerbe gern, viel, ausgiebig und mit den immer gleichen Argumenten.«

Christoph Buchwald

I

Mit manchem ist kein Staat zu machen, und bisweilen erweist es sich schlechthin als unmöglich, einen Ackergaul als Dressurpferd zu präsentieren. Dick Olsson, die Hauptfigur in Lars Gustafssons Roman »Geheimnisse zwischen Liebenden« (dt. 1997), hat sich als Werbeberater darauf spezialisiert, aus »einer unbekannten Sache eine bekannte Sache« zu machen. Diese Qualifikation erregt sogar das Interesse einer ehemaligen Sowjetrepublik, die den Imagefachmann anheuern möchte, um ihre Reputation in der Weltöffentlichkeit zu mehren. Dick Olsson – ein Mann für schwierigste Fälle, doch wäre er auch tollkühn genug, sich um das ramponierte Ansehen der deutschsprachigen Gegenwartsliteratur zu kümmern? Wohl kaum.

Es ist keineswegs ein Novum unserer Tage, über die Mittelmäßigkeit und die Sinnlosigkeit der aktuellen literarischen Produktion zu lamentieren. Schon Robert Burton klagte in seiner »Anatomie der Melancholie« (1621) über eine Literatur, die nur der Auslastung des Druckereigewerbes diene, und es gehört seit jeher zum festen Repertoire kulturpessimistischer Rede, den unaufhaltsamen Niedergang der Künste zu konstatieren. Der schleichende Qualitätsverfall, der dabei der deutschen Nachkriegs- und Gegenwartsliteratur unterstellt wird, steht folglich in einer langen Traditionsreihe. Je seltener die Namen der »großen« Figuren wie Böll, Grass, Johnson, Walser, Bachmann, Frisch, Celan, Wolf, Dürrenmatt oder Bernhard erklangen, desto mehr spitzten sich diese Klagen zu, und es bedurfte eines politischen Einschnittes – des Jahres 1989 –, um die Debatten neu aufleben zu lassen. Die neue Rolle, die manche dem größer gewordenen Deutschland zuwiesen, sollte auch auf der literarischen Ebene eingelöst werden: Eine große Nation braucht eine große Literatur. Frank Schirrmachers Essay »Idyllen in der Wüste« bildete den Auftakt einer bis heute schwelenden Auseinandersetzung – von Übelmeinenden als »intellektuelle Autofellatio« (Roger Willemsen) bezeichnet –, in deren Verlauf sich Kritiker, Autoren, Lektoren und Verleger zu Wort meldeten.[1]

Schirrmachers kompromißlose Bestandsaufnahme gab, obschon sie alsbald Widerspruch erntete,[2] Stichworte vor,

1 Die vorliegende Sammlung beabsichtigt nicht, die Kontroversen seit 1989 vollständig zu dokumentieren. Es wurde bewußt ausgewählt und auf manches gerne verzichtet. Ausdrücklich verwiesen sei auf folgende selbständige Publikationen: Christian Döring (Hg.): Deutschsprachige Gegenwartsliteratur. Wider ihre Verächter. Frankfurt/Main: Suhrkamp, 1995; Hubert Winkels: Leselust und Bildermacht. Über Literatur, Fernsehen und Neue Medien. Köln: Kiepenheuer & Witsch, 1997; Gustav Seibt: Das Komma in der Erdnußbutter. Essays zur Literatur und literarischen Kritik. Frankfurt/Main: Fischer, 1997. Eine Zusammenfassung der Debatte bietet Julia Kormann: Lust und Leid der deutschsprachigen Literatur. Über einen Literaturstreit und gute Gründe, Literatur zu lesen. In: Der Deutschunterricht 49 (1997), H. 4, S. 86–92. Die sich an Christa Wolf entzündende Diskussion über die DDR-Literatur dokumentiert Thomas Anz (Hg.): »Es geht nicht um Christa Wolf«. Der Literaturstreit im vereinten Deutschland. Erw. Neuausgabe. Frankfurt/Main: Fischer, 1995. – An Anthologien sind vor allem zu erwähnen: Andreas Neumeister/Marcel Hartges (Hg.): Poetry! Slam! Texte der Pop-Fraktion. Reinbek: Rowohlt, 1995; Martin Hielscher (Hg.): Wenn der Kater kommt. Neues Erzählen – 38 deutschsprachige Autorinnen und Autoren. Köln: Kiepenheuer & Witsch, 1996; Heiner Link (Hg.): Trash-Piloten. Texte für die 90er. Leipzig: Reclam, 1997.

2 Vgl. die in diesem Band nachgedruckten Repliken von Volker Hage und Hubert Winkels sowie Günter Franzen: Habemus papam! In: Rheinischer Merkur, 27. 10. 1989.

die in den darauffolgenden Jahren vielfach wiederholt oder umformuliert wurden. Dem »Stillstand« der Literaturkritik, so Schirrmacher, korrespondiere die »Talentschwäche« der jüngeren Autoren, die sich vor allem in der »Unfähigkeit zu erzählen« zeige. Zuspruch erhielt dieser Rundumschlag bald von überraschender Seite: Die Schriftsteller Maxim Biller und Matthias Altenburg liefen zu rhetorischer Hochform auf und schlugen ihren Kollegen bis heute gern zitierte Vorwürfe um die Ohren: Sinnlich »wie der Stadtplan von Kiel« (Biller) sei die Gegenwartsliteratur, und man riet den derart gebrandmarkten Autoren, »anständige Romane« (Biller) zu schreiben und sich an jene »dirty places« zu begeben, wo »Bisse und Küsse so schwer zu unterscheiden sind« (Altenburg).

Als Gegenpol der als schwerblütig-akademisch eingestuften Literatur, für die das Programm des Suhrkamp Verlages oft synonym genommen wurde, fungiert meist die amerikanische Szene[3], die in bisweilen devoter Haltung als Leitbild angerufen wird. Deutsche Literatur, so die vielfach variierte These, verstehe es nicht, »realistisch« und spannungsvoll zu erzählen, was im Gegenzug dazu führe, daß das Ausland an Übersetzungen deutschsprachiger Bücher selten Interesse zeige. Dem Kritiker und Lektor Uwe Wittstock blieb es vorbehalten, diesen Aspekt besonders herauszustellen. In mehreren Aufsätzen[4] betonte er die »Neigung zum Unsinnlichen« der neueren Literatur und deren Unfähigkeit, breite Leserkreise in Bann zu ziehen. Wittstocks Verknüpfung von ästhetischen und ökonomischen Kriterien stieß, wie nicht anders zu erwarten, auf heftigen Widerspruch: Die einen witterten flugs »Affirmation« und »Legitimierung des Be-

3 Besonders plakativ z. B. Christian Seiler: Die Jungen von heute. Warum sind die Amis moderner als wir? In: Profil, 8. 5. 1995.

4 Wittstocks Arbeiten liegen, zum Teil erweitert, vor in dem Band: U. W.: Leselust. Wie unterhaltsam ist die neue deutsche Literatur? München: Luchterhand, 1995.

stehenden«[5], die anderen sahen bloße »Vertriebs-Ästhetik«[6] am Werk.

Die Kontroverse, die sich daran entzündete, erhielt durch die Wortmeldungen von Verlegern[7] zusätzliches Gewicht, doch sie verdeckte, im nachhinein betrachtet, vor allem die ästhetischen Implikationen. Wo immer über das Unterhaltsame oder Langweilige, das Verkäufliche oder Unverkäufliche geredet wurde: Die von Karl Heinz Bohrer angemahnte »Erinnerung an Kriterien« erwies sich als höchst notwendig, um vor einem Abgleiten der Gegenwartsliteratur in den traditionsblinden Mainstream zu warnen. Uwe Wittstocks Aufforderung, »Erzählmuster routinierter Unterhaltungsautoren zu übernehmen, um etwas Besseres daraus zu machen«, läßt sich vor dem komplexen ästhetischen Hintergrund, wie ihn Bohrer skizziert, nicht blindlings umsetzen – sofern man von Literatur weiterhin mehr erwartet als die Befriedigung von Konsumbedürfnissen.[8] Wie unbeantwortet viele dieser Fragen sind, bezeugte zuletzt die im Sommer 1997 von Matthias Politycki entfachte Debatte um die sog. 78er-Generation.[9] Auf diesem Grund versammelt der vorlie-

5 Helmut Böttiger: Konsumentenvergnügen. Literarisches Rendezvous auf der Couch. In: Frankfurter Rundschau, 29. 7. 1993.
6 Heinz Ludwig Arnold: Ach, wie amüsant! In: Die Woche, 2. 9. 1993.
7 Vgl. neben Siegfried Unselds Beitrag in diesem Band v. a. Uwe Schmidt/Reinhold Neven DuMont: »Autoren, die erzählen und Spannung erzeugen können, werden zu wenig ermutigt«. In: Buchreport, 13. 5. 1993; Roger Anderegg/Daniel Keel: »Man quält sich durch ein Buch, man hat offenbar Angst, nicht ›in‹ zu sein«. In: Buchreport, 9. 2. 1995.
8 Vgl. Jürgen Busche: Erzählstandort Deutschland in Gefahr? In: Berliner Zeitung, 2. 4. 1997; Tilman Krause: Gut erzählen genügt nicht. In: Der Tagesspiegel, 30. 12. 1997.
9 Vgl. Matthias Politycki: Kalbfleisch mit Reis! Die literarische Ästhetik der 78er-Generation. In: Schreibheft 50 (1997), S. 3–9. Zusammenfassend Rainer Moritz: Spätentwickler an die Macht? Warum es vielleicht eine Achtundsiebziger-Generation geben

gende Band nicht nur eine Auswahl der seit 1989 erschienenen Aufsätze, sondern er versucht mit Originalbeiträgen die ausgetretenen Pfade zu verlassen; es tut schließlich immer not, Maulhelden und Königskinder zu unterscheiden.

II

Leider, hatte die Agentin gesagt, »leider gehören Autoren nicht zu den knappen Ressourcen«. Andererseits, hat sich der deutsche Dichter gedacht und das Angebot dankend abgelehnt, »andererseits ist aber das, was als knapp gilt und was nicht, durchaus Veränderungen unterworfen«. Literatur, mag die Agentin heimlich gedacht haben, zumal die so schwer an den Mann zu bringende deutsche, gibt es zuhauf. Andererseits, denkt sich der Dichter auf einem Gang durch Venedig, »fallen die Wörter bei jedem Anfang wieder in den Stand der Unschuld«. Irgendwo hat der Autor einmal gelesen, Literatur müsse »anrühren wie ein guter Film«. Tempo und Drive sollten die Sätze haben. Das nannte man damals, es war anno 92, Realismus. Und da sein Blick, derweil er mit ziemlichem Tempo Venedig durchquert, auf dies oder das fällt, was man Wirklichkeit nennen könnte, schreibt er, er kann nicht anders, er ist ein Dichter, auf, was er sieht. Das haben andre schon vor ihm getan. Andererseits fallen die Wörter mit jedem neuen Blick – nein, nicht in den Stand der Unschuld. Aber auf das vielleicht noch nicht so Beschriebene. Und vielleicht, womöglich, schaffen sie selbst diesen neuen Blick. Und vielleicht, womöglich, gehören in Zeiten, wo Literatur irgendwie besser als Film

muß. In: Stuttgarter Zeitung, 31. 10. 1997. Politycki hatte sich bereits zuvor zu Wort gemeldet; vgl. etwa M. P.: Die 78er und der Untergang des Hauses Usher. Was dahintersteckt, wenn sich Kritiker und Lektoren um die neuere deutsche Literatur streiten. In: Frankfurter Rundschau, 6. 4. 1996.

sein muß, solche Autoren doch zu den knappen Ressourcen, zumal in der deutschen Gegenwartsliteratur?

Die deutsche Literatur ist in der Krise, allerspätestens seit Lord Chandos die Worte wie modrige Pilze im Munde zerfielen. Aber immer noch reden die deutschen Dichter in vielen Zungen, wenn sie Italien bereisen. *Thomas Hettche* ist einer von ihnen, ein Gescholtener überdies der »Edition-Suhrkamp-Kultur« und trotzdem (oder deshalb?) von einer Agentin umworben. *Burkhard Spinnen*, ein deutscher Autor, der das Verdikt der mangelnden Unterhaltsamkeit nicht zu fürchten braucht (obschon seine Literatur weit intelligenter ist als dieser Vorwurf), erzählt in seinem »kleinen Schriftstellerroman« nicht nur, wie einer ein (unterhaltsamer) deutscher Schriftsteller wird, sondern auch, was es ihm so schwer gemacht hat. Wobei er zu bedenken gibt, daß der Streit zwischen Avantgarde und Tradition, ja die Opposition zwischen »U« und »E« inzwischen selbst schon historisch geworden ist.

Wer die schlechte Qualität der deutschen Gegenwartsliteratur beklagt, und dies unter Hinweis auf die unsterblichen Werke der Klassik, sollte mal wieder den Bücherschrank konsultieren. Der Griff zu den kanonischen Werken fördert bei *Jochen Hörisch* nicht nur so manches Mißglückte zutage, sondern macht gleichzeitig deutlich, daß die klassischen Kriterien für geglückte Literatur auch für die neuste Dichtung Geltung beanspruchen dürfen. Die Frage also drängt sich auf, was »den Blick auf die hervorragende Verfassung der deutschen Gegenwartsliteratur verstellt«.

Daß dabei die schlechte Verfassung der deutschen Literaturkritik einerseits, die neuen Medien andererseits eine prägnante Rolle spielen, haben (nicht nur) *Brigitte Kronauer* und *Norbert Bolz* festgestellt. Der Umstand, daß die Verlagswerbung zu jeder Buch-Saison neu emphatische Kritikerstimmen zu den jüngsten deutschen Produkten zitiert, andererseits »das Gejammer von der Misere sich begeistert perpetuiert« (Kronauer), wäre allein schon kurios genug, wenn dieses typische Paradox der Mediengesellschaft nicht zugleich auch Ausdruck einer *déformation professionnelle* wäre. Die Regel, bemerkt die Schriftstellerin, sind Kritiken, die, »in bester lauer Absicht verfaßt«, nur mit Entweder-Oder-Kategorien hantieren und dabei über Inhaltsangaben und Geschmacksurteile selten hinauskommen. Das Spezifische – und Erotische – der modernen Literatur, nämlich ihre Doppeldeutigkeit bzw. Ambivalenz, gerät so aus dem Blick, das Ausschlaggebende, nämlich die Sprache, ins Hintertreffen. »Ist es ganz abwegig, zu vermuten«, fragt Brigitte Kronauer, »daß sich Kritiken dieser Art als verschwiemelte Aura über die Werke breiten und mit ihnen verwechselt werden?«

Zur verschwiemelten Aura gehört auch der notorische Vorwurf der Langeweile. Ein Tadel, der – um die oben erwähnte »Erinnerung an Kriterien« aufzugreifen – schon allein deshalb kein ernsthafter sein kann, weil die lange Weile, wenn schon nicht ein Spezifikum der Literatur, so doch zumindest die Voraussetzung für ihre spezifische Wahrnehmung ist – so kurzweilig sie auch zu lesen sein mag. Gleichwohl geht der Unterhaltungsfuror der Gegenwart auch an ihrer Literatur nicht spurlos vorüber – zumal die meisten gerade dann Zeit zum Lesen haben, wenn sie erschöpft sind.

Deshalb spielt die Marktforschung mit ihren Bestsellerlisten eine bedeutende Rolle als Orientierungshilfe für (Geschenke) suchende Leser. Was alle lesen, wenn keiner liest, kann so schlecht nicht sein. Der Souverän im Reich der Literatur aber ist der, der die Bestseller macht, der Star- und TV-Kritiker – wobei es zur Logik der Massenmedien gehört, daß sie Qualität und Erfolg entkoppeln. »In der Sintflut des Sinns, den die deutsche Literatur über uns ergießt«, schreibt Norbert Bolz, »ist der Großkritiker die Arche Noah.« Sein Urteil fasziniert um so mehr, je plakativer es ist – »weil es mit einem Zauberschlag Ordnung schafft«.

Ist das Werturteil »die argumentative Form einer Illusion«, so ist die Literatur im Fernsehen nur die auffälligste Form eines neuen kulturindustriellen Angebots: Literatur im Medienverbund. Nun ist das Krisengerede selbst ein Medienereignis, die Krisendiagnose eine Finte jenes Diskurses, durch den die Literatur – angeblich von den Medien ins Verderben gestürzt – eben in die Medien gehievt wird. Darüber hinaus aber dürfen wir uns mit *Manfred Schneider* darüber freuen, daß die ewige Lamentiererei über das Desaster Deutsche Literatur »insgesamt eine heitere Juste-milieu-Debatte« ist. Und es ist eine sehr deutsche Debatte. »In Frankreich würde man in dieser selbstkritischen Form niemals debattieren. In Amerika wiederum debattiert man über Literatur überhaupt nicht. Bezogen auf Frankreich ist unsere Debatte komisch. Bezogen auf Amerika ist sie beruhigend. Denn sie bezeugt: Es gibt hierzulande ein intellektuelles Leben, es gibt kleinformatige intellektuelle Passionen. Und offensichtlich ist die Literatur nicht gleichgültig. Sagen wir das Tröstlichste über diese Diskussion: der Konsens wäre der Wärmetod der Literatur.« Wir hoffen, mit diesem Band das intellektuelle Kleinformat ein wenig vergrößert – oder doch wenigstens eine frische Brise in die Debatte gebracht zu haben.

FRANK SCHIRRMACHER

Idyllen in der Wüste oder Das Versagen vor der Metropole

Überlebenstechniken der jungen deutschen Literatur am Ende der achtziger Jahre

1. Vor fast zwanzig Jahren wurde Deutschland von einer beispiellosen Alphabetisierungskampagne überzogen. Damals begann eine ausgefeilte und weitgestreute Literaturförderung, junge Autoren durch Stipendien, Preise, Arbeitsaufenthalte oder Stadtschreiberehren oft noch vor Ablieferung ihres ersten Werkes finanziell zu unterstützen. Plötzlich konnte nicht nur jeder lesen, sondern auch schreiben. »Schreiben« wurde zum subventionierten Akt. Heute können wir die Folgen absehen: Das komplexe System von Auswahl, Subventionierung und Veröffentlichung produzierte eine kollektive »écriture automatique«, ein selbsttätiges Schreiben, wie es die neuere Kulturgeschichte noch nicht gesehen hat.

»Es« schrieb und hat seitdem nicht aufgehört zu schreiben. Das Resultat läßt sich täglich in jeder Buchhandlung und einmal im Jahr auf der Frankfurter Buchmesse besichtigen. Dort kann man feststellen, daß die Pfleger und Heger des literarischen Nachwuchses ihr Ziel erreicht, ja die Erwartungen bei weitem übertroffen haben: Sehr viele junge Menschen haben sich in den letzten Jahren zum Schreiben ermuntert, aufgerufen, ja gedrängt gesehen.

Das Phänomen wurde bislang nur unzureichend ergründet. Tatsache ist, daß fast alles, was wir von der jeweils jüngsten Literatur zur Kenntnis nehmen, Produktionen von Debütanten sind. Vor ihrer Überzahl hat sich das historisch vergleichende Bewußtsein längst ergeben. Scheinblüten eines Herbstes, der bessere Durchschnitt einer Saison, der Rummel und das überzogene Lob – all dies entschuldigt sich dadurch, daß alle anderen Bücher noch viel schlechter sind.

Das Elend mit der Literaturförderung besteht nicht darin, daß sie auf Menschen zielt, die gerne schreiben. Für die Schublade hat schon mancher gedichtet. Das Elend ist, daß die Geförderten auch wirklich zu Ende schreiben. Wer ein Jahresstipendium oder einen Stadtschreiberposten erhält, meint, er müsse sein Manuskript schon aus moralischen Gründen auch wirklich abliefern. Das auf dem Dachboden verschimmelnde Fragment, das ein für allemal abgebrochene Manuskript hat in einem System keine Chance, in dem das Nicht-Seiende nur als Marktlücke vorstellbar ist. Wer also nichts Gescheites zuwege bringt, wird auch das noch, wenigstens als Dokument des Scheiterns, den Jurys und Verlagen andrehen wollen. In diesem Sinne sind die Förderer schon längst zu Auftraggebern geworden und unterscheiden sich von den klassischen Vorbildern der Auftragskunst nur dadurch, daß sie für das fertige Produkt eines aberwitzigen Leistungs- und Verwertungsdrangs keine Verwendung haben.

Aber wer hat die Verwendung? Wer hat, zieht man einmal die Sentimentalitäten ab, wirklich Verwendung für eine Literatur, um die man nicht nachgesucht hat und die einem dennoch hartnäckig zugestellt wird? Die fanatischen Liebhaber der Literatur? Die lesen Thomas Bernhard, beschäftigen sich mit Thomas Mann und sprechen über die neue Werkausgabe von Nabokov. Die Verlage? Selbst die dreistesten unter ihnen verzichten mittlerweile darauf, von einer »neuen deutschen Literatur« zu reden. Die Literaturkritik? Sie verzeichnet seit Jahren nur noch Stillstand. Genauer gesagt: seit fast zwanzig Jahren.

Die letzten Werke von weltliterarischem Rang, die im deutschsprachigen Raum erschienen, stammen von der Generation der heute Sechzigjährigen. Manche ihrer großen Vertreter, Heinrich Böll, Thomas Bernhard, Peter Weiss, Uwe Johnson, sind schon tot. Der nun 47 Jahre alte Peter Handke, oft als Paradebeispiel einer jungen deutschen Literatur angeführt, debütierte bereits Mitte der sechziger Jahre. Selbst wenn man noch jene Schriftsteller der siebziger und achtziger Jahre hinzuzählt, die mehr als zwei Bücher geschrieben haben, Hermann Burger (Klagenfurter Preisträger) und Botho Strauß, bleibt das Ergebnis mager. Niemand käme auf die Idee, jene, die in den siebziger oder achtziger Jahren an die Öffentlichkeit traten, eine Generation zu nennen. Zwei, drei Leute machen noch keine Generation. Jahr für Jahr aber treten neue Debütanten auf, legen ein erstes und oft kein zweites Buch vor, werden rezensiert, zu Talkshows und Fernsehlesungen eingeladen, auf Reisen und Kongresse geschickt. Die literarische Öffentlichkeit nimmt dies keineswegs abschätzig, sondern erfreut zur Kenntnis. Ihr steckt nämlich noch die Angst des neunzehnten Jahrhunderts in den Knochen, das erst, als es schon zu spät war, begriff, daß es seine größten Dichter verkannt hatte. Nun spricht aber seit langem alles dafür, daß es dem zwanzigsten Jahrhundert nicht so ergehen wird, daß seine Verbreitungs- und Kommunikationstechniken den Ruhm nicht unbillig aufsparen.

Die Situation, der wir uns heute gegenübersehen, ist qualitativ neu. Hinter der wohlmeinenden Förderung steht das Ideal des »freien Schriftstellers«. Sie sieht als ihren Zweck an, den Schriftsteller von jenen Zumutungen zu befreien, die seine Produktivität einschränken können. Natürlich ist gegen dieses Ideal nichts einzuwenden: es gehört zu den großen Mustern abendländischer Intellektualität. Einzuwenden gegen den »freien Schriftsteller« ist aber sehr viel, wenn er *de facto* nicht mehr frei, sondern Angestellter eines florierenden Betriebs geworden ist, der nur scheinbar die Freiheit garantiert. Dann wird, im extremsten Fall, Literatur zu dem, was ihre philiströsen Verächter ihr immer schon andichteten: Sie wird zum überflüssigen Produkt.

Diese Entwicklung ist nicht unbemerkt geblieben. Vor genau zehn Jahren erschien das »Literaturmagazin 11« mit dem Titel »Schreiben oder Literatur«. Die Alternative, die das Schreiben einerseits und die Literatur andererseits in Opposition setzt, drückte eine tiefe Einsicht aus und ist eine Antwort auf den Slogan vom »Tod der Literatur«. Damals glaubten die Herausgeber noch, daß jede der beiden »Literaturen« eine Funktion habe, die »derzeit von der jeweils anderen gar nicht erfüllt werden kann«. Darin haben sie sich getäuscht. Getäuscht haben sich auch die Anwälte der jungen Literatur, die Jurymitglieder, die Preisrichter, die Kritiker, die Moderatoren: Sie sehen immer nur den künstlerischen Pluralismus wachsen, die Fülle des Vielfältigen, die Lesarten der Welt. Es sollten hunderttausend Texte blühen.

2. Doch es geschah das Unerwartete. Als die Manuskripte lektoriert, die Umschläge entworfen, die Klappentexte formuliert und die Bücher endlich im Handel waren, stellte man fest, daß sie alle dasselbe enthielten. Man glaubte an ein Versehen und wollte es bei der nächsten Buchmesse besser machen. Die Verlage schickten ihre Lektoren zu den großen Wettbewerben und den kleinen Preisverleihungen, und von überall ließ man sich Texte empfehlen und Namen nennen. Aber die nächste Messe zeigte das gleiche Bild. Und der Herbst des Jahres 1989 wiederholt und verschärft es noch.

»Es« schreibt, und es schreibt immer gleich. Die Texte, die einmal von extremer Individualität, ein anderes Mal von Berlin, vom Leben auf der Alm oder von einer verflossenen Liebe handeln, die mit allen Stilen und Formen experimentieren, die eigensinnig, radikal oder esoterisch zu sein vorgeben, sie gleichen sich wie ein Ei dem anderen. Die Lektoren geben es zu, die Kritiker sprechen es aus, aber am Phänomen selber ändert sich nichts.

Es gibt, das ist nicht zu leugnen, Unterschiede. Die jungen Autoren des Jahres 1989 sind welterfahrener, informierter, haben mehr gesehen, als es sich je ein Dichter der literarischen Moderne hätte träumen lassen. Sie kennen sich aus. Man hört sie über den Kunstbegriff bei Nietzsche reden, wie es beispielsweise der Romancier Matthias Politycki tut. Die mittelalterliche Liebeslyrik Oswald von Wolkensteins ist ihnen, wie Anita Pichler in ihrem zweiten Prosaband zeigt, zur Hand. Sie räsonieren über die Erzähltheorie Walter Benjamins, wie Thorsten Becker in seiner ersten Erzählung, oder entwickeln, wie Botho Strauß, die Simulationskonzepte Baudrillards. Sie sind in den absonderlichsten Vergangenheiten zu Hause, und in keiner so sehr wie in der Moderne.

Zur jungen Literatur in diesem Herbst

Aber sie kennen außer den Büchern auch die Welt. Noch der Menschenscheueste unter den jungen Dichtern hat von der Welt mehr gesehen als je ein Künstler zuvor: Die Schrecken der Großstadt hat er schrecklicher zu Gesicht bekommen als Upton Sinclair, die Schönheit der Landschaft schöner, als Eichendorff sie erdachte, die Menschheit zynischer, als Döblin das für möglich hielt.

Bei der Fülle des Materials kann nicht ausbleiben, daß sie vieles nur andeutungsweise wissen. Doch auch, was sie nur halb kennen, glauben sie ganz zu verstehen. Einige Verse von Georg Trakl genügen ihnen, um den ganzen Trakl zu verstehen. Einige Sätze von Musil genügen, um eine prägnante Theorie über Musil zu formulieren. Was wie Leichtfertigkeit aussieht, ist in Wahrheit eine Überlebenstechnik. Nur wer nicht zu lange bei den Dingen verweilt, kann in ihnen überleben. Zwei Wochen New York müssen genügen, um New York zu verstehen. Einige Minuten Fernsehnachrichten reichen aus, um ein Bild vom Zustand der Welt zu bekommen. Deshalb lag ein Weltbild, ein Leben, eine Literatur des *pars pro toto* nahe. Wer heute aufwächst, der braucht zum Überleben, was die Literatur gleichsam als Luxus über Jahrhunderte einübte: in den Teilen den Plan des Ganzen zu erkennen. Die Autoren aber haben daraus die falsche Schlußfolgerung gezogen: Sie beschreiben die Details in der Hoffnung, man werde sich das Ganze schon zurechtreimen.

Damit aber hat es seine Schwierigkeiten. Der Teil, der fürs Ganze steht, sind sie selber, sind sie als Menschen von

Fleisch und Blut. Man sollte niemandem trauen außer sich selbst – das ist keine Ganovenmoral, sondern eine Ästhetik. Die eigene Innerlichkeit kann niemand besserwisserisch in Frage stellen. In einer unübersehbaren Welt von Wirklichkeiten und Simulationen sind die Gefühle gleichsam Garantien, überhaupt noch irgendwo vorhanden zu sein. Liebe, Verzweiflung, Sterben, Tod – natürlich sind das noch die Themen der Literatur. Sie hat die Themen und sie liebt es, darüber zu reden.

3. »Am Tag zuvor habe ich ihr noch aus Kinderbüchern vorgelesen. Sie mochte so gerne hören, was Kinder sagen. Dann fing sie an zu phantasieren … Ich konnte sie akustisch kaum noch verstehen, und sie konnte dann auch nicht mehr hören. Ich dachte: Was tu ich denn jetzt, wenn ich mich nicht mehr mit ihr verständigen kann? Dann fiel mir ein: ihre Hand halten … Ich habe dann einfach dagesessen und ihre Hand gehalten, ihr das Gefühl gegeben: hier bin ich. Hier ist noch jemand … Und schwer fand ich schon, diese tiefen, tiefen Atemzüge anzuhören. Ich hoffte geradezu, es möge jetzt der letzte sein. Das war auch für mich quälend. So wie aus tiefster Seele kamen ihre Atemzüge immer noch einmal wieder … Ja, dann war so dieses letzte, lange und tiefe Atemholen, und dann war es einfach Nichtmehratmen … Da stand ich auch ein bißchen wie mit leeren Händen davor. Ja, auch verwirrt, irritiert und traurig.« Der Text handelt vom Tod der Mutter. Ohne Zweifel hat er starke Momente. Eingeweihten werden folgende Andeutungen genügen: die Mutter wird zum Kind, die Tochter zur Mutter; die Verständigung bricht zusammen; Rückkehr zur vorsprachlichen Gebärde; Anspielung auf das Isaak-Opfer, mit dem die Tochter sich dem Tod anbietet (»Hier bin ich«); der Tod, auch semantisch versöhnt, ist nur noch »Nichtmehratmen«; die alleingebliebene Tochter steht am Ende – bestechendes Bild – »mit leeren Händen da«.

Der Text hat keinen Preis bekommen. Obgleich er in diesem Herbst erscheint, wird ihn kein Literaturkritiker würdigen. Niemand wird über die Autorin reden. Denn wir entnehmen ihn einem Lebenshilfe-Ratgeber, der soeben unter dem Titel »Wenn die alten Eltern sterben« in die Buchhandlungen gekommen ist. Von der Autorin dieses dort als Dokument publizierten Protokolls wissen wir nur, daß sie Franziska heißt und Beamtin ist. Außer ihr werden noch Gustav, Beate und Joachim befragt.

Die Frage lautet: Wieso klingt Franziskas Text nach junger deutscher Literatur? Wieso redet sie so, wie viele Bachmann- oder Kranichsteinanwärter schreiben? Jedermann weiß, daß Franziskas Text einen Preis hätte bekommen können. Auch Beate oder Gustav hätten eine Chance. Ihre Texte sind so gut oder so schlecht wie ein respektierter Teil der aktuellen Gegenwartsliteratur. Was Franziska von ihren literarischen Kollegen unterscheidet, ist ganz vordergründig und läßt sich nicht durch Stilmittel, Anspielungen oder Traditionszusammenhänge erklären. Es ist nur dies: Sie hat ihren Text nicht über zwei Seiten hinausgebracht.

Als »Authentizität« tarnt sich nun schon seit Jahren die Talentschwäche der nachwachsenden Schriftsteller. Von der Prosa und Poesie der literarischen Moderne hat man einmal zu Recht bemerkt, sie habe zum Entstehen einer poetischen Weltsprache geführt. Die Literatur der wahren Empfindung hat, so ließe sich die Sache ergänzen, zur Herausbildung einer neuen poetischen Fachsprache geführt.

Wer sie beherrscht, reüssiert im Betrieb. Sie ist eine Garantie dafür, überhaupt wahrgenommen zu werden. Ihre Wiedererkennbarkeit liegt am Gebrauch der fast gleichen Worte und der identischen Handlungssituationen. Die Autoren kennen die moderne Zeichentheorie und lieben Verweise auf das, was sie als Autoren tun: Schreiben, Schrift, Papier, das Weiße und die Buchstaben spielen hier als Metaphern eine große Rolle. Sie sollen die Authentizität nicht nur des Erdachten, sondern auch des Geschriebenen steigern.

Natürlich ist das nur eine Ausflucht aus der Erfahrungsleere. Einige Elemente, die fast immer dazugehören, seien hier genannt: die Wörter, das Meer, die Geschichte, die Zeit, der Blick, die Bilder, die Träume, die Augen, das Spiel, das Gesicht, das Wirkliche, die Piazza Roma, die Spiegel, das Licht, die Stimme, der Laut, der Name, das Zeichen. Die Figuren »erschrecken« leicht vor ihrer eigenen Stimme, spiegeln sich in Fenstern, zerreißen Papier, beobachten Dinge, die sonst niemanden interessieren. Jedes dieser Worte, jede dieser Stimmungen für sich allein wären explosiv in großer Literatur. Ihre semantische Energie ist so stark, daß jedes von ihnen fast eine eigene Geschichte brauchte, um sein Vorhandensein in einem poetischen Text glaubhaft zu machen. In den Texten, denen wir sie entnahmen, werden sie massenhaft aufgeboten, müssen sich gegenseitig stützen und reißen sich doch nur in die Bodenlosigkeit; ein poetischer *overkill*, der, wenn der Staub sich verzogen hat, eine Wüste hinterläßt.

4. In ihr leben Einsiedler. Die Wüste ist ihr Idyll. So sind fast alle Helden, die in der Gegenwartsprosa auftreten, zu beschreiben. Sie sehen nicht viel und können deshalb nur von sich selbst erzählen. Der Österreicher Norbert Gstrein zählt zu den großen Hoffnungen der deutschsprachigen Literatur. Sein Roman »Einer« hat zu Recht Bewunderung und Zustimmung geweckt. Jetzt hat er, nach erstaunlich kurzer Zeit, sein zweites Buch vorgelegt. Was ist daraus geworden? »Anderntags« ist eine Rekonstruktion. Die Freundin des Erzählers ist gestorben, sein Text ist Rechenschaftsbericht, Wiederherstellung der Vergangenheit, nachgetragene Liebeserklärung.

Gerade weil Gstrein zu den begabteren Autoren gehört, zeigen seine Mißgriffe die Achsenpunkte des allgemeinen Desasters an. Was sofort ins Auge fällt, ist die Unfähigkeit zu erzählen. Er glaubt dem Dilemma zu entkommen, indem er sich der Theorie in die Arme wirft. Wie viele seiner Generationsgenossen steht er, ohne es zuzugeben, im Banne Max Frischs. Von ihm haben sie gelernt, während man eine Geschichte erzählt, davon zu reden, daß man gerade eine Geschichte erzählt. Das Stilmittel, das schon in Max Frischs »Gantenbein« problematisch, weil erprobt war, findet sich in der Literatur der achtziger Jahre zuhauf.

Der Rekonstrukteur Gstrein schreibt angesichts einer Straßenszene: »Es fiel ihm leicht, eine Geschichte zu denken.« Da hat man, gerade weil es ihm so frisch von den Lippen geht, seine Zweifel. Die Geschichte entsteht gar nicht, sondern nur das Protokoll einer Gedanken- und Bilderfolge. Wie viele junge Autoren macht Gstrein die Schwierigkeiten beim Erzählen zum Element seiner Erzählung – und wie viele geht er damit unter. »Er begann immer neu – auf den Satz aus, der alles nach sich zog«; »Er konnte sich die Frau vorstellen; wie sie in die Buchhandlung schaute«; »Es fiel ihm leicht, zu denken, wie das Paar von der Bank aufsprang«. Diese Durchbrechung des Textes wäre vor achtzig, neunzig Jahren immerhin erstaunlich gewesen. Jetzt wirkt sie nur noch staubig, unsouverän, nachgeahmt, kurz: epigonal.

Er braucht die Menschen nicht, sagt einmal der Erzähler. Daß er es sagt, ist schon zuviel. Der Satz wird sofort banal. Das merkt auch Norbert Gstrein. Wie viele Autoren leidet er daran, daß seine Figuren Kommuniqués abgeben, statt einer Handlung zu folgen. Gstrein sucht einen Ausweg, und er macht es noch schlimmer. Den ohnehin theoretischen Satz reflektiert er mit einer noch abstrakteren Situation: »der Satz, den ich wortlos dem Spiegel hinwarf, stets von neuem, und als Antwort erhielt ich nichts, nur mein eigenes Lachen, den leeren Blick.« Gemeint ist in einem Akt selbstanalytischer Erkenntnis: das leere Schreiben.

Die Beispiele lassen sich beliebig vermehren. Fast immer entdeckt man hinter der fehlenden Imagination eine um so strotzendere Rhetorik, die intellektuell absichern soll, was künstlerisch mißlungen ist. Ernst Robert Curtius hat die Rhetorik des spätlateinischen Mittelalters analysiert: die Stilformen, die Gemeinplätze, die rhetorischen Rituale. Es wäre reizvoll, eine solche Stilkunde für die deutschsprachige Gegenwartsliteratur zu verfassen. In ihr stünden nicht nur verblaßte Sprachbilder. Sie verzeichnete vor allen Dingen die abgegriffenen, unproduktiv gewordenen Denkbilder einer veralteten Avantgarde.

Es gibt Autoren, die das begriffen haben. Thorsten Becker, das Wunderkind des Jahres 1987, gehört dazu. Seine Erzählung »Die Bürgschaft« spielte zwar auch mit Benjamins Theorie vom Erzähler, aber das hat außer ihm niemand gemerkt. Nach der mißratenen »Nase« hat er jetzt die Erzählung »Schmutz« geschrieben. Sie handelt von dem Wachmann Schmutz, der einen wichtigen Bewachungsauftrag bekommt, ihn wieder verliert und deshalb durchdreht. Der Bewacher wird zum Angreifer. Das Buch, in zwei Teilen vorgelegt, ist seine Rechtfertigungsschrift.

Schmutz schreibt an Gott, um sich zu rechtfertigen. Im zweiten Teil schreibt kein Gott, aber ein halbwissender Erzähler und erzählt die gleiche Geschichte noch einmal. Beckers Buch wiederholt keinen Fehler seiner Altersgenossen. Er plagiiert nicht die Rhetorik der puren Innerlichkeit. Dafür aber rettet er sich mit der Imitation. Schmutz, der Ich-Erzähler, verfügt über kein Ich. Er erzählt seine Geschichte wie ein Wachmanns-Protokoll: umständlich, exakt, ohne Emotion. Becker hat seine Geschichte bis in eine psychologisch so extreme Situation geführt, daß sie an den Rand der Satire gerät. Ein Stück, das unterhält, weil seine Voraussetzungen völlig phantastisch sind, ein Stück aus den fünfziger Jahren. Auch Schmutz freilich ist ein Einsiedler inmitten seines *Rayons*, ein ordnungsliebender Phantast, der, da in ihm nichts als Wüste ist, auch wieder eine Wüste hinterläßt.

5. Die Autoren leben in Städten oder kennen sie doch zumindest. Aber es gibt bei uns seit Jahrzehnten keine Literatur der Metropolen, des städtischen Lebens, der Weltstadt, des Weltlebens. Es gibt »New Yorker Geschichten« im Kino, aber keinen Berlin-Roman der Nachkriegszeit. Jedes Jahr wird er angekündigt; es hat ihn seit »Berlin Alexanderplatz« nicht gegeben. Die Autoren lieben New York; als Passepartout taucht der Name in jedem

zweiten Roman auf. Aber sie sind unwillig, das Dickicht ihrer eigenen Städte auch nur zu betreten.

Die Metropolen Europas und Amerikas sind die Heimat der literarischen Moderne gewesen. Unermeßliche Wirkungen sind von ihnen ausgegangen. In ihren Straßen, unter ihren Dächern, an ihren Ufern ist entstanden, was uns heute noch die ästhetischen Maßstäbe liefert. Niemand vermag zu sagen, wieso aus unseren Städten keine Geschichten mehr kommen.

Solange die deutsche Literatur sich der Gesellschaft in den Metropolen, der kalten und abgründigen Sozietät in diesem längst zu einer gigantischen Stadt gewachsenen Lande nicht zuwendet, müssen ihre Leser sich mit Idyllen begnügen. Die Idylle ist in einer Gesellschaft, die über sich selbst nur Zwangsvorstellungen entwickelt hat, an die Stelle des sozialen Romans getreten und so Platzhalterin großer Literatur geworden. Idylle ist selbst noch die Verzweiflungs- und Gewaltprosa der achtziger Jahre. »Šakuntala« hieß vor Jahrtausenden eine der ersten Idyllen, die in Indien entstand und mit »Einsiedlerleben« zu übersetzen wäre.

Einsiedler, die in einem kargen und unfruchtbaren Idyll leben – das ist das Bild unserer Gegenwartsliteratur. Erst einer, der dies begreift und ernst nimmt, vermag den Bann der Einfallslosigkeit zu brechen. Der Schweizer Thomas Hürlimann hat dies getan und prompt ein kleines Meisterwerk geschrieben. »Das Gartenhaus«, gefördert von der Schweizer Kulturstiftung, ist ein Buch, das eigentlich nicht sein dürfte. Es ist spannend. Es ist tiefsinnig. Und es ist sehr gut.

Die Geschichte ist einfach: Der Sohn eines alten Offiziersehepaars ist gestorben. Scheinbar ein Streit um den Grabschmuck, in Wahrheit aber ihr Weiterleben bringt die Eltern an den Rand einer Katastrophe. Der Oberst wird skurril und benutzt die Grabbesuche zum Füttern einer Wildkatze. Sorgsam aufgesparte Fleischstücke verscharrt er im Grab. Seine Ehefrau wird mißtrauisch; ein stummer Kampf beginnt. Die Geschichte endet mit dem

Tod des Obersten; ein Hauch von Versöhnung bleibt aufgespart bis zuletzt. Was Hürlimann gelingt, ist die völlige Durchdringung einer archaischen Gefühlswelt mit einer modernen Vernunft. »Jung war sein Sohn gestorben, noch vor der Rekrutenschule. Ein Rosenstrauch, meinte der Oberst, würde schön und bescheiden an das früh verblühte Leben erinnern.« So könnte eine Novelle aus dem neunzehnten Jahrhundert beginnen.

Gewiß erwirbt diese Erzählung ihren sonderbaren Zauber durch die müde Abschiedsstimmung ihrer Hauptfiguren. Sie sind reich, sie sind wohlerzogen, sie sind angesehen, sie sind vom Leben unsagbar erschöpft. Das sind Voraussetzungen für eine Geschichte; wenn auch für eine, die sich mehr der Vergangenheit zuschreibt als der Gegenwart. Insofern hat Hürlimann den Ausweg gefunden, den sich Thorsten Becker selber versperrt. Entstanden ist eine sonderbare psychologische Studie, die ein wirkliches und großes Talent zeigt.

Denn vor allen Dingen hat Hürlimann eine Beobachtungsgabe, die sich nicht in der Nachzeichnung von Details erschöpft. Der Oberst will die Katze vor seiner Frau verbergen. Seine Reflexion ist ein Musterfall von gelungener Rollenprosa: »Die Angst, Lucienne würde die auf der Mauer lauernde Katze eines Tages erblicken, hatte der Oberst inzwischen verloren. Die Gute wurde nicht jünger, ihr Augenlicht schwächer, und es blickt der Mensch, der vor seinen Toten steht, nur selten zum Himmel auf.«

Das sind Wahrnehmungen, die schon allein dadurch überzeugen, daß sich ihr Autor mit ihnen nicht in den Vordergrund spielt. Hürlimann nämlich schreibt zwar eine melancholische Prosa, aber er verfügt auch über einen außerordentlichen Witz. Wie sehr ist der Oberst, der im Berufsleben Nachschuboffizier war, bemüht, die angelegten Fleischvorräte und die Katze vor seiner Frau geheimzuhalten. »Ja, an alles hatte der Oberst gedacht … nur eines übersah er: Im Frühjahr wurde der Schlafsaal seiner Töchter ausgelüftet und geputzt … Als ein Schrei die Stille zerriß, lag er noch im Bett. Er wußte Bescheid, im Augenblick – die Putzfrau! Er hatte die Putzfrau vergessen, sein Basislager war aufgeflogen.«

Gewiß: Hürlimanns Novelle endet mit einer Versöhnung. Und das heißt in diesem Fall: mit einem erträglichen Tod. Seine Figuren sind, was man früher »kostbar« nannte. Sie sind seltene Exemplare eines historisch verschwundenen Typs. Aber aus dieser Einsicht kommt alle Melancholie seiner Novelle. Seine Figuren haben sich in dem Augenblick, da sie den Umkreis der Novelle betreten, schon überlebt.

Sie sind überzählig und überflüssig, sie bereiten sich in einem letzten Kampf gegeneinander aufs Sterben vor. Eine Idylle? Einmal erinnert sich die Frau des Obersten ihrer Kindheit, als man am Radioapparat saß. »Auf dessen Frequenzleisten leuchteten farbige Lichtpunkte, und die grünen Querstriche sahen aus wie Hochhäuser in der Silhouette einer fernen Stadt. So würde New York aussehen, dachte Lucienne, wenn man übers Meer kam, am Bug stehend, Wind im Haar.«

VOLKER HAGE

Zeitalter der Bruchstücke

Am Ende der achtziger Jahre:
Es gibt eine deutsche Gegenwartsliteratur –
zwölf Bemerkungen zur zeitgenössischen Erzählkunst

Ein »Zeitalter der Bruchstücke« – so klagte eine berühmte Autorin: Lediglich »ein paar Strophen, ein paar Seiten, ein Kapitel hier und dort, der Anfang eines Romans, das Ende von jenem« seien dem Besten irgendeines anderen Jahrhunderts an die Seite zu stellen. Und weiter: »Können wir in die Nachwelt eintreten mit einem Bündel loser Seiten oder die Leser jener Tage bitten, mit der ganzen Literatur vor sich, unsere riesigen Schutthaufen um unserer kleinen Perlen willen zu durchsieben?«

Die Klage ist alt: Virginia Woolf äußerte sie zu Beginn unseres Jahrhunderts, in einer Zeit also, als die wichtigen literarischen Werke der Moderne gerade im Entstehen begriffen waren. Die Klage über die miserable Literatur der Saison, über den künstlerischen Niedergang der Epoche gehört zum guten Ton, seit über Literatur gesprochen wird – vor allem unter Schriftstellern.

Die Klage ist alt und immer wieder neu: die Gegenwartsliteratur – ein Schutthaufen. »Eine Provinzliteratur haben wir heute«, ließ Thomas Bernhard noch in seinem letzten Roman (mit dem programmatischen Titel »Auslöschung«) verkünden. Ein junger Lyriker, Gerhard Falkner, wagte unlängst die Behauptung: »Neue deutsche Literatur zu lesen ist der gleiche Unfug, wie italienische Schuhe zu kaufen. Das hält ja alles bloß ein paar Monate.« Schriftsteller dürfen so lästern – auch über Schuhe aus Italien.

Aber müssen die Kritiker ihnen alles glauben? Es grassiert derzeit wieder mächtig, das Gerede von der untauglichen deutschen Gegenwartsliteratur: Landauf, landab ist in den Zeitungen zu lesen, sie habe sich »auf das Klagenfurt-Niveau« eingependelt, die Texte würden sich gleichen »wie ein Ei dem anderen«. Und in der Fernsehsendung »Literarisches Quartett« wurde – während der Frankfurter Buchmesse – die deutsche Literatur dieses Herbstes gleich in Serie abserviert: als »unselbständig«, »reaktionär«, »schauderhaft«, »läppisch« (so die Bewertung einzelner Bücher).

Freilich ist es praktisch, auch schneidig, mit einer großen Armbewegung alles abzuräumen: All die angeblätterten, angelesenen Bücher – wer will sie schon? Wer hat nicht gern die Ausrede, das alles sei doch Mist, die Kritiker hätten es ja selbst gesagt?

Daß ein in jeder Hinsicht aufregendes Buch wie die erotische Erzählung »Kongreß« von Botho Strauß in einer Runde von Kritikern nicht einmal für eine Diskussion gut sein soll, will mir nicht in den Kopf. Die neuen Romane von Jürg Federspiel (»Geographie der Lust«), Wolfgang Hilbig (»Eine Übertragung«), Edgar Hilsenrath (»Das Märchen vom letzten Gedanken«), Ingomar von Kieseritzky (»Anatomie für Künstler«) – sie sollen nicht einmal einer Erwähnung wert sein? Herbstnovitäten deutscher Sprache: Die knappen Prosastücke eines Erich Hackl (»Abschied von Sidonie«), Peter Handke (»Versuch über die Müdigkeit«) oder Thomas Hürlimann (»Das Gartenhaus«) – es herrscht kein Mangel an empfehlenswerten Büchern.

Ein Zeitalter der Bruchstücke: Das ist, wenn es nicht als Vorwurf verstanden wird, gar keine unzutreffende Kennzeichnung. Die deutsche Literatur hat derzeit (übrigens in den siebziger Jahren schon) vor allem »kleine Perlen« zu bieten, Splitter, Prosabrocken, Erzählungen, Novellen. Wenn größere Texte geschrieben werden, dann kaum, um ein gesellschaftliches Panorama zu entfalten: Aus *einem* Kopf heraus wird erzählt, eine Suada ergießt sich, ein einziger endloser Redestrom.

Gut und schön, könnte man sagen. Aber fehlt nicht schon wieder der große Gegenwartsroman? Das Schlüsselwerk einer neuen Generation? Ein paar Beobachtungen, einige Anmerkungen zur deutschen Literatur der Gegenwart, zur Literatur der achtziger Jahre.

1. Die Literatur hat ihre öffentliche Rolle aufgegeben. Und mit ihr jeden Anspruch auf Repräsentanz – das gilt für den persönlichen Auftritt des Schriftstellers ebenso wie für dessen Werk. Der »engagierte« Autor der sechziger Jahre: ein Anachronismus. Selbst die neuere Entwicklung in der DDR zeigt, wie schnell der Schriftsteller sein Behelfsamt als Verkünder unterdrückter Wahrheiten verlieren kann: an die Öffentlichkeit. Der Autor als Wegbegleiter, gar Wegbereiter einer neuen Politik (bei uns etwa der Öffnung nach Osten) – das ist so wohl nur im Kalten Krieg möglich gewesen: innerhalb erstarrter, sich einigelnder Blöcke.

Es ist richtig, daß repräsentative Figuren wie Böll, Frisch und Grass bisher keine Erben gefunden haben. Peter Handke oder Botho Strauß, Patrick Süskind oder Christoph Ransmayr, Sten Nadolny oder Brigitte Kronauer sind scheue Zeitgenossen; sie widmen sich ganz ihrer künstlerischen Arbeit. Auftritte vor einem SPD-Parteitag, Wahlkampfreden? Undenkbar. Sie meiden (wie Strauß) Kamera und Diskussion oder sogar (wie Süskind) die Photographen – fort vom »Scheinwerferlicht des Tagesgeschehens« (Handke).

Die Rolle des Schriftstellers innerhalb der Informations-, Medien- und Kommunikationsnetze scheint sich zu wandeln. Gibt es bei uns noch eine Kultur, so fragte sich etwa Botho Strauß in seiner Büchner-Preis-Rede, eine Kultur, deren Teilhaber ein Schriftsteller sein könnte, sein möchte? Radikale Antwort: »Seine Stellung, sein Ort vor der Allgemeinheit: unbekannt. Er fände kaum mehr Spuren einer solchen Kultur, in der er zu irgendeiner Repräsentation befähigt oder berufen wäre.«

Die Literatur sei wieder zu dem geworden, »was sie von Anfang an war: eine minoritäre Angelegenheit«, schrieb schon vor drei Jahren Hans Magnus Enzensberger. »Diese Reduktion auf ihre wahre Größe hat auch etwas Entlastendes. Die Schriftsteller können sich die repräsentative

Maske abschminken, die sie lange Zeit trugen.« Ähnlich äußern sich in diesen Tagen Schriftsteller aus der DDR.

Schließlich und vor allem: Ob eine Literatur politisch ist und wie, entscheidet nicht allein der öffentliche Auftritt der Urheber. Was Reinhard Baumgart unlängst an dieser Stelle anläßlich von Handkes »Versuch über die Müdigkeit« gesagt hat, ist nur zu unterstreichen: »Wer in solchen Schreibanstrengungen und Schreibleistungen das öffentliche Interesse und politische Element nicht mehr erkennen kann oder will, der muß trostlos eingeschränkten Begriffen von Sprache, Gesellschaft, Literatur und Politik schon hoffnungslos verfallen sein.«

Im übrigen gibt es immer wieder Beispiele dafür, daß Schriftsteller die Nase vorn und im Wind haben, wo andere noch keinen Hauch verspüren. »Über Deutschland reden«: Ansprachen, wie sie Martin Walser im Westen oder Christoph Hein im Osten hielten, waren ihrer Zeit ein entscheidendes Stück voraus.

2. Prominent sind nicht die jüngeren Autoren, wohl aber ihre Werke. Es gibt eine Reihe ungewöhnlich weit – zum Teil international – verbreiteter Bücher. So überraschend es klingen mag: Die deutsche Literatur erlebte in den achtziger Jahren, was rasche, große Auflagen angeht, eines der erfolgreichsten Jahrzehnte in ihrer Geschichte.

Ein Vergleich mit einem bekannten und vieldiskutierten Roman der fünfziger Jahre, Max Frischs »Stiller«, zeigt das. Von Frischs Buch verkauften sich im Jahr seines Erscheinens, 1954, rund 3000 Exemplare. Im Jahr danach noch einmal 2000, nach fünfzehn Jahren waren die ersten 10 000 Stück verkauft. Von Patrick Süskinds »Parfum« dagegen, 1985 veröffentlicht, wurden bis heute 950 000 Exemplare abgesetzt, von Horst Sterns »Mann aus Apulien« (1986) 230 000, von Christa Wolfs »Störfall« (1987) 290 000, von Christoph Ransmayrs »Letzter Welt« (1988) 150 000, von Elfriede Jelineks »Lust« (1989) 100 000 – jeweils nur die Ausgabe in deutscher Sprache gerechnet. Und wenn man nicht die strengsten literarkritischen Maßstäbe anlegt, könnte man leicht noch eindrucksvollere Zahlen anführen: Romane von Michael Ende, Eva Heller und Anna Wimschneider wurden in den achtziger Jahren glatte Millionenerfolge.

Das scheint den Verächtern entgangen zu sein. Oder meint man gar, daß es gegen die Literatur spricht, wenn sich das Publikum angesprochen fühlt? Vielleicht wird man auch sagen: Die Leute hätten mehr Geld und könnten mehr kaufen, es werde nicht alles gelesen, was gekauft wird. Möglich, doch eines läßt sich sicher nicht behaupten: daß unsere Literatur dem Publikum gleichgültig geworden sei – so mag es allenfalls aus der gelangweilten Perspektive mancher Berufsleser wirken.

3. Es gehe nicht um Quantität, sondern um Qualität? Richtig. Doch auch in dieser Hinsicht besteht kein Grund, daß sich die deutsche Literatur unserer Zeit vor der aus den fünfziger und sechziger Jahren verstecken muß. Noch immer wird gern an den Aktivitäten und Erfolgen der Autoren aus der »Gruppe 47« Maß genommen – der Gefahr nachträglicher Verklärung ist dabei anscheinend nur schwer zu entgehen.

Einem jüngeren Autor, Hermann Kinder, platzte vor kurzem der Kragen. Auf einer Tagung vertrat er die Meinung, »daß in Lyrik, in Prosa, in Dramatik Œuvres entstanden sind, die den Werken der ›Gruppe 47‹ ebenbürtig sind, wenn man schon einen überhistorischen Qualitätsstandard überhaupt für sinnvoll hält, die jedenfalls angemessener Ausdruck ihrer Zeit sind«. Kinder weiter: »Ich habe keine Scheu, Uli Becker neben Celan zu setzen und Henscheid und Kronauer neben Grass, Strauß neben Hildesheimer, Jelinek neben Frisch, Paul Wühr neben Arno Schmidt. Und bitte: Brauchen sich von Kieseritzky und Markus Werner vor Lettau und Bichsel zu verstecken? Zum Beispiel.«

Die Empörung ist verständlich. Mag man (Uli Becker in Ehren) hier und da vielleicht andere Namen einsetzen: Die Literatur der achtziger Jahre kann sich sehen lassen.

4. »Verfluchtes Notieren. Die Frage ist, notiere ich, um fündig zu werden? Oder will ich mich eingarnen, verpuppen, verbarrikadieren, verschanzen, womöglich vergraben?« So fragt der in Paris lebende Paul Nizon in seinem im Frühjahr erschienenen Prosaband »Im Bauch des Wals«. Also doch: eine Literatur, die den eigenen Mangel verwaltet?

Es ist nicht zu leugnen, daß die deutsche Literatur sich gern selbst zum Thema wird, daß Probleme des Schreibens immer wieder in den Vordergrund drängen. Es gibt diese Vorliebe für Tagebücher, Notate, Skizzen, Selbstbefragungen. Das klingt dann mal verzagt, mal tapfer selbstbekennerisch. »Ich bin kein Geschichtenabfüller, kein Verpackungsathlet«, schreibt trotzig Nizon. »Ich zünde kleine Blitze, die mir als flüchtige Erhellung dienen – zum Weitergehen.«

Ein bescheidenes Programm, mag sein. Aber: Wie viele Perlen verbergen sich in einer solchen Notatliteratur, einer Literatur, die nicht mit großen Geschichten und Entwürfen lockt! Handkes »Phantasien der Wiederholung«, seine »Geschichte des Bleistifts«, die Bände »Paare, Passanten« und »Niemand anderes« von Botho Strauß, Canettis »Geheimherz der Uhr« – in diesen Aufzeichnungen gibt es Passagen, die zum Glänzendsten gehören, was Literatur derzeit zu bieten hat. Man muß aufmerksam sein, das stimmt. Die Texte drängen sich nicht auf. Und sie entfalten ihre Qualität in der Stille. »Was man als ›endgültig‹ aufschreibt, ist es am wenigsten. Doch das Unsichere, vielleicht das Flüchtige, hat durch sein Fehlendes Bestand« (Canetti).

5. »Schade«, schrieb schon zu Beginn dieses Jahrzehnts Enzensberger, »daß die Deutschen keinen Balzac und nicht einmal einen Zola haben, die ihre Sitten und Gebräuche aufzeichnen und überliefern könnten.« Erzählstoff müßten sie nach seiner Meinung abgeben, die »sonderbaren Blüten, die das Glashaus der Bundesrepublik treibt«.

Ja, gewiß, schade. Aber anscheinend vorerst hinzunehmen: Alle Versuche (etwa eines Gerhard Köpf oder Hanns-Josef Ortheil), solche Gegenwartsromane über die Republik zu schreiben, sind ehrenwert gescheitert. Das Defizit wird empfunden, auch von den Meistern der kleinen Schriften, vielleicht gerade von ihnen. »Kann nicht auch jemand wie ich so ausführliche und enthusiastische Beschreibungen von Menschen geben wie Balzac?« fragt Handke, um dann gleich einzuschränken: »Nur eben nicht von ihnen als ›Personen der Handlung‹, sondern als ›Passanten‹: Und das wäre die uns heute entsprechende Epik?«

Der fragende, suchende Grundton in der neueren deutschen Literatur ist unverkennbar – ebenso die Scheu vor »Personen der Handlung«: »Abwesenheit«, »Auslöschung« (Buchtitel von Handke und Bernhard) bestimmen weitgehend das Bild. Nur selten noch finden sich in Erzählungen und Romanen deutlich konturierte, im Gedächtnis des Lesers haftende Figuren aus unserer Gegenwart. Statt dessen treffen wir auf Paare, auf Passanten, auf die Klavierspielerin, den Tangospieler, Bronsteins Kinder, einen jungen Mann, auf den Leser; wir hören Berichte von Hinze und Kunze, von fernen Frauen; wir erleben den Nachmittag eines Schriftstellers.

6. Sonst keine Helden? Gewiß, doch ihre Namen verraten, daß sie aus einer anderen Welt, aus einer anderen Zeit stammen: Naso, Cotta, der Mann aus Apulien, Kassandra, Grenouille, John Franklin, Neidhart aus dem Reuental, Hannibal.

Niemand kann behaupten, die Schriftsteller deutscher Sprache wüßten nichts zu erzählen. Aber sie berichten uns aus fernen, letzten Welten. Gibt es lebendige Figuren für sie nur noch in der Vergangenheit und im Märchen? Es scheint so, als könne sich die Phantasie am Mittelalter und an grauer Vorzeit besser entzünden als an der unmittelbaren Gegenwart.

Christa Wolf schaut sich in Troja um, Gisbert Haefs in

Karthago, Ransmayr im Rom Ovids, Frank Baer im Spanien des Jahres 1064, Horst Stern am Hofe Friedrichs II., Dieter Kühn wandelt auf den Spuren mittelalterlicher Dichter. Dagegen klopft Süskind schon fast an die Tore der Gegenwart mit seiner Geschichte des (erfundenen) Waisendkinds und Parfummischers Jean-Baptiste Grenouille aus dem 18. Jahrhundert – ebenso wie Nadolny mit seinem Bericht über den (historischen) Seefahrer und Polarforscher Franklin. Und daß Edgar Hilsenraths Roman über den Völkermord an den Armeniern und Ralph Giordanos Roman über die Familie Bertini und deren Schicksal im Nazideutschland keine Nachrichten aus einer abgelegten Epoche sind, versteht sich wohl.

Vielleicht muß man gelegentlich daran erinnern: Historische Romane, Erzählungen aus dem Mittelalter, selbst Märchen und Mythen haben, wenn sie denn nicht pure Historiengemälde sind, mit unserer Zeit zu tun, sie zielen auf all ihren entrückten Pfaden und phantastischen Umwegen unsere Gegenwart an.

7. Weltflucht also kann man der deutschen Literatur nicht vorwerfen. Aber vielleicht ein »Versagen vor der Metropole«, wie Frank Schirrmacher kürzlich in der »FAZ« schrieb? Da wäre zunächst zurückzufragen: Wo ist denn unsere Metropole? Frankfurt etwa, München, Hamburg, gar Berlin? »Er sah das mickrige Funktürmchen, das altmodische Dreiviertelhochhaus neben der langweiligen Kirchenruine und den albernen Revancheengeln auf dem Wilhelmsständer.« Was hier Thorsten Becker, was ähnlich Michael Kleeberg, Bodo Morshäuser, Ulrich Peltzer, Ralf Rothmann oder Michael Wildenhain aus der in zwei Teile zerlegten Großstadt zu erzählen haben, scheint mir doch sehr passend: kleine Romane, Krimis, Berichte über besetzte Häuser, Drogendeals, Liebe und Verfall, spannend montiert. Keine großen Werke, zugegeben, aber anschauliche Schnappschüsse darf man das wohl nennen.

Dann ist da die Prosa des Botho Strauß: Sie gibt auf ganz anderem Niveau ein Röntgenbild des Lebens in einer heutigen deutschen Großstadt. Die Bücher dieses Autors sind nicht denkbar ohne Berlin. In seinen Prosaskizzen, Beobachtungen, Erzählungen und Romanen sind präzise Studien über »uns Mobile, Beschleunigte und Mischkläßler« in den Städten zu finden, flaneurhaft abgelauscht, von hoher Einfühlungs- und Formulierungskraft durchdrungen.

Der Großstadtroman? Daß wir in einem globalen Dorf leben, ist ein Gemeinplatz – im Grunde müßte es aber heißen: Stadt ist überall und überall dieselbe. Was hat der Schriftsteller, »die schwache Stimme in der Höhle unter dem Lärm«, wie Strauß in seiner Rede formulierte, dem entgegenzusetzen? Strauß meint: gerade die Möglichkeit, der Allgegenwärtigkeit der Stadt zu entkommen. »Am Rand der einzigen, allgewaltigen Terrapolis bietet er den verborgenen Auslaß für solche, die tiefer in die Zeiten wollen; aus der Stadt gelangt man nur durch ihn.«

Und wer die Stadt mit fremdem Blick durchstreift, entdeckt in ihr – wie die Rumäniendeutsche Herta Müller mit ihrem neuen Buch »Reisende auf einem Bein« – Provinz. Prosa *aus* den Städten gibt es, Prosa *über* die Städte wenig; in deutscher Sprache überhaupt nur einen Roman über das Berlin der zwanziger (Döblin) und einen über das Hamburg der sechziger Jahre (Fichte) – 1929 und 1968 erschienen. Eine Pflichtaufgabe für Schriftsteller kann der Metropolenroman sowenig sein wie der über die junge Generation.

8. Seit fast zwanzig Jahren verzeichne die Literaturkritik nur Stillstand, schreibt Frank Schirrmacher weiter in seinem Artikel, der »Überlebenstechniken der jungen deutschen Literatur am Ende der achtziger Jahre« zu untersuchen anhebt. Es gebe keine »Werke von weltliterarischem Rang«.

Nun, lassen wir einmal die Frage nach der Weltliteratur beiseite (mit dieser Vokabel hat man zu Lebzeiten noch Thomas Bernhard traktiert). Aber trifft es denn zu, daß Debütanten das Bild bestimmen, lauter Ein-Buch-Schriftsteller? Stimmt es, daß sich im vergangenen Jahrzehnt, gar in den vergangenen zwei Jahrzehnten, keine Autoren mehr gezeigt haben, die Hoffnung auf – um es altmodisch zu sagen – ein *Werk* machen? Ist es richtig, wenn Schirrmacher behauptet: »Selbst wenn man noch jene Schriftsteller der siebziger und achtziger Jahre hinzuzählt, die mehr als zwei Bücher geschrieben haben, Hermann Burger (Klagenfurter Preisträger) und Botho Strauß, bleibt das Ergebnis mager«?

Wie bitte: Nur zwei Schriftsteller mit mehr als zwei Büchern? Selbst wenn man sie nicht ganz wörtlich, sondern mehr dem Sinn nach versteht, bleibt diese Äußerung, mit Verlaub gesagt, barer Unfug. Da hat sich eine These, nämlich die von der »Talentschwäche der nachwachsenden Schriftsteller«, verselbständigt.

Es gibt eine ganze Reihe von Autoren, die erst nach 1970, sogar nach 1980, in Erscheinung getreten sind und gleichwohl mehrere Bücher veröffentlicht haben, die von Gewicht sind. In den siebziger Jahren debütierten immerhin Ludwig Fels, Elfriede Jelinek, Wolfgang Hilbig, Brigitte Kronauer, Hanns-Josef Ortheil, Ulrich Plenzdorf, Gerold Späth und Gernot Wolfgruber; in den achtziger Jahren kamen Christoph Hein, André Kaminski, Gerhard Köpf, Monika Maron, Klaus Modick und Markus Werner hinzu. Wohlgemerkt: es ist hier nur von Prosaautoren – mit mehr als zwei Büchern – die Rede, Lyriker bleiben außen vor. Auch Sten Nadolny ist nicht dabei, dessen dritter, vielversprechender Roman gerade in Fortsetzungen (übrigens in der »FAZ«) gedruckt, aber erst Anfang 1990 als Buch erscheinen wird; manche Schriftsteller, und mitunter die besseren, brauchen eben etwas länger, sie haben die Langsamkeit auch für sich entdeckt.

Einige Titel? Romane und Novellen, alle in den achtziger Jahren veröffentlicht: »Ein Unding der Liebe« und »Rosen für Afrika« von Fels, »Die Ausgesperrten« und »Die Klavierspielerin« von Elfriede Jelinek, »Rita Münster« und »Berittener Bogenschütze« von Brigitte Kronauer, »Commedia« und »Sindbadland« von Späth, »Verlauf eines Sommers« und »Die Nähe zur Sonne« von Wolfgruber, »Drachenblut« und »Der Tangospieler« von Hein, »Zündels Abgang« und »Die kalte Schulter« von Markus Werner.

Eine Auswahl nur. Man muß schon genau hinschauen, was *da* ist. Und wird dann feststellen: Davon, daß unser Leben, ob in den Städten oder auf dem Land, ob in West oder Ost, nicht ausreichend in dieser Prosa zu Wort kommt, kann überhaupt keine Rede sein. Gute, lesbare, nicht nur für den Augenblick geschriebene Werke sind das, die die Wirklichkeit nicht fliehen, sondern sie, bisweilen auf finstere und fratzenhafte, fragmentarische und freimütige Weise, umspielen.

9. Auffällig allerdings, daß nahezu alle genannten Autoren mehr als vierzig Jahre alt sind. Die nach 1950 geborenen Schriftsteller haben sich bisher nicht vergleichsweise in Erscheinung gebracht, nicht einmal mit dem einen oder anderen Erstlingswerk. Es gibt also nicht zu viele Debütanten, sondern zu wenige. Schaut man sich in diesem Herbst um, zeigt sich, wie mager das Ergebnis in dieser Hinsicht ist. Woran das liegt, ist schwer zu sagen. Gewiß nicht an mangelnder Risikobereitschaft der Verlage: sie suchen händeringend nach Talenten.

Ist das System der Fürsorge und Förderung, der Preise und Stipendien von Klagenfurt bis Kranichstein ein Grund? Dessen Funktion beschreibt Schirrmacher in seinem Essay ganz richtig,und es ist ihm zuzustimmen, daß von der Mehrzahl der mit Monatssold in die Pflicht genommenen Jungautoren nicht viel zu erwarten ist. Zumal dieses System nicht funktioniert, wie das Beispiel Ransmayr lehrt: Dessen Exposé für einen Roman mit dem Titel »Die letzte Welt« wurde vom Literaturfonds zurückgewiesen und erhielt keine Förderung, und als der Roman dann ein Erfolg geworden war, bekam der Autor schon *deswegen* keinen der vielen Preise ab – der Autor habe es ja nun nicht mehr nötig. Auf die Idee, daß ein Literaturpreis nicht ein Sold für Bedürftige, sondern eine

Auszeichnung für das Gekonnte sein sollte, kommt hierzulande anscheinend niemand mehr.

So sind in den vergangenen Jahren gewiß viele überflüssige Bücher entstanden. Ob diese Schwemme an Mittelmaß der Literatur insgesamt schadet, wage ich dennoch zu bezweifeln. Im übrigen ist es doch wohl so, daß das Phänomen – abgesehen einmal von der Verschärfung durch den ökonomischen Zwang bei den Verlagen, immer mehr umsetzen und also anbieten zu müssen – so neu nicht ist; die Literaturgeschichte hallt wider von Katakomben voll vergessener, zu Recht verlorener Bücher. Das alles scheint mir doch mehr ein Problem des Stauraums zu sein als der ästhetischen Debatte. Wichtig für die literaturtheoretische Diskussion kann allein die Spitzenleistung sein, und da genügt – das war zu allen Zeiten so – Weniges; wie groß der Berg darunter ist, aus Tand und Hobbyliteratur, ist ganz uninteressant.

10. Dagegen ist die Frage interessant, warum bei all den Wettbewerben und Preislesungen nicht zumindest das gefordert und gefördert wird, was sich doch lernen und verbessern läßt: die handwerklich gut gebaute Story, der mit Witz unterhaltende Roman. Warum kommt derlei nur aus den Vereinigten Staaten? Warum gibt es bei uns keine Einrichtung wie *creative writing*?

Da ziehen sie beladen mit Packen von Erzählungen zum Ingeborg-Bachmann-Wettlesen nach Klagenfurt – und was kommt heraus? Gepflegte Langeweile: Figuren werden uns präsentiert, die nichts im Kopf haben, die zwar die indirekte Rede und den Konjunktiv beherrschen, aber keinen Dialog, die uns zwar ihre Geschichte erzählen, aber keine haben. Da muß sich irgendwann einmal ein verheerendes Mißverständnis eingeschlichen haben über das, was Literatur ist. Keinen Verdacht scheinen Autoren deutscher Sprache mehr zu scheuen als den, banal oder unterhaltsam zu sein. Wären sie doch wenigstens das!

Es ist ein Wunder, daß in unserer Literatur die Form der

Geschichte, der kurzen Erzählung, überhaupt noch existiert. Weder Zeitungen noch Magazine (außer »Penthouse« und »Playboy« – und da gibt es keinen Anlaß zur Überheblichkeit) pflegen diese Form. Würden die Verlage nicht immer wieder – meist schwer verkäufliche – Erzählungsbände präsentieren, hätte man kaum eine Chance, den vorzüglichen Prosastücken etwa von Robert Gernhardt, Adolf Muschg oder Dieter Wellershoff, von Helen Maier, Helke Sander oder Renate Schostack zu begegnen. Auch diese Geschichten sind Bruchstücke einer genauen Wirklichkeitsbeschreibung.

11. »Was war seine, des Schriftstellers, Sache? Gab es in seinem Jahrhundert überhaupt noch solch eine Sache? Was für Mann ließ sich zum Beispiel benennen, dessen Taten oder Leiden danach schrien, nicht bloß berichtet, archiviert oder Stoff der Geschichtsbücher, sondern darüber hinaus überliefert zu werden in der Form eines Epos oder auch nur eines kleinen Lieds? [...] Und welche Völkermörder dieses Jahrhunderts, statt mit jeder Ausrede neu aus ihrer Grube zu steigen, konnten noch für immer in ihre Hölle geschickt werden durch eine einzige Terzine?«

So fragt Peter Handke in seiner kleinen, doch meisterhaften Erzählung »Nachmittag eines Schriftstellers«.

12. Fragen, Brüche, Bruchstücke. Die Schriftsteller, gerade die feinfühligsten unter ihnen, versuchen sich Mut zu machen. Voran! Erzähl! Immer wieder finden sich diese – nicht zuletzt an sich selbst gerichteten – Imperative bei Handke und Strauß, und am Ende gelingt doch eher das Nebenwerk, das kleine nervöse Fragment. Oder *gerade* das.

»In Wirklichkeit«, liest man in der Erzählung »Kongreß« von Strauß, »zog ihn das große *Totum simul*, das Megagedächtnis, in dem er dahinstrudelte, immer tiefer in die Windungen einer Zerstörung hinein, bis ans Herz der Erschütterung, immer tiefer hinein in die Ruinenstadt der *Erzählung*, denn dies hier war ihre Nekropole, wo alles *miteinander* hauste, wie in den gewaltigen Wandelhallen, die man jetzt draußen vor den Städten errichtete zum Kaufen, Spielen, Geschäftemachen, mit Eisbahnen, Kinos, Gräbern und Zoo, alles unter dem Lichtdach für immer.«

Noch mögen das Bilder der Übertreibung, der Zuspitzung sein. Alles ist gleich, alles ist gleichzeitig. Das Regionale, das Unterscheidbare verschwindet – und mit ihm der Chronist, der Erzähler, das berichtende Ich. Ist es so, wird es so kommen?

Wie von vorgestern jedenfalls klingen Worte aus den sechziger Jahren, gemütlich und beruhigend fast, Worte von Nathalie Sarraute aus ihrer theoretischen Schrift »Das Zeitalter des Argwohns«, Worte, die einmal Avantgarde bedeuteten: »Der Bericht in der Ich-Form befriedigt die legitime Neugierde des Lesers und dämpft die nicht minder berechtigten Bedenken des Autors. Außerdem besitzt er wenigstens den Anschein einer lebendigen Erfahrung, eben der Authentizität, die den Leser in Respekt hält und sein Mißtrauen beruhigt.«

Warum sollten die Autoren das Mißtrauen beruhigen? Sie befördern es. Und liefern lieber Teilwerke ab, Bruchstücke, als die Illusion eines runden Geschlossenen zu geben.

Unser Zeitalter, heißt es in Thomas Bernhards Roman »Alte Meister«, sei »als Ganzes« ja schon lange nicht mehr auszuhalten, »nur da, wo wir das Fragment sehen, ist es uns erträglich«.

HUBERT WINKELS

Was ist los mit der deutschen Literatur?

Im Schatten des Lebens. Eine Antwort an die Verächter und die Verteidiger der Gegenwartsliteratur

Eigentlich ist alles in bester Ordnung. Es gibt Lyrik und Prosa auf höchstem Niveau, expressionistischen Furor, dadaistische Verve und klassizistische Formlust im Gedicht, den groß dimensionierten historischen, den intellektuell ausschweifenden experimentierfreudigen Roman, die spannende Erzählung, die genaue Beobachtungsprosa und den zündenden Aphorismus. Und es gibt eine versierte Literaturkritik, ihrem Gegenstand gewachsen und gelegentlich über ihn hinaus. Die Grenzen zwischen Rezension und Essay sind fließend, manches exegetische oder kommentierende Stück emanzipiert sich zum selbständigen Kunstwerk, und manchmal berühren sich im kunstvollen Sprechen die arbeitsteilig organisierten Disziplinen Literatur und Philosophie, Literaturkritik und -wissenschaft.

Mit einer kardinalen Schwierigkeit allerdings ist heute jeder konfrontiert, der mit literarischen Texten umgeht: Die Geschichte seines Mediums ist so reich an Themen und Motiven, Formen und Argumenten, auch an Widersprüchen und Radikalitäten aller Art, daß die Emphase, Neues zu sagen oder zu entdecken, immer mehr schwindet. Aber vieles spricht dafür, daß die historische Not längst in eine postmoderne Tugend verwandelt wurde und der wilde Poet von einst zum philologischen Bastler, der weltversessene Schreiber zum buchbesessenen Literaten mutiert ist. Auch dem professionellen Kritiker wird es schwerfallen, Entdeckungen zu machen oder Argumente zu bemühen, die nicht schon eine lange Geschichte hinter sich haben.

Zwangsläufig wird so ein seinerseits altehrwürdiger

Maßstab der Literaturbetrachtung renoviert: Gut ist eine Literatur dann, wenn sie den Vergleich mit einer vorangegangenen besseren aushält, schlecht, wenn sie lediglich imitiert oder plagiiert. Hat sich dieser Maßstab in der literaturkritischen Arbeit einmal durchgesetzt, schälen sich feste Regeln heraus. Man entdeckt in neuen Büchern alte Formen und Motive und konzentriert sich weitgehend auf die Manier, in der darin Zitate geschmuggelt, Verweise gesetzt, Anspielungen verschleiert werden, auf die Kunst, auszuleihen, umzuschreiben, zu verschieben. Und für ein fröhliches Gelingen solcher Lektüre sorgt die Literatur selbst, indem sie mit immer raffinierteren Mitteln die Preziosen versteckt, die ihre Bewunderer zu entdecken wünschen.

Und wenn ein Text ganz zur Preziose geworden ist, konstruiert nach dem Modell von Anagramm oder Palimpsest, Labyrinth oder Rebus, dann gibt es eine kleine Literaturbetriebsfeier, wie zum Beispiel im Fall von Jochen Beyses »Der Aufklärungsmacher« oder Christoph Ransmayrs »Die letzte Welt«. Der Literat dissimuliert und verrätselt, der professionelle Leser tüftelt und entschlüsselt.

Eigentlich ist also alles in Ordnung. Und dennoch macht sich ein Unbehagen breit. Etwas stimmt nicht, etwas ist anders als früher. Eine gewisse Leidenschaft scheint dem schönen Spiel Literatur entzogen, ein Vertrauen auf die eigene Kraft, der Glaube, wesentlich zu dieser Welt zu gehören. Schwer trägt die Literatur am Gewicht der Welt, weil ihr Anteil daran sinkt. Auf diesen Umstand läßt sich ein befremdliches Wechselspiel kritischer Argumente zurückführen, die im vergangenen Herbst zwischen »Zeit« und »FAZ«, zwischen Frank Schirrmacher und Volker Hage, ausgetauscht wurden, ein Spiel von Anklage und Rechtfertigung.

Frank Schirrmacher konstatiert in seinem Essay »Idyllen in der Wüste oder Das Versagen vor der Metropole«, der die letzte Buchmessenbeilage der »FAZ« einleitete,

Stillstand der deutschsprachigen Literatur seit fast zwanzig Jahren. Mit großer Gebärde werden ganze Literaturjahrzehnte in die staubige Ablage der Geschichte geschaufelt. Verfall wird diagnostiziert.

Der Anklagetext, seine Larmoyanz nur notdürftig mit Aggressivität überspielend, hat es gar nicht nötig, zeitgenössische Autoren, von Büchern ganz zu schweigen, auch nur zu nennen. Von Böll, Bernhard und Frisch ist kurz die Rede, die Namen Handke, Strauß und Burger fallen am Rande, ansonsten bleibt die gegenwärtige Literaturlandschaft öde und namenlos. Nur zum Ende hin finden drei kurze Erzählungen Erwähnung. Thomas Hürlimanns Novelle »Das Gartenhaus« schließlich rettet die zeitgenössische Literatur. Denn: »Einsiedler, die in einem kargen und unfruchtbaren Idyll leben – das ist das Bild unserer Gegenwartsliteratur. Erst einer, der das begreift und ernst nimmt, vermag den Bann der Einfallslosigkeit zu brechen. Der Schweizer Thomas Hürlimann hat dies getan und prompt ein kleines Meisterwerk geschrieben.«

Tatsächlich folgt Hürlimanns Novelle einigen Regeln, die das zeitgenössische Schreiben bestimmen. Seine Geschichte vom alten Schweizer Ehepaar, das den frühen Tod des einzigen Sohnes nicht verwinden kann und sein Leid in einen imaginären Konflikt und absurde Rituale verschiebt, mündet in einem phantastischen Bild des Realitätsverlustes und der Rückgewinnung eines heimischen Raums der weltabgeschiedenen Erinnerung. Die Alten ziehen sich zurück in ein verfallendes Gartenhaus, in dem rings um die Eisenbahnanlage des Sohnes die Landschaft ihres Lebens mit Pappmaché und Draht noch einmal nachgestellt ist.

Wenn man will, läßt sich dieses Bild lesen als Allegorie auf eine Literatur, die ihren Austausch mit den Impulsen einer zeitgenössischen Wirklichkeit aufkündigt, um sich mit Nostalgie und Kunstfertigkeit der Schmerzlust eines langen Abschieds hinzugeben. Melancholie und Abschied, Beschwörung der Vergangenheit in schmerzlichschönen, gelegentlich auch heiter-beschaulichen Bildern, das ist sicher *ein* Zug der zeitgenössischen Literatur. Sie hält sich an überschaubare, heimatlich anmutende Räume, sie weiß um den Verlust des Idylls, und eben deshalb baut sie mit sanfter Hand an einem Idyll des Verlusts. Sie stellt ihre Figuren und ihre Geschichten aus, so wie man alte Gemälde ausstellt. Sie belehnt alte Techniken des Erzählens, ihre Bildersprache bezieht sich weitgehend auf eine vorindustrielle Welt, doch die Prätention, so sei zeitgenössische Erfahrung zu vermitteln, wird von ihr nicht länger gepflegt. Ihren Anachronismus überspielt sie nicht, sie zeigt ihn vor. Das hier ist nicht die Gegenwart, gibt sie zu bedenken, das ist Literatur. Wer hier zu Hause ist, der ist nicht von dieser Welt.

Wer diesen Ton des Abschieds und des Heimwehs liebt, diese Manier des langsamen, genauen Erzählens schätzt, wer sich beim Lesen neuer Erzählungen und Romane gern an die Lektüre alter Texte erinnert und in die Räume einer traditionellen literarischen Imagination versetzen läßt, der kommt in der zeitgenössischen Literatur nun aber durchaus auf seine Kosten, der findet seinen Genuß.

Peter Handkes »Wiederholung«, Brigitte Kronauers »Berittener Bogenschütze« oder auch Sten Nadolnys »Entdeckung der Langsamkeit«, sie erziehen den Leser zur Bedächtigkeit, gelegentlich fordern sie Andacht. Warum aber, wenn man einen Text wie den von Thomas Hürlimann schätzt, verwirft man zugleich dessen Geschwister? Warum ergreift man nicht Partei für eine solche Literatur, die sich von der Dynamik der Moderne absetzt, die gegen die flächige Vernetzung der Gegenwart die bewahrende Kraft der Erinnerung setzt?

Handkes Tiraden gegen die entseelte Urbanität, seine Abscheu vor den Massenkommunikationsmitteln, seine Flucht vor der Flüchtigkeit der Blicke und Gefühle, seine Apotheose der Langsamkeit und Genauigkeit, das hat doch Radikalität, das hat die Qualitäten eines nichtbegrifflichen Lebens und Literaturprogramms. Der Mann meint es ernst, warum nimmt ihn niemand so?

Warum erklärt kein Kritiker und öffentlicher Literaturverteidiger diese Litanei der Ruhe und des überschaubaren Raums, der Bindungen und der stillen Gemeinschaft zum höchsten der Gefühle, zum Muster einer Weltbetrachtung, zum notwendigen Lebensmittel? Weil wir von der Literatur längst nicht mehr erwarten, daß sie uns vom Zustand der Welt berichtet, daß sie uns mit uns selbst vertraut macht, daß sie sagt, wie zu leben sei. Wie zu *lesen* sei, das sagt sie.

Literatur, ob sie tatsächlich vom Schreiben und Lesen erzählt, ob sie alte Helden in alte Welten oder neue ins Dickicht der Städte schickt, ob sie von Liebe und Tod, von Körpern oder Seelen spricht, sie spricht immer auch zugleich von sich. Wie die Welt aussieht, das zeigen uns andere Medien besser, das buchstäbliche Ein-Leuchten eines Fernsehbildes hat den schön geschriebenen Satz um seine unmittelbare Wirkung gebracht. Literatur, die darum weiß, sagt, wenn sie etwas sagt, immer auch, daß und wie sie es sagt.

Und das tut sie häufig mit großer Kunstfertigkeit. Ich vermute, daß es selten ein Jahrzehnt gegeben hat, in dem so viele gute, sprachbewußte und reflexiv durchgestaltete Texte geschrieben worden sind wie im vergangenen. Noch einmal also die Frage: Warum dieses verbreitete Ungenügen an der zeitgenössischen Literatur und warum kein Bekenntnis zu einer ästhetischen Form, zu einem philosophischen Angebot der Weltdeutung, zu einem Sound, einem bestimmten Ton zumindest? Warum verwirft man so leicht en gros?

Weil ein Roman von Peter Handke, eine Novelle von Thomas Hürlimann, ein Langgedicht von Botho Strauß auch der Tendenz nach kaum mehr die Gesellschaft als Ganzes betreffen. Sie mögen das Allgemeine im Konkreten, im profansten Detail noch das Absolute bannen wollen, die schlichte Tatsache, daß sie längst nur noch in einer weltabgeschiedenen Gemeinschaft literarisch Versierter kommuniziert werden, prägt sie in ihrer Substanz. Auf die Idee, mit Literatur ließe sich eingreifen in die symbolischen Prozesse, über die sich ein modernes Gemeinwesen selbst organisiert, kommt niemand mehr. Literatur ist eine hochkomplexe, historisch überdeterminierte Kunstform, deren Genuß so vielfach vermittelt ist, daß sich von der Lektüre zur täglichen Lebenswirklichkeit kein Pfad mehr finden läßt.

Die Lektüre prägt nicht mehr Wahrnehmung und Empfindung, sie erinnert daran, wie einmal Wahrnehmungen und Gefühle geprägt worden sind. Selbst unter literarisch Eingeweihten wird ein Zitat aus der Werbung, locker in die Kommunikation eingestreut, keinen Anstoß erregen, eine literarische Sentenz, wenn sie nicht gerade von Robert Gernhardt stammt, hingegen sehr leicht Peinlichkeit erregen. Einmal ganz davon abgesehen, in welchem Maße literarische Techniken oder auch einzelne Formeln per »Alka-Seltzer-Effekt« (Enzensberger) sich in die öffentliche Kommunikation »hineinverdünnt« haben.

Und wer darauf beharrt, daß die Literatur dem alten Anspruch auf Allgemeinheit und Öffentlichkeit weiter verpflichtet zu sein hätte, wer also den großen Gesellschaftsroman, das Panorama zeitgenössischer Erfahrung erwartet, dem fällt die Beschreibung der zeitgenössischen Literatur als einer namenlosen Ödnis nicht schwer. Die Literatur insgesamt, als Institution, als traditionelle Einrichtung, die nicht nur ihre historischen Meriten, sondern auch eine aktuelle gesellschaftliche Funktion hat, verliert an Bedeutung. Mit ihr ist kein Staat zu machen, und das mag gut sein so.

Mit ihr sind aber auch keine individuellen Empfindungen mehr einzuüben, die, untergründig kommuniziert, noch in die allgemeinen und öffentlichen Formen der Selbst- und Weltverständigung hineinragten. Deshalb gilt die despektierliche Schelte der Literatur einem historischen Umstand und keinem ästhetischen Zustand. Einer schlägt den Sack und meint den Esel.

Nun ist die »Zeit« dem Literaturessay der »FAZ« die Antwort nicht schuldig geblieben. Sinnigerweise bildet der

Essay »Zeitalter der Bruchstücke« von Volker Hage das genaue Gegenstück zur pauschalen Klage, sein Lob der Literatur die Kehrseite des großen Tadels. Hier werden Namen und Titel in Hülle und Fülle genannt, Autoren wertgeschätzt, Texte zitiert und ernst genommen, die Fülle des literarischen Lebens soll repräsentiert sein. Systematisch wird die Literatur, werden die Literaturen von der quantitativen und qualitativen, der soziologischen und politischen, der ästhetischen und literaturhistorischen Seite betrachtet, doch die Melodie bleibt sich gleich: Vielleicht ist die zeitgenössische Literatur nicht besser als ihre Vorgänger, schlechter jedenfalls ist sie nicht.

Zudem wird der Sinn des allgemeinen historischen Vergleichens in Frage gestellt und eingeräumt, daß das Bruchstückhafte einer Literatur der Tagebücher und Notate, der Skizzen und Aufzeichnungen mit dem Bruchstückhaften einer zeitgenössischen Erfahrungswirklichkeit korrespondiert. Dieser ins Breite ausgreifende Parcours durch die Literatur erzeugt ein leichtes Flimmern.

Die Namen und Argumente werden lediglich aneinandergereiht, es paaren sich Süskind und Ransmayr, Handke und Hackl, Jelinek und Frisch, Paul Celan und Uli Becker; dem Hinweis auf den Verlust der öffentlichen Rolle der Literatur folgt die Mahnung, die politischen Implikationen und das öffentliche Interesse auch der stillen und subtilen Schreibanstrengungen nicht zu übersehen, und darauf eine Erinnerung daran, daß zeitgenössische Autoren wie Martin Walser oder Christoph Hein auch in der politischen Rede ihrer Zeit durchaus voraus zu sein vermögen. Kurzum, hier wird sehr vieles mit sehr vielen Mitteln gutgeheißen, gelegentlich ein Abstrich gemacht, aber auf Unterschiede kommt es nicht weiter an. Aber Unterscheiden war womöglich gar nicht das Anliegen dieses Textes? Eine freundliche Schaufensterauslage ist schließlich etwas anderes als eine Aktion Warentest.

Eben darum geht es. Wie der Staatsanwalt in seinem Zorn bleibt der Verteidiger in seinem Lob indifferent. Der eine verwirft in Bausch und Bogen, der andere gar nicht.

Keine leidenschaftliche Option für die realistische, keine für die phantastische Schreibweise, kein Lob der Langsamkeit, kein Bekenntnis zum urbanen Chaos, der süffige Bestseller wird anerkannt und das schwierige Fragment, der historische Roman und der Szenethriller, die zivilisationskritische Aphorismensammlung und die zynische Reflexion. Alles steht, alles geht: und so weiter. Literatur ist alles, nur gut muß sie sein.

Was das heißt, bleibt dann der Einzelbetrachtung an anderem Ort überlassen, soviel nur steht zu vermuten: Ein jeder Text wird an seinen eigenen Ansprüchen und vor allem am historischen Paradigma der Gattung und an Vorbildern gemessen werden müssen, Nutzen und Nachteil für das Leben interessieren nicht weiter. Auch dieser freundliche Pluralismus (kein Unbekannter in der kulturkritischen Diskussion dieser Jahre), dieses sympathische Abbild der Indifferenz eines freien Marktes von Waren und Meinungen, verdankt sich dem Umstand, daß die nachbürgerliche Öffentlichkeit ihre Kommunikation nicht länger über die literarische Kultur organisiert, daß die Erziehung des Herzens und die Bildung des Geschmacks, die Formung des Wahrnehmungsvermögens und die Anleitung zum Glücklich- oder Unglücklichsein nicht länger »in den Händen einiger ungeschickter Leute, Dichter!« liegen (Botho Strauß).

Das gibt der wohlmeinende Essay, wohl eher unfreiwillig, in aller Deutlichkeit zu verstehen, wenn es heißt »der ›engagierte‹ Autor der sechziger Jahre: ein Anachronismus. Selbst die neuere Entwicklung in der DDR zeigt, wie schnell der Schriftsteller sein Behelfsamt als Verkünder unterdrückter Wahrheiten verlieren kann: an die Öffentlichkeit.« Auch wenn hier eine politische Öffentlichkeit im engeren Sinn gemeint ist: Erstaunlich, wie leichthin Literatur und Öffentlichkeit als sich ausschließende Größen gedacht werden – und dennoch werden keine Folgerungen daraus gezogen. Immer noch wird so getan, als ob Literatur ihre Zeit in Gedanken und Bilder zu fassen hätte. Und das hat zur Folge, daß man ihren Zustand entweder mit dem der Gesellschaft verwechselt (»Ein Zeitalter der Bruchstücke«) oder wähnt, sie versage vor ihr (»Idyllen in der Wüste oder Das Versagen vor der Metropole«). Die summarische Verallgemeinerung und ein entsprechend überzogener Anspruch an die Institution Literatur insgesamt sind beiden Haltungen gemein.

Doch nur zögernd wird einem grundlegenden Wandel der gesellschaftlichen Funktion von Literatur Aufmerksamkeit gezollt. Literatur ist erstens eine minoritäre Angelegenheit geworden (der öffentliche Schutzengel für diese ungern gehörte Behauptung heißt Hans Magnus Enzensberger). Das öffentliche Interesse an ihrem aktuellen Erscheinungsbild ist so gering, daß sie sich so ziemlich alles erlauben kann. Von politischen oder moralischen Normen redet kaum noch jemand.

Ein Roman wie »Kamalatta« von Christian Geissler, der sich auch als Apologie der Rote-Armee-Fraktion lesen läßt, wird als polit-ästhetisches Experiment von Avantgardeliebhabern goutiert, ein erzählerischer Essay, der sich in böse Gewaltphantasien hineinarbeitet wie »Der Attentäter« von Rainald Goetz, löst immerhin zwei, drei Kritikerzungen, die leichtes Angewidertsein bekunden. Ansonsten freut man sich, ein »schwarzes« Element der literarischen Moderne darin wiederzufinden. (Am Rande: Wenn man schon die interessanten literarischen Debüts der letzten Jahre in ganzer Breite Revue passieren läßt, sollte man einen »genialen Krakeeler« wie Rainald Goetz nicht übersehen.)

Ästhetische Normen hingegen werden diskutiert, aber in der Regel von denen, die selbst Literatur schreiben oder das Geschriebene professionell bearbeiten, also kritisieren, analysieren und vergleichen.

Dabei fällt auf, daß die Gemeinschaft von Schreibern und Lesern avancierter Literatur immer enger zusammenrückt. Es bildet sich eine Gruppe von Voll-Literarisierten heraus, die sich im Raum der literarischen Schrift häuslich eingerichtet hat, aktuelle in traditionelle Zeichen überführt und umgekehrt, eine fast verschworen wirkende Gruppe, in der die ästhetisch versierten Schreiber kommentierende Leser und die literaturkundigen Leser nachtragende Schreiber sind. Hier wird Literatur auf hohem Niveau kommuniziert, Literatur, von der vieles zu erwarten ist, doch eben nicht für viele.

Literatur ist zweitens eine museale Angelegenheit geworden. Und das ist durchaus nicht in einem abfälligen Sinn zu verstehen. Die Bedeutung der sekundären Öffentlichkeit eines Museums als Ort der Erinnerung und des Eingedenkens wächst in dem Maße, wie das lebensweltliche Tempo zunimmt. Die Funktion der Literatur als gesellschaftliches Gedächtnis ist unersetzbar. Auch die neue Literatur ist ein Teil dieses Gedächtnisses. Selbst wenn sie sich nicht historisch bemüht, selbst wenn sie nicht bewußt auf den Themen- und Formenbestand ihrer eigenen Geschichte zurückgreift – allein die Virtuosität im Umgang mit dem Medium, dem die Speicherung und Übertragung historischer Daten aufgetragen war, der literarischen Schrift eben, macht sie zu einem Garanten der Kontinuität des Gedächtnisses. Es mag eine der bewußten Aufgaben der Literatur sein, an der »Wiederaufbereitung verbrauchten symbolischen Wissens«, am »Recycling des Bedeutungsabfalls« (Botho Strauß) zu arbeiten, doch ist allein schon in ihrer überlieferten Gestalt, im Medium selbst die Form eines alten Wissens bewahrt.

Literatur, ein Medium im Schatten der großen kommunikativen Mächte, marginalisiert, von gesellschaftlichen Zwängen entbunden, frei; und Literatur, eine Kunstform im Bann großer Tradition, monumental, historisch gebunden, der rettenden Erinnerung verpflichtet – diese Bestimmungen, seien sie nun komplementär, gegenläufig oder ambivalent ins Verhältnis gesetzt, bilden nicht nur den Hintergrund für das Selbstverständnis einer avancierten Literatur, viele neue Texte setzen sich offensiv mit ihnen auseinander.

Auch deshalb liest man so viel vom Lesen und vom

Schreiben, von der Schrift und den Buchstaben, vom Erzählen und Erfinden, von Macht und Medium, von der Literatur und den Büchern. Allein in jüngster Zeit zeugen davon die neuen Texte von Botho Strauß und Peter Handke, Hans Blumenberg und Klaus Theweleit, Christoph Ransmayr und Klaus Modick, Gert Neumann und Martin Grzimek, Thomas Hettche und Norbert Gstrein. Sehr verschieden alle, aber in der insistenten Befragung ihres Mediums kommen sie überein.

Man ist unter sich und mit den Ahnen, fühlt sich bedroht und bleibt selbstbewußt, man steigt hinab in die eigene Verfassung, man ahnt, und manchmal sagt man es: Die Literatur ist minoritär und museal geworden. Ihrer Souveränität muß das nicht abträglich sein. Im Gegenteil.

REINHARD BAUMGART

Boulevard – was sonst?

Je zügiger die Trends wechseln, desto kürzer unser Gedächtnis: Literatur zwischen den achtziger und neunziger Jahren

Da stehen wir wieder auf der Schwelle zwischen zwei Jahrzehnten, blicken zurück und blinzeln nach vorn, versuchen die Achtziger zu vermessen und die Neunziger zu entdecken und verdrängen wieder die zunächst naheliegende Frage: Warum sollten sich Geschichte und Literatur nach unseren vom Dezimalsystem behexten Köpfen richten? Was ermächtigt uns, Jahrhunderte, Jahrtausende oder eben Jahrzehnte abzupacken und abzurechnen, als würde sich wie unwillkürlich alles zu Epochen, zu Sinneinheiten ordnen, was sich mit einer Jahresnull am Ende abrundet? Der Verdacht liegt nahe, daß es weder eine Literatur der achtziger Jahre gab noch eine der neunziger Jahre geben wird, sondern eben nur dieses ordnungssüchtige Zahlensystem in unseren Köpfen.

So weit, so gut und richtig – und doch: diese uns antrainierte Dezimalrechenart hat in den vergangenen Jahrzehnten für die literarische Entwicklung erstaunlich viel Sinn gemacht. Mit Büchern wie »Die Blechtrommel«, »Halbzeit« oder »Das dritte Buch über Achim« zum Beispiel, erschienen 1959, 1960 und 1961, wurde doch tatsächlich auf der Wasserscheide zu den sechziger Jahren jene Phase engagierten Schreibens eröffnet, das motiviert war von der Überzeugung oder Illusion, Literatur stehe in gesellschaftlicher Verantwortung und habe auch politische Wirkung. Und wieder dauerte es bis fast zum Ende des Jahrzehnts, bis dieses stillschweigend federführende Literaturkonzept scheiterte in genau dem Bereich, dem es sich verpflichtet fühlte: im Politischen. Ausgerechnet die

Apo, selbst literarisch bis fast auf die Knochen, sagte die Literatur tot.

Aus einer kritischen Literatur wurde dann in den siebziger Jahren eine Literatur in Krise, fast zerrissen zwischen ihren extremen Flügeln, den faktengläubigen Dokumentaristen einerseits und den bekenntnisseligen Autobiographen andererseits. So jedenfalls ließe sich von heute aus und mit abschätzend zusammengekniffenen Augen die Lage in diesen lange zurückliegenden Jahrzehnten auf einen Sinn zusammenziehen. Ob sich aber ein ähnlich vereinfachtes Bild für die vergangene Dekade entwerfen läßt? Was war denn neu und unerwartet an allem und an allen, die neu in den achtziger Jahren aufgetaucht sind?

Dreimal ist in den letzten Monaten die literarische Szene vermessen worden, und zwar von drei Beobachtern, die genau zu jener Generation sogenannter »jüngerer Autoren« gehören, die eigentlich um 1980 den Schub ins neue Jahrzehnt hätte besorgen sollen. Doch kontroverser als diese drei können Befunde kaum sein.

Zunächst hatte Frank Schirrmacher, schon in der letzten Buchmessenbeilage der »FAZ«, nach langem Angang das Fazit gezogen: Alles Wüste, jedes Sandkorn dem anderen gleich, nur ein paar hübsche kleine Oasen können noch trösten. Worauf Volker Hage, in der »Zeit« vom 10. November 1989, in freundlich additivem Verfahren die Titel, Autoren, Auflagezahlen, Verdienste und Defizite aufzählend und abwägend, sein Gegenvotum abgab: Die Wüste lebt! Büsche, sogar Wäldchen allüberall, dazu Tierspuren und -stimmen und Halme, Gräser, Flechten …

Nun hat Hubert Winkels uns bewiesen (in der »Zeit« vom 2. März 1990), daß zwischen beiden Positionen, zwischen erbittertem Ungenügen und freundlichem Genügen, der herben Wüstendiagnose und dem stillen Sammlerglück, noch genügend Platz ist für eine dritte, für seine Argumentation, die beiden Vorrednern zugleich zunickt und widerspricht, um ihre Meinungen schließlich aufzuheben in einer Art Glück-durch-Entsagung-Synthese.

So sah man ein, und zwar dreimal, wie Temperament und Erwartungshaltung das Resultat einer Enquete vorprägen können.

Schirrmacher hatte seiner Diagnose einer nichtssagenden, obwohl alles beredenden Literatur, einer funktions- und wirkungslos gewordenen, die Ursache gleich vor die Nase gesetzt: »›Es‹ schreibt, und es schreibt immer gleich.« Wer sollte nun dieses »Es« sein, das neuerdings an Autors Statt die Bücher verfaßt? Eben niemand Besonderes mehr. Ein kollektiv stammelnder Universalautor, der nur noch unter verschiedenen Namen auftritt. Schuld daran wird einer weitgestreuten Literaturförderung gegeben, auch der bewußtlosen Motorik der Verständigungs- oder Selbstverständnistexte und schließlich jener hochprofessionellen, postmodernen Beschlagenheit in allen literarischen Techniken, Methoden, Ticks und Tricks, die den wahren Autor dieser Literatur-Literatur wegblendet: »Erfahrungsleere«.

Ein solches Plädoyer, das eine möglicherweise klein geratene, wenn auch ungemein emsige literarische Gegenwart konfrontiert mit Ansprüchen, die offensichtlich aus einer größeren Tradition gewonnen sind – es könnte durch seine unbetuliche, rücksichtslose Energie und Entschlossenheit durchaus imponieren, hätte Schirrmacher seine unwirschen Thesen nur nicht zu guter Letzt noch erläutert und belegt mit Beispielen aus dem letzten Herbst. Plötzlich wird die ganze Last der Schreibmisere einer Erzählung von Norbert Gstrein aufgebürdet, die zwar gehemmt und verkrampft sein mag durch Manier, aus der aber immer noch eine unzeitgemäße erzählerische Kraft spricht. Während eine zart und fleißig gekonnte Novelle von Thomas Hürlimann dazu herhalten muß, die trübe literarische Stunde angeblich zu überglänzen.

Während hier die Exempel zu klein geraten scheinen für die großen Thesen, wächst aus Volker Hages Fülle der

Beispiele kaum noch ein alle übergreifender Befund. Diese behutsame Bestandsaufnahme will uns offenbar dazu überreden, uns doch abzufinden mit dem pluralistisch Vorhandenen, dem Dies und Das und Vielerlei, an dem es zwar hier und da allerhand nachzubessern gäbe, gegenüber dem aber aus vermeintlich oder wirklich produktiveren Zeiten bezogene Ansprüche unangemessen wären. Das Ergebnis klingt paradox: Unsere Literatur ist reich, einerseits, doch wir dürfen nicht unbescheiden sein, andererseits.

Genau dieses Paradox löst sich freilich auf, sobald man einsieht, daß der grundsätzliche Schirrmacher und der behutsam additive Hage sich stillschweigend einig sind in einem: Das literarische Niveau hat sich in den letzten Jahren drastisch nivelliert. Daran freut den einen, daß dabei die Täler an Niveau gewonnen haben, schlichtweg höher gerutscht sind. Während den anderen kränkt, wie sehr im gleichen Prozeß die Gipfel heruntergekommen sind.

Auch Hubert Winkels hat seine zwar positiv verkündete, doch im Wesen defensive Generalthese vom musealen und minoritären Status der Gegenwartsliteratur auf eine Einsicht gegründet, der seine beiden Vorredner kaum widersprechen würden: »Schwer trägt die Literatur am Gewicht der Welt, weil ihr Anteil daran sinkt.« Dazu Hage: »Die Literatur hat ihre öffentliche Rolle aufgegeben. Und mit ihr jeden Anspruch auf Repräsentanz –«. In diesen Geltungs- und Wirkungsverlust muß sie sich, müssen wir uns vernünftigerweise ergeben, heißt das wohl. Genau das verweigert Schirrmacher, der darauf besteht, Literatur weiterhin als Quelle einer Welterfahrung zu verstehen, an der Leser dann ihre eigene erproben, bilden, schärfen könnten.

Nun fragt sich, wie genau, mit welchen Meßwerten das angeblich sinkende Gewicht der Literatur in der Öffentlichkeit und damit für die kulturelle Sozialisation ihrer Leser zu messen wäre. Sicher doch nicht mit Auflage- und Verkaufszahlen. Mit denen nämlich ließe sich seit den fünfziger Jahren eher ein inflationärer als ein minoritärer Trend belegen. Daß damals der »Stiller«, also ein von Kritik, Buchhandel, Lesern auf den ersten Blick geliebter und gerühmter Roman eines schon renommierten Autors, in der ersten Saison nur mit jenen rund dreitausend Exemplaren verbreitet war, die heute auch der wohlbesprochene Erzählungsband eines Debütanten erreichen kann – das scheint kaum noch glaubwürdig. Und undenkbar wäre damals der Auflagen- und Erfolgsrausch gewesen, in den Umberto Ecos Pendelroman eben geraten ist: 400 000 Exemplare in nur sechs Wochen! Man sollte hier wohl besser von Einschaltquoten reden. Denn daß Gekauftes noch intensiv gelesen wird, ist so unwahrscheinlich wie bundesweite Konzentration vor bundesweit erleuchteten Mattscheiben.

Immerhin: Ecos Roman, obwohl ein Import aus Italien, diese schräge Mischung aus Flipper und Glasperlenspiel, aus Gelehrtheit und Schwadronage, hat wahrhaft kongenial ein Jahrzehnt abgeschlossen, in dem auch die deutsche Literatur, vergleichbar gewitzt und doch leerlaufend, so erfolgreich wie wirkungslos operiert hat. Denn auch das folgt aus der Metapher von der Nivellierung: Alles wächst und wuchert nun ins Breite.

Neu, symptomatisch für die literarische Situation scheint mir allerdings, wenn auch ein so ungeduldig und hochfahrend argumentierender Beobachter der Lage wie Frank Schirrmacher sich am Ende seiner Tabula-rasa-Verkündigung noch rettet in die Bewunderung eines schön gerundeten und klug zugespitzten Novellchens, wie es »Das Gartenhaus« von Hürlimann ist. »Ein kleines Meisterwerk«, sagt er. Mag sein. Doch genau dieses Muster- und Meisterwerkleinhafte, dieses Ältliche und Altkluge einer Literatur von jungen Autoren könnte ja auch befremden. Sie sieht so tückisch und so traurig aus wie Spitzweg.

Ein anderes Beispiel: die Prosa Irene Disches, zweifellos der Debütanten-Star im letzten Herbst, eben weil sie ihre

Geschichten ausstattet mit jener gefälligen Bissigkeit, die in New York und im »New Yorker« seit eh und je Standard ist. Auch daß sie sich mit ihren deutsch-jüdischen Stoffen über ein mit Vorurteilen vermintes, für sanfte Provokationen also wohlvorbereitetes Gelände bewegt, sorgt für Resonanz. Solche vorsichtige, gekonnte Kühnheit wird heute vor allem erwartet und tatsächlich auch produziert.

Genau dieses Pensum läßt sich offensichtlich nicht erfüllen mit breitangelegten, sich unserer Gegenwart neugierig öffnenden Epochenromanen: die exemplarischen Versuche etwa von Ortheil und Nadolny sind geradezu vorbildlich gescheitert. Weder Übermut und Draufgängertum im einen Fall noch eine respekterheischende Sorgfalt im anderen haben den Widerstand des Stoffes überwinden können.

Unser wahrer Gegenwartsroman nämlich ist paradoxerweise der historische geworden. Am Zeitalter Ovids oder der Katharer, in Ransmayrs »Die letzte Welt« also wie schon in »Der Name der Rose« soll sich grell und verzerrt spiegeln, was heute los ist. Dabei stellt sich jener feine, nicht eigentlich erschreckende Schrecken her, den man Gruseln nennen könnte und den schon Patrick Süskinds »Das Parfum« beschert hatte, ein anderer, unerwarteter Komet der achtziger Jahre. Gruselliteratur, das wäre eine, die den Schrecken an den Reiz verschenkt, in der es zwar allerhand zu erleben, aber kaum etwas zu erfahren gibt.

Diese Regeneration fast schon verschollen geglaubter Gattungen, des kurz und novellistisch pointierten Erzählens und vor allem des historischen Romans – der im letzten Jahrzehnt von Nadolny bis zu Gisbert Haefs und Horst Stern beim Publikum Karriere machte –, das war neu und kam vollkommen unverhofft. Aus der vielberedeten neuen Unübersichtlichkeit hat Literatur sich zurückgezogen ins Übersichtliche, ins Abgeschlossene und Abgekartete, in die Hermetik von »kleinen Meisterwerken«, manche kostspielig, andere eindeutig *second hand*.

Falls nun auf einen Begriff gebracht werden soll, was hier an Kennzeichen der in den letzten Jahren tonangebenden Literatur gesammelt worden ist – also: Nivellierung, Gefälligkeit und Erfolgsbewußtsein, handwerkliche Gediegenheit bis hin zu blendender Virtuosität im Umgang mit vorhandenen Mitteln, hoher Stoffreiz und Verarbeitungseffekt, das alles erkauft mit geringer Erkenntniskraft und gesellschaftlicher Funktionslosigkeit –, so wüßte ich nur ein Schlagwort, das alle diese Merkmale auf einen Nenner bringt: Boulevard. Das Wort hat in unserer Kultur ohne Metropole leider einen üblen Klang. Es signalisiert soviel wie Flachheit, Schwachsinn, Klamauk.

Aber »Boulevard«, ernst genommen, bedeutet nicht mehr und nicht weniger, als daß der Salon auf der Straße stattfindet, daß dort, auf dieser öffentlichen Bühne, flüssig und elegant über die fälligen Tagesthemen und Tagesmoden kommuniziert wird, unter der Regie dessen, was neuerdings wieder als »Zeitgeist« firmiert. Der Boulevard verzichtet freilich auf alle Radikalität, oder, ins Altdeutsche übersetzt: auf Tiefe.

Statt einer Ästhetik des Schreckens und der Plötzlichkeit, wie sie Karl Heinz Bohrer mit dem Rücken zu seiner Gegenwart als Produktivkraft und Inbegriff der Moderne formuliert hat, herrscht in einer Boulevard-Kultur eine Ästhetik der Verbindlichkeit, der Wiederkehr des immer schon Bekannten und also Erwarteten. Selbst die kompliziertesten, ehrgeizigsten Motiv- und Methodenspiele unserer postmodernen Bastler können und wollen gar nicht verbergen, daß sie sich aus dem Vorrat des schon Eingeübten, Durchgekosteten bedienen. Ihr ungeheurer Geschmack ist immer schon: Nachgeschmack.

Wer hätte das gedacht, vor zehn oder fünfzehn Jahren, als das Stammeln und Tasten der Bekenntnis- und Geständnisliteratur, als Neue Innerlichkeit oder Neue Subjektivität den literarischen Zeitgeist definierten, als ausgerechnet das Private sich als politisch erklärte – wer hätte damals diesen Umschlag der Texte ins cool Weltläufige, oder besser noch: ins Weltliteraturläufige, ins in diesem

Sinn Mondäne voraussagen können? Je zügiger die Trends wechseln, desto kürzer wird unser Gedächtnis. Desto heftiger auch die Neigung, nach jeder Wende, die dann bestenfalls doch nur ein Jahrzehnt lang währt, ein neues literarisches Äon auszurufen.

Ich wäre da vorsichtiger als etwa Hubert Winkels, der aus kleinen Indizien den mächtigen Schluß zieht, vorbei wäre es für jetzt und künftig mit der bewußtseinsprägenden Kraft der Literatur, weil sie zur Zeit nicht mehr sagt, »wie zu leben sei. Wie zu lesen sei, das sagt sie«. Aber eben noch, vorgestern, hat doch die Lektüre von höchst verschiedenen Büchern wie Vespers »Die Reise«, Handkes »Die Stunde der wahren Empfindung«, Strauß' »Die Widmung« oder »Mars« von Fritz Zorn sehr wohl als Weltorientierung, ja als Lebenshilfe gedient, hat Wahrnehmungen, Empfindungen, Erwartungen geprägt. Die Erinnerung daran sollte uns auch daran erinnern, daß wir keinerlei Ahnung davon haben, welche Rolle Literatur hinter dem nächsten Horizont, also am Ende der neunziger Jahre spielen könnte.

Auch wenn diese kraß vereinfachte Situationsskizze einleuchten sollte – sie stimmt nicht, nicht ganz. Unterschlagen wurde, daß gegen die Neuheiten und Neulinge des vergangenen Jahrzehnts auch Autoren wie Grass und Bernhard, Handke und Christa Wolf, Strauß, Walser und Achternbusch ihre gegen den aktuellen Zeitgeist weitgehend immune Literatur weitergeschrieben haben. Was freilich auch heißt, daß sie diese Dekade so wenig geprägt haben, wie sie sich von ihr umprägen ließen.

Noch erstaunlicher: Gerade die für mich überzeugendste Prosa von neu aufgetauchten Autoren, von Brigitte Kronauer und Rainald Goetz, fügt sich nicht in das hier entworfene Bild. Wie beunruhigend ist das und wie tröstlich, daß man, daß jedenfalls ich zwei so extrem außenseiterische Talente, den Sprengmeister Goetz und die Kristallzüchterin Kronauer, nicht hochrechnen kann in ein Panorama, daß sie beide sperrig querstehen zum Trend.

Das demonstriert noch einmal den Eigensinn des Besonderen gegen einen Wendewind, der eben doch nicht alles in eine Stromlinie formen kann. Und es erinnert am Ende noch einmal an den Vorbehalt, mit dem ich angefangen habe, an die Frage, ob es denn in einer bestimmten Zeiteinheit eine einheitliche Literatur geben kann und muß oder ob wir uns das nicht bequemlichkeitshalber, ordnungsbewußt bloß zurechtlegen.

MAXIM BILLER

Soviel Sinnlichkeit wie der Stadtplan von Kiel

Warum die neue deutsche Literatur nichts so nötig hat wie den Realismus. Ein Grundsatzprogramm

Es gibt keine Literatur mehr. Das, was heute in Deutschland so heißt, wird von niemandem gekauft und gelesen, außer von Lektoren und Rezensenten, den Autoren selbst und einigen letzten, versprengten Bildungsbürgern. Die deutsche Literatur dieser Jahre und Tage ist eine Literatur der peinlichen, aber allessagenden Minimalauflagen, die sich in der Regel zwischen mehreren hundert und bestenfalls ein-, zweitausend Exemplaren bewegen. Es ist eine Literatur, die keinen berührt, mitreißt und fasziniert, eine Literatur, die nur mehr auf den Seiten der Feuilletons und Kulturspalten stattfindet. Und dort allein scheint sie noch genießbar und so was wie ein Ereignis zu sein: zusammengefaßt und analysiert in ein paar Absätzen, verdammt oder gelobt von professionellen Kritikern, die dafür bezahlt werden, daß sie sich für uns durch die Bücher ackern, die wir nach zehn Zeilen wieder zuklappen würden.

Die Krise unserer Literatur ist niemandem ein Geheimnis, sie ist ein beliebtes, dankbares Partythema, und auf jenen Parties, wo über sie gesprochen wird, hört man oft, sie rühre vor allem daher, daß Fernsehen, Kino und Videoclips die Konsumgewohnheiten so sehr verändert hätten, daß das Publikum nur noch auf Tempo, Effekt und all die andern bösen Feinde der seriösen Literatur reagieren kann. Das ist deshalb falsch, weil natürlich jede Epoche ihr eigenes Zeitgefühl hat, und so verlangten die Menschen immer schon beim Konsumieren von Literatur nach genau dem Tempo, das sie gewöhnt waren, das ihrem Lebensrhythmus entsprach, und diesen epochenadäquaten

Drive bekamen sie dann in »Simplicius Simplicissimus« ebenso wie in »Buddenbrooks«, »Berlin Alexanderplatz« oder Heinrich Bölls genialen frühen Erzählungen. Die Bücher dagegen, die heute die Belletristik systembildend dominieren, sind sperrige, abweisende Ideen- und Wortkonstrukte ohne Sinn für Dramaturgie – und außerdem aber ungangbare Ausflüge in die unwichtigen Seelenqualen ihrer unwichtigen Wohlstandsgesellschaft-Autoren.

Es genügt, sich die diesjährigen Literaturbeilagen anzusehen, um zu erkennen, daß der Prototyp eines gefeierten zeitgenössischen »Rezensentenbuchs« vornehmlich davon handelt, daß das Schreiben angeblich unmöglich geworden ist. Erstens, weil alles bereits geschrieben sei. Zweitens, weil man als arme, überforderte Kreatur von Schriftsteller gegen die überwältigende, verwirrende Wirklichkeit des technisch-computerisierten Medienzeitalters kaum mehr ankomme. Drittens, weil alles plötzlich so trügerisch virtuell geworden sei. Viertens, weil der Leser aus diesem Grund nicht mehr bereit sei, einem Autor den fesselnden, den dramaturgisch und ästhetisch gewieften auktorialen Erzähler abzunehmen. Weshalb, fünftens, der Leser ohnehin der Feind des Literaten sei, ebenso wie die böse, verlogene Realität. Richtige Überlegungen zum Teil – und ein falscher Schluß, den die Sprachzerstörer und Prosageometer vor langer Zeit schon daraus gezogen haben: Die Literatur ist am Ende, sagten sie. Der Roman tot. Das Publikum oberflächlich und dumm. Und die Schriftsteller nur noch die Totengräber der eigenen Sache …

Die Konsequenz aus diesem defätistischen, uninspirierten Avantgardistendenken war, daß in jahrzehntelanger Knochenarbeit, in einem Exorzismus nach echter Akademikerart, der deutschen Literatur jedes Leben, jedes Stück Wirklichkeit und der Wille zur Außenweltkommunikation ausgetrieben wurden. Und Generationen von jungen Autoren, die bei Verlagen und Kritikern überhaupt noch eine Chance bekommen wollten, paßten sich – bewußt oder unbewußt, aus Opportunismus oder Überzeugung – diesem modernistischen Wirklichkeitsverbot an und schufen einen literarischen Kanon, der ebensoviel Sinnlichkeit hat wie der Stadtplan von Kiel.

Rauschhafte Lektüre

Die breite Masse der Leser jedoch, die früher in einem rauschhaften Lektüreprozeß in der Literatur etwas über sich selbst und die Welt erfahren wollte, hat sich von dem, was heute so genannt wird, abgewandt. Sie holt sich die Realität nun dort, wo sie noch zu kriegen ist: im Kino, im Fernsehen – und vor allem aber in Zeitungen und Magazinen.

Es ist symptomatisch, daß gerade die so lebensnotwendige, so naheliegende Verbindung von Journalismus und Literatur, die früher eine Selbstverständlichkeit war, heute im deutschen Sprachraum so verpönt ist, geächtet von denen, die zur Zeit in Universitäten und Kulturredaktionen das Sagen haben und immer, qua Apparat und Geld und Macht, auch das letzte Wort.

Genau das aber sollte man ihnen nehmen.

Man könnte jetzt natürlich sofort und ohne Übergang von Joseph Roth, Erich Kästner und Friedrich Torberg beginnen, deren Erzählungen und Romane ohne ihre journalistische Arbeit undenkbar wären. Doch all dies ist altbekannt und Geschichte, und Geschichte ist nichts, womit man überzeugen kann. Und deshalb sollte man eher darüber sprechen, daß es bei uns heute kaum mehr einen Schriftsteller gibt, der sein Material aus der Wirklichkeit bezieht, indem er als Reporter, als Detektiv auf Recherche ginge. Daß andersherum ein Schriftsteller mit einer ätherisch-verschlüsselten Reportage von seinem strukturalistischen Hermetikolymp einen Ausflug in die kleine, schmutzige Welt der Realität unternimmt, kommt schon mal vor. Doch die Selbstverliebtheit und stumme Überheblichkeit, die aus diesen Arbeiten jedesmal spricht, beweist, daß dies die falsche Richtung ist, daß der Weg immer nur vom Journalismus zur Schriftstellerei führt, doch niemals umgekehrt.

Es ist absurd: Noch nie gab es eine Schriftstellergeneration, die sowenig Hardcore-Journalismus und Realitätswühlerei betrieben und zugleich ein derart ereignis- und konfliktloses Dasein geführt hätte wie die unsere. Noch nie waren die Probleme eines Jahrgangs so belanglos und entrückt von allem wahrhaft Existentiellen. Uns bewegen doch höchstens mal ein paar Liebesprobleme oder eine völlig abstruse, abstrakte Angst vor der Tschernobylstrahlung oder den Folgen eines ins Apokalyptische hineingeredeten Anti-Saddam-Kriegs. Und wenn im Ostblock die alten Regime fallen und der vermeintliche Ausverkauf der Ideologien beginnt, dann ist das für uns doch ohnehin nur so, als würde gerade eine neue Boutique aufmachen. Aus diesem Stoff lassen sich keine Epochenromane und wüsten Gesellschaftsepen basteln. Das gibt zuwenig Handlung her, kaum Gefühl und Sinn und schon gar nicht das erhellende, visionäre Hangeln am Abgrund der menschlichen Existenz, eine unbedeutende Illustration nur, doch kein Gemälde ...

Es hat nichts mit Selbstüberschätzung zu tun, sondern viel mehr mit der Suche nach passenden, eingängigen Argumenten, wenn ich sage, daß ich selbst es – so gesehen – etwas besser gehabt habe. Meine Familie stammt aus Rußland und aus der Tschechoslowakei, manch einer von ihnen mußte sich mit den Nazis herumschlagen, und ich hatte außerdem noch das stoffspendende Glück, daß wir nach dem Prager Frühling nach Deutschland emigrierten. Wieviel mehr biographisches Material kann ein Autor verlangen in einer Zeit, in der seine Kollegen mit sechzehn ein bißchen Haschisch rauchen, mit achtzehn Abitur machen, für ein Jahr nach Paris gehen, dann in Heidelberg oder München Germanistik studieren und schließlich einen »Prosatext« schreiben, der nur aus Zitaten von Lacan und Baudrillard besteht und dessen schwer auszumachender Held mit sechzehn ein bißchen Haschisch raucht, mit achtzehn Abitur macht und dann für ein Jahr nach Paris geht?

Ich hatte also Glück, nichts als Glück, daß ich durch

meine Biographie die determinierenden Hinweise auf all das frei Haus geliefert bekam, was mich interessiert und per se interessieren muß, auf das, was ich liebe und hasse, was ich begreifen und beschreiben will. Und trotzdem: Den Holocaust etwa, der – ob ich es nun möchte oder nicht – in meinem Denken eine unangenehm zentrale Rolle spielt, habe ich natürlich nicht erlebt. Ich mußte ihn, zunächst als Journalist und dann erst als Schriftsteller, recherchieren. Ich mußte ihn wegen der Toten recherchieren, wegen der Überlebenden und vor allem aber wegen mir selbst. Manchmal wurden aus meinen Recherchen Reportagen, manchmal Erzählungen, manchmal beides.

Ich fuhr nach Polen, wo ich die Felder und Öfen von Birkenau sah und wo ich mich selbst und meine Jüdischkeit in einem schärferen Licht erkannte. Ich lief in Budapest herum, durch den achten Bezirk und die Neue Leopoldstadt, durch das arme und das reiche jüdische Viertel der Vorkriegszeit. Ich sprach in Moskau mit alten Männern, die gegen die Nazis gekämpft hatten. Ich unterhielt mich in München und Frankfurt mit anderen alten Männern, deren Kampf gegen die Nazis allein darin bestand, als KZ-Zombies dies alles einfach nur durchzustehen. Und ich sah die deutschen Jüdinnen von Haifa, die immer noch, sechzig Jahre danach, auf einer Bank auf dem Carmel sitzen und sich in einem prächtigen Berlinerisch über die Intifada unterhalten.

Merkwürdige junge Frau

Ich hörte und sah Dinge, die ich niemals hätte erfinden können, und ich erinnere mich jetzt daran, wie ich im November 1989 nach Prag fuhr, um über den Kommunistensturz eine Reportage zu schreiben, ich erinnere mich an diese merkwürdige junge Frau, die ich dort traf.

Julie besaß das, was manchem gewöhnlichen Gesicht Kraft und Kontur gibt: sehr große, sehr wilde Augen. Mit diesen Augen beobachtete sie mich unentwegt, sie sah mich immerzu forschend und kontrollierend an, und obwohl ich mit ihr, einer Prager Kunststudentin, zunächst nur ein ganz normales Interview über die sanfte Revolution machen wollte, merkte ich bald, daß uns beide ein anderes Thema verband. Klar, Julie war Jüdin, aber sie hatte es niemandem an der Akademie gesagt. Sie hatte es aus übertriebener Furcht vor Haß und Benachteiligung durch die Partei auch ihren beiden besten Freunden, zwei jungen Bildhauern, verschwiegen. Und erst mit mir, dem Gast aus dem Westen, der auf sie wie ein Katalysator wirkte, weil er ganz naiv und ohne Angst von seinem Judemtum redete – erst mit mir also begann Julie über ihre Herkunft zu sprechen.

Mir hatte sich Julie als erstem anvertraut – und gleich danach aber ihren beiden Bildhauern … Und da sprudelte es auch aus ihnen heraus, auch sie stammten aus jüdischen Familien, sie hatten aus denselben Gründen wie Julie geschwiegen, und endlich also begriffen die drei, warum sie miteinander so eng, so zart befreundet waren, und ich aber begriff auch, warum ich mich mit ihnen blind verstand, warum ich, obwohl größtenteils woanders aufgewachsen, mit ihnen den Humor teilte und dieselbe halbwehleidige, halbironisch-wütende Weltsicht. Das alles fand ich dann schrecklich aufregend und romantisch, und bevor ich nach München zurückfuhr, versprach ich Julie, ihr alles zu schicken, was es an Büchern über Juden, ihre Religion und Geschichte gab.

Prager Marranenkitsch

Ich schickte ihr gar nichts, nicht einmal einen Brief. Ich schrieb meine Reportage, ich vergaß Julie, und als ich mich eines Tages daran erinnerte, wie wüst und pathetisch sich der Prager Marranenkitsch meiner damals bemächtigt hatte, schämte ich mich dessen so sehr, daß ich eine Erzählung schrieb, worin ein deutscher Jude nach Prag kommt, um über die Revolution zu berichten. Dabei lernt er an der Kunstakademie eine kleine, verwachsene, häßliche, abstoßende Studentin kennen, die ihn wie eine Hexe in ihre Wohnung lockt, um ihn so lange mit den undurchsichtigen Geschichten von ihrer obskuren jüdischen Herkunft und dem tragischen Holocaust-Schicksal ihrer Familie zu umgarnen, bis er ihr nachgibt, bis er gegen seinen Willen mit ihr ins Bett geht, hinterher beim gemeinsamen Schabbatessen Kiddusch sagt und sich dieser Frau, von der er weiß, daß sie eine Baba Jaga ist, ein Dybbuk, für immer verschreibt.

Die Zwergin, die in der Erzählung für die alleserdrükkende Allmacht von Familie und Geschichte, Folklore und Holocaust stand, diese Zwergin hatte nichts mit der echten Julie zu tun. Aber ich hätte ohne Julie niemals dieses Sujet gefunden, ich wäre nie auf die Idee gekommen, daß es Menschen gibt, die in ihrer Mischung aus Feigheit und Stolz andere wiederum derart berühren und belästigen können. Ich hätte ohne die reale Julie nie herausgefunden, daß es im Leben eine so unsympathische Tragik geben kann und zugleich aber auch etwas derart Menschliches.

Es geht aber noch um mehr: Denn als Reporter, der auch literarisch arbeiten will, lernt man vom Journalismus nicht nur das Gespür fürs vorgegebene Material, für den Menschen an sich, für die Wirklichkeit. Man kapiert darüber hinaus, daß es einen Sinn hat, so zu schreiben, daß der Leser einen begreift. Denn wenn man etwas erkannt, wenn man etwas zu sagen hat, dann will man logischerweise auch, daß die andern einen verstehen. Alles andere wäre Lüge, Heuchelei – und es wäre aber vor allem, wie es so oft in der heutigen Akademikerliteratur geschieht, das Vorgaukeln von Klugheit und Einsicht, das Sichverstecken hinter einem hermetischen Begriffsgerümpel, das nur die eine einzige Funktion hat: der breiten, wenig gebildeten Masse den Zutritt zum großen Tempel des Geistes so sehr wie möglich zu erschweren. Und das ist dann nichts anderes als intellektuelles Spießertum.

Die wenigen, die es in Deutschland heute als Autoren und Journalisten zugleich versuchen, bekommen fast automatisch Schwierigkeiten mit der Kritik. Prominentestes Beispiel eines solchen Scheiterns ist Fritz Raddatz. Er schrieb zwei große Romane und erntete dafür aber aus den Feuilletons fast nur Haß, Verachtung und Verständnislosigkeit. Es gibt noch einige andere, die wegen ihrer literarischen Arbeiten mit Häme oder eisernem Übergehen bestraft wurden. Seit jeher nämlich gilt in Deutschland der Schriftsteller – wie jeder Künstler – als Schöpfer, als Gemütsmensch, als poetischer Sendbote aller metaphysisch-mystischen Erkenntnissphären zusammen. Der Journalist dagegen ist, lange vor den Nazis, als Prototyp des Zersetzers gebrandmarkt worden, als jüdischer Schlammwühler, als welscher Pseudoliterat, der bestenfalls zum Kritiker taugt, aber niemals über den göttlichen Funken des Schöpfertums verfügen wird. Diese rassistische Vorstellung hat sich, zumindest unterbewußt, bis heute in einer abstrakteren Emanation gehalten, und es ist kein Zufall, daß gerade jetzt bei uns die von Botho Strauß faschistisch-vulgarisierten Thesen George Steiners populär werden, wonach die Literatur als ein geheiligtes Produkt ausgewiesen wird, das keine Kritiker und Exegeten duldet. Diese im Sinne von Richard Wagner und Houston Stewart Chamberlain reaktivierten herrenmenschelnden, sakralisierenden Kunstthesen finden nicht umsonst in unseren Feuilletons und Germanistikseminaren so viele Nachbeter. Denn sie sind der komprimierte Ausdruck der im deutschen Bewußtseinsuntergrund nach wie vor herrschenden Überzeugung: Kunst ist Kunst ist Transzendenz ist Religion. Und Realität ist Dreck ist Boulevard ist Fernsehen ist Journalismus.

Ich aber glaube, daß gerade der Realismus für die Literatur lebensnotwendig ist. Er ist die absolute Grundvoraussetzung der Literatur – nicht der Malerei, nicht der Musik! –, die aus dem einzigen Grunde entstand, weil es immer wieder Menschen geben wird, besonders empfindliche, verrückte, egoistische Menschen, die auf eine sehr konkrete Weise für die andern über das Leben und also die Wirklichkeit nachdenken. Die herauszufinden versuchen, warum die Welt so ein verrotteter Misthaufen ist und zugleich das Schönste, Herrlichste, was wir uns vorstellen können. Und die vor allem aber wissen, daß nur der, der sich darauf einläßt, mit seinem Publikum zu kommunizieren, auch sein wahres Schriftstellerziel erreicht … Wer das also nicht vergißt oder wer sich daran wieder erinnert, wird keine Mühe haben, die gute, ernste Literatur ins Bewußtsein der Leser zurückzuführen, ohne billige Tricks natürlich und Trivialisierungen.

Die Ablehnung des Journalismus als Grundlage einer modernen, begreifbaren Literatur ist ein nur ganz besonders augenfälliges Symptom für die Agonie unserer Akademikerprosa. Darüber zu sprechen ist gut. Noch besser und konsequenter aber ist es, den vorhin eingeführten Reportagebegriff zu erweitern.

Ideen und Dummheiten

Damit meine ich nicht allein, daß man nicht unbedingt für »Spiegel« und »Geo« durch die Weltgeschichte reisen muß, um etwas über die Welt und den Sinn des Lebens zu erfahren, denn es reicht selbstverständlich ebenso, einfach nur mit Freunden und Feinden, Bekannten und Unbekannten über ihre Geschichten und Ideen und Dummheiten zu sprechen. Ich meine noch etwas anderes: Literatur ist ja nichts anderes als eine stete, ewige Recherche des menschlichen Daseins, der Geschichte des einzelnen, einer Gruppe, eines Volkes, des ganzen Menschengeschlechts. Und so ist jeder Text, den ein Schriftsteller schreibt und der ihm gelingt, ebenso die Reportage seines eigenen Lebens als auch des Lebens all derer, die sich auf ihn einlassen wollen und können, die seinen Stil mögen, die seine Metaphern spüren, die seine Dialoge komisch oder ergreifend finden und seine Einsichten so was wie visionär. Die er packt. Die mit ihm etwas erleben wollen und die durch ihn plötzlich etwas Neues von sich selbst verstehen. So einfach ist das, und es ist mir völlig egal, ob gerade ich all das vermag, was ich da so leichtfertig verlange, denn es steht hier ohnehin nicht zur Debatte …

Ich glaube, man kann die Literatur retten. Man muß einfach nur so lange gegen die selbstgefällige Sturheit der Altavantgardisten und Literaturnomenklaturisten anreden und anschreiben, bis es wieder anständige Romane gibt. Romane, die man in einem Ruck durchliest. Die man liebt, die man genauso atemlos und gebannt durchlebt wie eine gute Reportage, einen prima Film. Romane, die von allem Möglichen handeln werden, bloß nicht davon, daß es keine Romane mehr gibt.

MATTHIAS ALTENBURG

Kampf den Flaneuren

Über Deutschlands junge, lahme Dichter

Einer hat Abitur und fühlt sich zum Dichter berufen. Er läuft durch eine Buchhandlung und ist irritiert. Er schlendert über die Frankfurter Buchmesse und ist erschüttert. So viele Bücher, so viele Dichter. Was soll er machen? Ihm fällt nichts auf, ihm fällt nichts ein. Aber es drängt ihn, es treibt ihn. Eins will er um jeden Preis: ein Dichter werden. Eins will er um keinen Preis: ein erfolgloser Dichter werden.

Aber was soll er machen, wenn alles schon dagewesen ist – Publikumsbeschimpfung und Agitprop-Romane, Seelenkäse und Ökolyrik, Dokumentartheater und neue Rotzigkeit? Er macht das, was alle tun, denen weder etwas auf- noch etwas einfällt: Er flaniert und spielt mit der Sprache und macht ein Buch daraus. Er bekommt einen Preis, dann noch einen und noch einen. Ihm fällt zwar immer noch nichts ein, und sein Buch ist selten verkauft und noch seltener gelesen worden, aber weil man in seiner Heimatzeitung geschrieben hat, daß er nun ein erfolgreicher Dichter sei, flaniert er weiter und weiter und weiter. Jedes halbe Jahr, wenn er die Abrechnungen seines Verlegers bekommt, rümpft er die Nase und denkt: »Das Volk ist halt doch zu blöde, um mich zu verstehen.«

Wenn ich sie in den Talk-Shows sitzen sehe, unsere Jungautoren, die jetzt schon glauben, sie seien unsterblich, und die deshalb so endlos viel Zeit haben, uns zu langweilen, wenn ich sie dort sitzen sehe, so penetrant sensibel, so rasend bedächtig, dann muß ich immer an »Schneller Pfeil« denken, jene Schnecke, die wir als Kinder in einem Schuhkarton hielten und die wir dann vergaßen, weil sie einfach zu langsam war. Ein Vogel hat sie sich zum Mittagessen geholt. Wir haben sie nicht vermißt.

Ach was, ich habe nichts gegen Flaneure. Nichts gegen

die langsamen Heimkehrer und Verteidiger der Vorsichtigkeit, nichts gegen die leise singenden Frauen, die luxurierenden Trödler und anämischen Tränensäcke. Sollen sie doch durch die Fachwerkzeilen unserer Kleinstädte zockeln, sollen sie zaudern und zagen, mir doch egal. Nur lesen möchte ich nichts mehr von ihnen; mit ihren trantütigen Texten sollen sie mir gestohlen bleiben, mit ihren »Versuchen über …« und »Beiträgen zu …«, mit ihren Bürgschaften und Nasen aus zweiter und dritter Hand, mit ihrem viermal verfluchten »… artikulierte Axel voll furchtsamer Eleganz«. Und vom Hals bleiben sollen sie mir mit ihrem verflennten Kulturpessimismus, von wegen »Untergang der Schrift im medialen Flimmern und Rauschen«. Daß ich nicht lache, bloß weil *ihre* Auflagen sinken.

O ja, langsam muß man sein. Beim Schreiben. Damit die Sätze Tempo kriegen und die Geschichten Drive. Aber wenn man mit dem Intercity-Expreß von einem Poetik-Seminar zum anderen saust und zwischendurch Bücher schreibt, die sich so lesen, als wären sie auf dem Rücken eines Maulesels entstanden, dann darf man sich nicht wundern, wenn das Publikum sich *diesen* Werken verweigert. Denn warum sollte ich mir von den Suaden Thomas Hettches meine wertvolle Lebens- und Lesezeit stehlen lassen? Was gehen mich die Bübchen-Bücher des großmäuligen Thorsten Becker an und was die Püppchen-Prosa einer Anita Albus?

Doch daß die Leute nicht mehr lesen wollen, ist auch bloß ein Gerücht, das mit Interesse am Leben gehalten wird. Die einen verbreiten es wehklagend, um allerlei Subventionen einzuheimsen, die anderen triumphierend, um die Anzeigenkunden aus der Populärbranche zu ködern. Aber wann wäre denn mehr gelesen worden als heute? Doch wohl nicht vor 200 Jahren, als Bücher für den gemeinen Mann unerschwinglich waren. Doch wohl nicht im 19. Jahrhundert, als die Leute auf den Feldern, in den Fabriken und unter Tage sich dämlich malochten.

Doch wohl nicht in den ersten 30 Jahren dieses Jahrhunderts, als der größte Teil der Bevölkerung im lesefähigen Alter damit beschäftigt war, sich auf den Schlachtfeldern erschießen zu lassen oder seinem Nachwuchs das hungrige Maul zu stopfen. Doch wohl nicht in den geistfernen ersten 20 Jahren dieser Bundesrepublik. Doch wohl nicht in jener wilden Zeit, als mit der bürgerlichen gleich die gesamte Literatur für tot erklärt wurde. Wann denn wäre mehr gelesen worden als hier und heute?

Und schließlich, was heißt schon Lesekultur? Als wäre es besser, wenn die Kids Kempowski lesen, anstatt mit ihren Kumpels ein pfiffiges Videospiel zu spielen. Als würde in einer einzigen Folge »Alf« nicht mehr Phantasie stecken als in tausend Seiten des schreibenden Schulmeisterleins.

Es soll ein paar kluge Lektoren geben, die es sich zur Aufgabe gemacht haben, junge Menschen vom Schreiben abzuhalten, anstatt immer nur Jagd auf das wunderbare Nachwuchsgenie zu machen und damit den Betrieb am Laufen zu halten. Schule hat ihr Beispiel bislang nicht gemacht. Die Branche meldet ständig Rekorde: noch mehr Titel, noch höhere Auflagen, noch mehr Umsatz.

Wenn es aber stimmt, daß immer mehr Leute immer weniger bereit sind, das sogenannte gute Buch zu lesen (sondern statt dessen Sex-Ratgeber, Lebenshilfe-Fibeln und Esoterikwichs), warum zum Teufel setzt die Literatur dann nicht alles daran, sich erneut auf ihre alte Weise unentbehrlich zu machen? Und zwar nicht, indem sie sich auf ihre »Textualität« zurückzieht, sondern indem sie beweist, daß sie uns noch immer auf allen Ebenen des Menschlichen anzurühren versteht, daß sie in der Lage ist, uns klüger, genauer und sogar schöner zu machen – ebensogut wie ein guter Film und tausendmal besser als das Fernsehen.

Warum gehen unsere Autoren nicht endlich bei T. Coraghessan Boyle in die Schule, bei Truman Capote und dem riesigen Cormac McCarthy, bei Tobias Wolff und meinethalben sogar bei Tom Wolfe, und natürlich bei jener dicken Mama, die wir uns angewöhnt haben »das Leben« zu nennen? Weil sie dann arbeiten müßten, weil sie nicht länger mit Tiefsinn bluffen dürften, sondern gezwungen wären, sich ein paar Gedanken zu machen: über die Dramaturgie einer Story zum Beispiel, über die Erzählperspektive, über den Rhythmus der Sätze, über die Wahrheit der Figuren. Weil sie dann nicht mehr schlendern dürften, sondern Wirklichkeit raffen müßten. Weil sie sich wieder an jene dirty places begeben müßten, wo Bisse und Küsse so schwer zu unterscheiden sind und wo nicht schon alles durch einen ästhetischen Kodex gezähmt ist.

Hat einer unserer so gräßlich alt aussehenden Jungautoren auch nur ein einziges Mal »Frühstück bei Tiffany« gelesen? Ich bezweifle es. Sie würden sonst anders schreiben müssen. Statt dessen hecheln sie mit hängenden Zungen der Avantgarde hinterher, noch dazu der von vorgestern, und halten jedem, der in der Lage ist, eine Geschichte zu erzählen, vor, daß man *so* doch nun weiß Gott nicht mehr schreiben könne.

Als wäre dieser Einwand nicht längst zu einer rhetorischen Floskel verkommen: nur dazu gut, zu verbergen, daß die meisten unserer Autoren *so* nie schreiben konnten. Es tue doch keiner so, als habe er unentwegt so viel Neues zu berichten, daß ihm nichts anderes übrigbleibt, als ständig zu stammeln.

Und was ist mit der Europäischen Moderne? höre ich sie fragen. Mit Joyce, Beckett, Céline, Musil …? Also bitte, Leute, das haben wir doch drauf. Oder? Wenn nicht, dann allerdings müßte nachgesessen werden. Denn, natürlich, ein Realismus (da haben wir das Wort), der nicht durch die Moderne geläutert ist, wäre keinen Pfifferling wert. Aber sind »Murphy« oder »Ulysses« etwa keine realistischen Romane? War das, was deren Autoren an neuen Techniken entwickelt haben, etwa nicht dazu gut, die alte Wirklichkeit auf eine neue Weise und die neue Wirklichkeit überhaupt erst zu erfassen? Und warum sollte man auf irgend etwas verzichten? Warum sollte ein Autor die Errungenschaften der Alten nicht ebenso nutzen wie die Techniken der Moderne?

Manchmal liest man, dieser oder jener sei Vertreter einer »experimentellen Literatur«. Na freilich, was wäre schließlich ein Buch wert, dessen Autor beim Schreiben nicht unentwegt experimentieren würde? Aber Experimente sind dazu da, zu einem Ergebnis zu führen. Und wenn ein Experiment mißlungen ist, ja sakra, warum sollte man dann die Welt damit behelligen? Warum sollte man nicht rasch und ohne Trauer von ihm Abschied nehmen?

Da haben wir also auf der einen Seite die »grandiosen Epen«, die »Tableaus von Menschen und Schicksalen« und die »pointierten Short stories«, wie sie die Amerikaner schreiben und nach denen die Leser noch immer so gierig schnappen wie die Karpfen nach der Wasserleiche, und haben auf der anderen Seite das immergleiche Geknorze der immergleichen deutschen Flaneure, nach dem außer den immergleichen Juroren kein Hahn mehr kräht.

Undine Gruenter, Johannes Jansen, Patrick Roth, Peter Wawerzinek, Klaus Modick – erst kürzlich wurden sie zu Helden der jungen deutschen Literatur gekürt, und doch sind ihre Werke schon wieder so gründlich vergessen, daß selbst mein kluger Buchhändler sich die Namen der Autoren buchstabieren lassen muß. Wenn dann aber einer der Unseren, wie Wondratschek es getan hat, endlich mal etwas anderes versucht, wenn er eine Geschichte schreibt, in deren Mittelpunkt weder der leidende bürgerliche Held noch »die Sprache selbst« steht, und wenn er dann leider daran scheitert, dann wird sein Versagen von der Kritik anstatt mit Bedauern mit Häme registriert.

Sollte es sie wirklich geben, die Verschwörung der Idioten im Kulturbetrieb, wie Maxim Biller meint, das ZK der Senilen-Einheits-Deppen? Nein, noch bezweifle ich es. Und doch, wenn man sich anschaut, wen sie reinlassen und wen sie aussperren, dann könnte man schon mißtrauisch werden. Als Biller letzten Sommer in einem kleinen Manifest dafür eintrat, die Literatur gelegentlich mal mit ein paar Recherchen fettzufüttern, als er seine Kollegen zu ein bißchen mehr Welthaltigkeit ermunterte, da war kein deutsches Feuilleton bereit, seinen Text zu drucken. Denn wer war schließlich Biller? Den hatte man doch abgehakt. In der Schweizer (ausgerechnet) »Weltwoche« ist sein Artikel schließlich erschienen und wurde auf so groteske Weise mißverstanden, daß man schon fast wieder lachen möchte. In die Reichsschrifttumskammer und in ein »Literaturkommissariat der SED« wollte man Biller verbannen. So, als habe er etwas verbieten wollen. So, als habe er seinen Kollegen nicht einfach angeraten, Augen, Nase und Ohren aufzusperren, um nächstens über mehr und anderes schreiben zu können als über junge Schriftsteller, die über junge Schriftsteller schreiben, die über …

Damit wir uns nicht mißverstehen: Ich will den neuesten Wilden sowenig das Wort reden, wie ich über den ältesten Milden den Stab brechen will. Das alles sind Kategorien, die mit Literatur nichts zu tun haben. Literatur hat mit Wahrheit und Schönheit zu tun. Ja doch. Aber auch mit Arbeit, Spannung, Tempo, Leben. Wenn wir das ignorieren, dann allerdings rennen uns die Leser weg. Dann wechseln sie zu Gervais Obstgarten, der leichten Alternative. Und wo die produziert wird, ob in Newport (Nebraska) oder in Nartum (Niedersachsen), das ist dann wirklich egal.

Aus dem Souterrain

Nachsatz, Juni 1997

Nachdem ich zuvor zehn Jahre lang versucht hatte, der denkfaulen Linken ihren Begriff einer »realistischen« Literatur auszureden und ihr die Moderne zu erklären, schien es mir 1992 an der Zeit, in einer anderen Kirche zu rufen, daß ein anderer Gott tot sei. Denn nun gab es die Linke nicht länger, dafür aber noch immer einen Betrieb, der sich zwischen den Tricks einer abgelebten Avantgarde eingerichtet hatte. Die jüngere deutsche Literatur ruhte sich aus auf den Erkenntnissen, die Peter Handke ein

Vierteljahrhundert zuvor in Princeton verkündet hatte. Das schien mir ungenügend. Der Gestus war da, das Genie blieb aus. Und die Leser auch.

Also rief ich auf, Hybris über Hybris, neben den Techniken der Moderne auch die der Alten neu zu lernen und sich neben dem Handwerk auch der Perzeption zu bedienen. Mehr Inhalt! Mehr Form!

Die Aufregung war groß. Die Mißverständnisse zahlreich, aber nicht zu vermeiden. Durch das nun geöffnete Fenster kamen Geister, die sich gerufen fühlten. Seitdem, seit fünf Jahren, bekomme ich wöchentlich Typoskripte aus den Souterrains sogenannter Schreibwerkstätten. Es war nicht eines darunter, das der Rede wert gewesen wäre. Traumloses Gesindel, formloses Gestammel. Soviel zu den nutzlosen Versuchen, das Volk zu erziehen.

Ich bin belehrt. Mit dem pädagogischen ist mir der provokatorische Impetus verlustig gegangen.

Der neue Feind mag heißen: Gehobene Unterhaltung – der Lieblingsköter der meisten Verleger. Lassen wir ihn kläffen.

Die Ziele bleiben: Vollkommenheit und Schönheit. Davor wird man bescheiden.

ROGER WILLEMSEN

Fahrtwind beim Umblättern

Über den Streit der jungen deutschen Literaten

Arnold Schönberg stritt einmal mit einem jungen Mann über Kunst. Im Verlauf des Gesprächs rief der junge Mann: »Das kann ich beweisen!« Schönberg entgegnete: »In der Kunst kann man gar nichts beweisen.« Und nach einer Pause: »Und wenn – dann nicht Sie!« Und nach einer neuerlichen Pause: »Und wenn Sie – dann nicht mir.«

In der Rolle des Arnold Schönberg erleben wir gerade die literarische Öffentlichkeit; in der Rolle des jungen Mannes ein paar nicht mehr ganz so junge Halbstarke, Beautiful People und Bronx-Besucher – also Gegenwartsautoren; in der Rolle des Beweismaterials die Winterkollektion der Argumente zum Thema: Was soll die junge deutsche Literatur nicht wollen dürfen?

Natürlich soll diese Frage niemand wirklich ernst nehmen. Denn im Grunde handelt es sich hier um eine Rückkehr zur normativen Poetik des 18. Jahrhunderts. Da tritt der junge Autor mit dem Cursor die Reise ins Innenleben an, doch plötzlich – »Hier sage ich: Einspruch!« – erscheint vor seinem inneren Auge der Fetzen eines »Weltwoche«-, »Zeit«- oder »Spiegel«-Feuilletons, und sein Gewissen mahnt: Hat Dir nicht der große Maxim Biller gesagt: Finger weg vom Innenleben?

Und der Käufer am Grabbeltisch läßt das Buch von Thomas Hettche fallen: Hat nicht der zornige Matthias Altenburg (»Spiegel« 42/1992) gefordert, Du sollst Dich gefälligst an »jene *dirty places* begeben, wo Bisse und Küsse so schwer zu unterscheiden sind« (Erika Bergers Sofa? Sedlmayrs Freundeskreis?). Wer an gesellschaftliche Verbote sonst kaum mehr glaubt, hält poetische Imperative offenbar für unerschütterlich, vorausgesetzt, er hat sie selbst ausgesprochen.

Worum der Streit tatsächlich geht? Ums Streiten und darum, daß ein paar unbeteiligte Zuschauer stehenbleiben und sagen sollen: Sieh mal, Gegenwartsliteratur!

Die Streitenden sind immer dieselben, sie kennen sich untereinander so gut, daß sie ihre Botschaften auch über die Theke austauschen könnten, aber über die Zeitung ist kürzer. So besitzt diese Debatte etwas von einer intellektuellen Autofellatio, bei der man das eigene eine Ende stimuliert und dann mit dem anderen zu wedeln beginnt, was insgesamt als Literaturdebatte durchgeht und von Altenburg mit Ausrufen wie »zum Teufel«, »ja doch« und »ja sakra« begleitet wird. Und daraus soll jetzt Literatur werden, aus jener Hysterie und Übertreibung, die jede leidenschaftliche Äußerung unsympathisch macht und die Literatur insgesamt unwahr?

Um Literatur und um Wirklichkeit soll es in diesem Streit gehen, wahrscheinlich geht es weder um das eine noch um das andere.

Was hier »Literatur« genannt wird, ist eigentlich ein winziges Marktsegment, auf dem zwei Fähnchen aufrichtig verfeindet gegeneinanderlaufen: die sogenannten Konstruktivisten, Innerlichkeitsanwälte, sensiblen Kulturpessimisten auf der einen und die Realisten, *story teller*, Neuamerikaner und Pop-Reporter auf der anderen Seite. Die ersteren lassen sich in diesem Streit von ihren Rezensenten vertreten und folgen der Maxime von Edward Burne-Jones: »Je materialistischer die Wissenschaft wird, desto mehr Engel male ich«, die letzteren belfern noch selbst und gebärden sich, als könnten sie Christi Geburt aus einer fetalen Zyste ableiten.

Gemeinsam ist ihnen, die in geradezu parasitärer Symbiose zusammenleben, das Odium des Scheiterns. Die sympathische Tatsache, daß sie keinen Erfolg haben, genießen sie jedoch nicht als eigene Freiheit, vielmehr gewinnen sie eine Verpflichtung daraus, die Literatur zu »retten«, und dieselben Stimmen, die Unterscheidungen von E- und U-Kultur kategorisch ablehnen, führen durch die Hintertür Wertungskategorien wie »anständige« oder

»seriöse« Literatur wieder ein. Das haben wir schon einmal besser gewußt.

Nun ist aber die deutsche Literatur weniger bedroht als der deutsche Enzian, und selbst die neuere deutsche bleibt nicht ungelesen, wie hier suggeriert werden soll. Nur wird die erfolgreiche deutsche Gegenwartsliteratur durch Namen repräsentiert, die sich im Kreis der Pamphletisten – vermutlich durch hohe Auflagenzahlen – um ihre Satisfaktionsfähigkeit gebracht haben. Man denke an Charaktere wie Patrick Süskind, Eckhard Henscheid, Elke Heidenreich; Namen, die auf Stile und Bewegungen keinen Anspruch erheben und die ohne programmatisches Pathos auftreten.

Aber schließlich entwirft man ja auch nicht das Programm einer Literatur, weil man glaubt, daß sie so und so sein muß, sondern weil man selbst nicht anders schreiben kann. Dagegen ist auch nichts zu sagen, schließlich werden die meisten Dinge, vom Küssen bis zum Kochen, nicht besser begründet, nur werden auf diese Weise die ästhetischen Kampfvokabeln degradiert zu süßen Aphrodisiaka des Ipsismus.

Nun haben aber die neuen Realisten nicht nur ein genaues Verständnis von dem, was deutsche Literatur ist, sie wissen auch, was inzwischen die wenigsten Kritiker wissen: Wann sie gut ist. Daß man ein Ding nur »gut« nennen kann, wenn man weiß, wozu es da ist, leuchtet in der Welt der Dinge eher ein als in der Kunst. Aber auch hier kommt man nicht um Kategorien der gegenständlichen oder rezeptiven Beschreibung herum, will man etwas anderes als der Spießer, der auch ein Faible für *dirty places* hat und selbst die Politik nach den Kategorien des Ohrenschmauses beurteilt.

Hier haben die Neu-Realisten erhebliche kunstkritische Verdienste, insofern sie den schwierigen Terminus der »Mimesis« durch das deutsche Wort »Drive« ersetzen.

»Drive« ist Kraft mal Weg durch Freude und vermutlich die erste ästhetische Errungenschaft, die es möglich macht, die »Göttliche Komödie« mit den Maßstäben des »Pumuckl« zu messen. »Drive« ist etwas, das mit dem Fahrtwind beim Umblättern zu tun haben muß, es steht in unscharfer Opposition zu »Tiefsinn«, eignet aber offenbar »jener dicken Mama, die wir uns angewöhnt haben ›das Leben‹ zu nennen« (Altenburg). Boah, sagt der Mantafahrer, is' das gut geschrieben!

Die Tatsache, daß hier eine »Literaturdebatte« ohne Gewinn oder Anspruchnahme einer einzigen ästhetischen oder kritischen Kategorie geführt wird, ist Symptom für das Dilemma der Literatur selbst. Sie hat ihr Programm im Design – »Drive«, »Tempo«, »Coolness« sind Ausdrücke für die Anmutung von Texten, sie sagen wenig über deren Substanz aus: über ihre Möglichkeit, Sprachlosigkeit aufzuheben und Artikulation zu verleihen; über ihre Kompetenz bei der Bezeichnung des Übersehenen; über ihre Macht, zu verneinen; über ihre kathartische Leistung, ihre Reinigung durch Simulationen; über ihre Prägnanz im Entwurf von Gegenbildern, Möglichkeiten des Denkens und Fühlens; über ihre Ansteckung durch etwas so Banales oder Komplexes und über alle Stile Erhobenes wie: Evidenz.

Das einzig Neue an dieser jüngsten Literaturdebatte ist in der Tat, daß sie völlig ohne eine qualifizierende Bestimmung der Inhalte auskommt, um die sie streitet. Sie ist eine Stildebatte und zeigt die Literatur letztlich in der verkrampften Anstrengung, sich gegen die Geschwindigkeit der Schnittechnik des amerikanischen Kinos zu verteidigen, aber nicht indem sie sagt, wir wollen etwas anderes und können etwas Einzigartiges, sondern indem sie sagt, wir schneiden auch schnell. Soviel für all jene, die schon in der Goethezeit mit den Schauerromanen auf den Poststationen gesessen und gehofft haben, es möge bald *My First Sony* erfunden werden.

Aus guten Gründen werden sich Gegenwartsautoren hüten, die Literatur, ihren Wert und ihre Wirkung, durch die Dialektik von Kritik und Utopie zu bestimmen. Sie werden diesen Begriffen und der in ihnen unterstellten Moral sowenig glauben wie dem Gedanken der Aufklärung insgesamt. Tatsächlich ist vermutlich das Ende der Aufklärungsillusion hauptverantwortlich für den Vorrang der Moden und der Auslagenarrangeure.

Wenn die Gegenwartsautoren aber als Alternative nur Programme anzubieten haben, die auf die Literatur so gut wie auf den »Bonanza«-Vorspann anzuwenden sind, dann reduzieren sie den Vorzug von Büchern darauf, daß man sie in die U-Bahn mitnehmen kann – was allerdings in einer Zeit, in der die Tätigkeit des Lesens allein schon symbolisch kontemplativer Akt geworden ist, eine eigene Literaturdebatte wert wäre.

Gäbe es aber nicht die Möglichkeit, aus den Kampfschriften der jüngeren Schreiber doch noch eine substantielle Bestimmung ihrer Literatur zu destillieren, etwa indem man ihre Motive, zu schreiben und zu streiten, erforscht? Fehlanzeige. Entweder man begegnet dem klassischen Empfindsamkeitstopos des Schreibens, »um ein Leiden oder Unbehagen an mir zu mildern« (Bodo Kirchhoff), oder es wird geschrieben offenbar als Kompensation für erlittene Rezension.

Darüber hinaus kennt die neue Programmatik nur eine Errungenschaft, die sie allerdings vorzeigt wie einen Fetisch: das Bekenntnis, für den Erfolg, sogar für Geld zu schreiben. Dieses Bekenntnis hat mit dem Gesamtwerk von Howard Carpendale gemeinsam, daß es unheimlich ehrlich wirkt; denn es soll Zeiten gegeben haben, die darin etepetete waren, so wie es auch Zeiten gab, die sich von Rousseaus Geständnis, er habe masturbiert, zum Glauben an die Unverfälschtheit aller seiner übrigen Konfessionen verleiten ließen.

Aufrichtigkeit sei ein Tauschwert für Wahrheit, hat Paul Valéry gesagt. So kann jemand bekennen, für Geld zu schreiben, in allem anderen trotzdem lügen. Wenn weiter nichts ist, dann ist mir Restif de la Bretonne allemal lieber, der seinen Schreibzwang mit der Wiedererweckung jener Lust erklärte, die er empfand, wenn er seine Hoden am Seinegeländer schleifen ließ. Etwa 200 Bände aus seiner Feder beweisen, daß das Seinegeländer besser inspiriert als die Jagd nach Geld und Erfolg.

Nimmt man diese aber ernst, so entpuppt sie sich als eine Hypothek, als der Drang, nicht *im*, sondern *durch* das Schreiben etwas zu werden. Deshalb wird einem die Lektüre der Bücher so häufig vermiest durch ihre Monothematik: Autor tanzt sich durch wechselnde Prospekte. »Der Zweck, der Endzweck des Schreibens?« hat Gilles Deleuze gefragt. »Jenseits eines Frau-Werdens, eines Neger-Werdens, jenseits sogar eines Minorität-Werdens vollzieht sich das finale Unternehmen des Unsichtbar-Werdens. Nein, ein Schriftsteller sollte sich niemals wünschen, ›bekannt‹, ›anerkannt‹ zu sein. Das Gesicht verlieren ...: Schreiben hat keinen anderen Zweck.«

Zuletzt aber ist der Leitbegriff, um den die deutsche Gegenwartsliteratur so leidenschaftlich zu ringen vorgibt, der der Wirklichkeit, und das hat diese Wirklichkeit nach (sagen wir mal) gut 400 Jahren Realismusdebatte wirklich nicht verdient, daß sie schon wieder einen Literaturstreit ausbaden muß!

Der jüngste Realismus nämlich ist der ärmste von allen, die seit dem 16. Jahrhundert zyklisch wiederkehren: kein sensibler, kein sozialistischer, kein bürgerlicher, eher ein »Always Ultra«-Realismus, der kein Jugoslawien, kein Somalia, keinen Bundestag und keine Straßenschlachten kennt, aber ein gutes Gefühl hinterläßt, weil er sich dem »wahrhaft Existentiellen« in die Arme wirft, der »kleinen, schmutzigen Welt der Realität« (Biller). Es ist wahr: Welt wird durch Realität erst schön – und erst recht schäbig. Nichts Konkretes weiß man, aber irgendwas Existentielles wird sich schon finden.

Das Bedrückende an diesem ganzen Vorgang liegt allenfalls darin, daß hier die Unverzichtbarkeit der Literatur mit Argumenten behauptet wird, die ihre Abschaffung legitimieren könnten. Bei aller Anstrengung, Literatur noch etwas oberflächlicher zu denken, fehlt es den Pamphletisten doch an der Radikalität, sie gleich als reines Vergnügen zu betreiben, das unter den Hobbys konkurriert mit der Fähigkeit, Notre-Dame aus Kräckern nachzubauen. Statt dessen ringen die Autoren um etwas, das Sinn oder Wahrheit sein könnte, bringen deshalb ihr Treiben mit Leistung und Verantwortung in Verbindung und ähneln darin weniger ihren großen toten Idolen als vielmehr der FDP.

Es gibt aber vielleicht einen Realismus, für den es sich zu streiten lohnt, der die Stilgegensätze aufhebt und die Scheinopposition zwischen existentiellem »Drive« und »Textualität« der Lächerlichkeit übergibt: dies ist der Realismus der Evidenz. Es ist der Realismus, der im Satz Fakten schafft, so wie der Selbstmord der Madame Bovary keine Widerspiegelung einer Katastrophe ist, sondern diese selbst. Nicht selten sind Sätze aus dieser Sphäre zeit- und tonlos, ihnen fehlen Habitus, Aroma, Formwillen, fehlen die Signatur des Autors und Individualität, so wie dem folgenden, dem glücklichsten, Stil, Vollständigkeit und Adjektive fehlen: »Stieg abends in ihre Kutsche, nahm sie auf meinen Schoß, spielte mit ihren Brüsten und sang.« (Samuel Pepys, 1666)

Wenn es denn einen sinnvollen, das heißt einen für unsere Selbstreflexion unentbehrlichen Realismus geben soll, dann müßte er wohl so ähnlich sein. Da ich ihn eben »unentbehrlich« genannt habe und doch weiß, wie entbehrlich alle Literatur ist, wird auch dieser Realismus immer paradox, ja sogar so absurd sein wie jenes Programm einer »inexpressiven« Malerei, das Samuel Beckett einmal beschrieb. Auf die Literatur übertragen, hätte aber dieses Programm zumindest den Vorzug, daß die Autoren zurücktreten müßten, um die Sprache und das Sprechen nicht läppisch werden zu lassen.

UWE WITTSTOCK

Ab in die Nische?

Über neueste deutsche Literatur und was sie vom Publikum trennt

»Ich ereifere mich, ich weiß, aber Unruhe ist nun mal die erste Leserpflicht: Wer sich nicht aufzuregen vermag, der kann sich auch nicht begeistern – und weshalb dann überhaupt lesen?«

Robert Gernhardt

Die jüngere deutsche Literatur hat das Publikum verloren. Man kann das bedauern oder so gut es geht bagatellisieren – doch bezweifeln kann man es nicht. Seit über zehn Jahren sehen sich fast alle Autoren deutscher Sprache, die ihren vierzigsten Geburtstag noch vor sich haben und deshalb gern jung genannt werden, mit einer schmerzlichen Tatsache konfrontiert: Von einem kleinen Kreis Eingeweihter abgesehen, interessiert sich für ihre Arbeit kein Mensch.

Das klingt böse, ich weiß. Aber das ist gut so, denn es sind böse Fakten, um die es hier geht. Seit Beginn der achtziger Jahre werden von einem Prosaband eines ernstzunehmenden Nachwuchsautors selten mehr als fünfzehnhundert Exemplare verkauft. Finden sich zweitausend Abnehmer, gilt das Buch als Erfolg. Sind es dreitausend, geraten Verleger und Lektoren in Verzückung wie fündige Goldgräber. Natürlich betrifft das nicht nur Romane oder Erzählungen. Im Gegenteil: Gedichte, Essays und Theatertexte haben noch schlechtere Aussichten, annehmbare Auflagen zu erzielen.

Noch vor zwanzig Jahren, so erinnern sich glaubwürdige Veteranen der Branche, konnten Debütanten mit drei- bis fünfmal höheren Verkaufszahlen rechnen. Inzwischen scheint die Talfahrt zum Stillstand gekommen zu sein. Zumindest waren deutliche Rückgänge während der jüngst vergangenen Buchmesse nicht mehr festzustellen. Aber dies vielleicht nur deshalb, weil – wie ein Verleger anmerkte – es schwierig sein dürfte, derart niedrige Verkaufszahlen noch zu unterschreiten.

Das ganze Ausmaß des Desasters wird sichtbar, sobald man sich ein paar Vergleichsgrößen vor Augen stellt. Um einen der vorderen Plätze auf der Bestsellerliste zu erreichen, müssen von einem Titel rund fünf- bis sechshundert Exemplare pro Tag an die Leser gebracht werden. Das ist viel, trotzdem gelingt es Woche für Woche etlichen Büchern, denn schließlich gibt es einhundert Millionen Menschen, die das Deutsche ihre Muttersprache nennen. Jedoch nur ein- oder zweihundertstel Promille von ihnen lassen sich gegenwärtig für den Roman eines literarischen Newcomers gewinnen; in einer Großstadt wie Frankfurt also acht bis zehn – und das nicht pro Tag, sondern während der gesamten Jahre, in denen er lieferbar ist. Dieser Anteil ist so gering, daß er, bezifferte er den Blutalkoholwert eines Autofahrers, nicht nur von keinem Polizeibeamten beanstandet würde, sondern kaum noch nachweisbar wäre. Wir können also – um im Bild zu bleiben – ziemlich sicher sein, daß unsere Gesellschaft durch die Werke ihrer jüngeren Dichter nicht so bald trunken werden wird.

Um Mißverständnisse zu vermeiden, möchte ich an zwei Selbstverständlichkeiten erinnern. Erstens: Diese tristen Tatsachen geben keinerlei Anlaß zur Häme. Schriftsteller sind alles andere als glücklich, wenn ihre Bücher eine sehr überschaubare Zahl von Käufern finden. Sie leiden, auch wenn sie es sich und anderen nicht eingestehen, vermutlich am meisten darunter und haben Spott nicht verdient. Zweitens: Ob das Publikum einem Autor seine Texte aus der Hand reißt oder ob es sie mißachtet, sagt nichts, aber auch gar nichts über deren Qualität. Die Anekdoten über vortreffliche Werke, die sich als Ladenhüter erwiesen, sind ungezählt und wohlbekannt – sie müssen hier nicht noch einmal aufgetischt werden.

Der beklagenswerte Zustand, von dem die Rede ist, belegt nüchtern betrachtet nur eins: Zwischen denen, die schreiben wollen, und denen, die lesen wollen, hat sich eine Kluft aufgetan, über die hinweg Verständigung immer schwieriger wird und immer seltener gelingt. Es ist wie bei einem altgestrittenen Ehepaar: Der eine redet noch, doch der andere hört schon lange nicht mehr zu. Natürlich darf sich ein Autor in der Rolle eines Rufers in der Wüste gefallen – aber kann sich das eine ganze Autorengeneration leisten? Da die Schriftsteller mit Sprache arbeiten, dem menschlichen Verständigungsmittel par excellence, ist es, milde formuliert, ein bedenkliches Symptom, wenn niemand mehr auf der Wellenlänge empfängt, auf der sie senden.

Das war nicht immer so. Von jenen Autoren, die in den fünfziger und sechziger Jahren ihre Karriere begannen, wurden einige sehr schnell, manche deutlich vor ihrem vierzigsten Geburtstag, zu zentralen Gestalten des deutschsprachigen Literaturbetriebes: Dazu gehören (ohne Anspruch auf Vollständigkeit) Böll, Dürrenmatt, Ilse Aichinger, Arno Schmidt, Siegfried Lenz, Grass, Frisch, Johnson, Peter Weiss, Martin Walser, Ingeborg Bachmann, Thomas Bernhard; zu den jüngsten dieser Großen zählen die 1929 geborenen Kunert, Enzensberger, Rühmkorf, Christa Wolf und Heiner Müller; und als Nachzügler schließlich Peter Handke. Sie sind bis heute bestimmend für das Profil unserer Nachkriegsliteratur und immerhin so populär, daß selbst Nicht-Leser mit ihren Namen etwas anzufangen wissen (was im übrigen – auch dies eine Platitüde – nichts über die Qualität ihrer Arbeit sagt). Acht von ihnen sind allerdings schon tot, und alle anderen, mit der Ausnahme Handkes, haben das sechzigste Lebensjahr geraume Zeit hinter sich.

So ist es wohl nicht verfrüht, sich nach dem Befinden des Nachwuchses zu erkundigen. Doch von denen, die in den siebziger und achtziger Jahren ihre literarische Arbeit begannen, kann man heute nur einen einigermaßen unumstrittenen zum ersten Rang der deutschsprachigen

Literatur zählen: Botho Strauß. Natürlich haben neben ihm viele gute Schriftsteller viele gute Bücher geschrieben. Aber denen war eben nicht vergönnt, was gemeinhin der Durchbruch genannt wird, und besser als ein Ausbruch bezeichnet würde – ein Ausbruch aus dem esoterischen Zirkel der Kenner und Connaisseurs.

Natürlich ist, um das noch einmal zu betonen, Erfolg kein literarisches Gütesiegel. Aber Mißerfolg auch nicht, soviel steht fest. Die Epochen der Literaturgeschichte kannten in aller Regel beides, Publikumslieblinge und Mauerblümchen – und meist waren Talent und Unfähigkeit in *beiden* Lagern anzutreffen. Wenn nun aber die einen über zehn, zwanzig Jahre ganz ausbleiben, wird es Zeit, sich Gedanken über die Gründe zu machen.

Schlechte Welt und gute Dichter

Die einschlägige Ursachenforschung zu diesem Thema bemüht, soweit ich sehen kann, regelmäßig fünf Thesen. Jede klingt sehr grundsätzlich, ihr kulturkritischer Gestus ist unverkennbar. Doch einer sachlichen Überprüfung halten sie meines Erachtens nicht stand. Erschwerend kommt ihr durchweg defensiver Charakter hinzu: Sie bemühen sich, die Situation zu erklären und in ein finsteres Gesamtbild einzufügen. Aber Auswege zeigen sie nicht. Sie bestätigen dem literarischen Nachwuchs in einem Atemzug, wie bedeutend und wie hoffnungslos sein Tun ist, wie verdienstvoll und wie antiquiert – und unterderhand empfehlen sie ihm, sich schleunigst auf die Suche zu machen nach einer, hoffentlich gut subventionierten, Überlebensnische im Kulturbetrieb. Denn behauptet wird:

Erstens: Die Berufswelt ist so anspruchsvoll geworden, daß wir die Freizeit allein für die Reproduktion unserer Arbeitskraft brauchen. Für Literatur bleibt heute kein Raum mehr.

Dies ist, mit Verlaub, ein recht ehrwürdiges Argument,

das mittlerweile gut sichtbar Staub angesetzt hat: Es steht allzu deutlich im Widerspruch zu der typischen Terminplanung unserer Freizeitgesellschaft, und die notorischen Besucher der Vergnügungspaläste hierzulande machen, einmal unvoreingenommen betrachtet, keinen entsetzlich ausgepowerten Eindruck. Neben der Studienreise in die Toskana, dem Spanisch-Kurs und den Weekends im Elsaß samt Weinprobe dürfte noch Platz für ein paar Bücher bleiben.

Zweitens: Andere Medien, vor allem die audiovisuellen, verdrängen die Bücher. Die Kulturtechnik des Lesens droht in Vergessenheit zu geraten.

Die eine Behauptung ist nachweislich falsch, die andere zumindest unwahrscheinlich: Noch nie wurden – Kabel-Fernsehen, Video und Computer zum Trotz – in Deutschland so viele Bücher gekauft wie im letzten Jahrzehnt. Da die Käufer ihr Geld wohl nicht ausgeben, um Autoren und Verlage uneigennützig zu unterstützen, dürfte es um die Kulturtechnik des Lesens so schlecht nicht bestellt sein.

Drittens: In unserer von instrumenteller Vernunft und vom Leistungsdenken beherrschten Zeit werden nur noch Sachbücher, Ratgeber oder Reiseführer gekauft, also Bücher, die nützlich sind und einen Zweck erfüllen. Auf den literarischen Titeln dagegen bleiben die Verlage sitzen, denn die Kunst ist zweckfrei und deshalb für den modernen Konsumenten wertlos.

Träfe diese Annahme zu, müßten ohne Unterschiede immer weniger belletristische Titel gekauft werden. Doch auf den Bestsellerlisten tummeln sich munter Bücher amerikanischer, englischer, italienischer oder lateinamerikanischer Autoren – nur die Namen deutscher Schriftsteller sucht man dort meist vergebens, vor allem die der jüngeren. Außerdem ist nicht einzusehen, warum unsere vermeintlich so zweckrationale Gesellschaft nur der Poesie die kalte Schulter zeigen sollte, während andere, ebenso zweckfreie Künste doch offensichtlich florieren: Die Museen verzeichnen Besucherrekorde, die Galerien sind überfüllt, Opernhäuser und Konzertsäle haben auf Monate hinaus keine Karten mehr.

Viertens: Die Fähigkeit zur Konzentration über einen längeren Zeitraum hinweg geht verloren. In unserer reizüberfluteten Epoche kann zwar jedes Kind einem Video-Clip folgen, doch immer weniger Menschen finden Kraft und Ruhe, ein umfangreiches Buch zu lesen.

Folgt man diesem Argument, müßten zur Zeit die knappen literarischen Formen, müßte Lyrik und Kurzprosa Furore machen. Das Gegenteil ist der Fall: Was den Buchhändlern stapelweise aus den Händen gerissen wird, sind fast ausnahmslos dickleibige Romane, mit selten weniger als drei- oder vierhundert Seiten, und denen widmen sich die Leser allem Anschein nach mit unerschöpflicher Konzentration.

Fünftens: Mit der Literatur ist es wie mit dem Kino: Erfolgreich sind in erster Linie triviale Produkte. Anspruchsvolle Werke haben gegen diese Konkurrenz kaum eine Chance. Mehr noch: Der Schund der Unterhaltungsindustrie kolonisiert unsere Phantasie in solchem Maße, daß der individuelle, noch fremde Ton eines neuen Autors von vornherein auf taube Ohren trifft.

Diese These hat immerhin die Tatsachen auf ihrer Seite. Jeder kann sich mit einem Blick auf die zitierten Bestsellerlisten davon überzeugen, daß dort vorwiegend Bücher notiert werden, mit deren Lektüre man bei seinem alten Deutschlehrer wenig Eindruck schinden dürfte. Trivialitäten, das liegt auf der Hand, haben es einfacher zu reüssieren als die hehre Kunst. Zugegeben, aber ist das nicht eine arge Binsenweisheit? Anders gefragt: War das nicht immer so? Ich fürchte, diese altbekannte Einsicht kann zur Klärung der spezifischen Probleme unserer zeitgenössischen Literatur wenig beitragen. Es sei denn, die Unterhaltungsindustrie (genauer: der Mainstream der Unterhaltungsindustrie, denn auch die ist kein Monolith) hätte in den letzten Jahren einen solchen Einfluß entwickelt, daß neben ihr keine originelle, ungewöhnliche Schreibweise mehr Aussicht auf nennenswerte Resonanz hätte.

Eine Spekulation solcher Größenordnung ist naturgemäß schwer zu bestreiten – aber auch schwer zu beweisen. Gegen sie spricht, daß in jüngster Zeit sehr wohl eigenwillige Schriftsteller wie Milan Kundera, Gabriel García Márquez, Mario Vargas Llosa oder Salman Rushdie Welterfolge erzielten.

Der resignative Grundzug der letzten, fünften These ist besonders ärgerlich. Da niemand annehmen kann, die Unterhaltungsliteratur werde irgendwann einmal zugunsten der deutschen Nachwuchsschriftsteller verboten, können die das Argument letztlich nur als Aufforderung zum Rückzug in einen unter Kulturschutz gestellten Schmollwinkel verstehen. Dort dürfen sie sich dann angesichts ihres scheinbar übermächtigen Gegners zutiefst mißverstanden und als Opfer fühlen. Wer so etwas braucht, um sich in profanen Zeiten als Aristokrat des Geistes zu fühlen, dem sei es gegönnt. Aber notwendig ist das nicht. Die triviale und die, wenn man so will: seriöse Literatur existieren nebeneinander, solange es Poesie gibt. Zwar ist die Kunst der Wahrheit verpflichtet und die Unterhaltung nur dem Erfolg. Dennoch haben beide Seiten immer wieder voneinander gelernt und profitiert. Warum sollte das nicht auch heute gelingen? Was spricht dagegen, Erzählmuster routinierter Unterhaltungsautoren zu übernehmen, um etwas Besseres daraus zu machen?

Ein großer angloamerikanischer Romancier, der als Drehbuchautor genügend Erfahrungen – ich möchte betonen: genügend schlechte Erfahrungen – mit der Filmindustrie gesammelt hat, drückte es einmal so aus: »Ich glaube, die wirklich guten Leute haben unter allen Umständen ihren Erfolg; das bekannte ›arm sein, aber schön‹ ist höchstwahrscheinlich viel eher ein moralisches Versagen als ein künstlerischer Erfolg. Shakespeare hätte sich in jeder Generation durchgesetzt, weil er sich schlicht geweigert hätte, irgendwo im Winkel zu sterben; er hätte die falschen Götter angenommen und sie umgekrempelt; er hätte die gängigen Formeln übernommen und ihnen etwas abgezwungen, das geringere Menschen ihnen niemals zugetraut hätten. Lebte er heute, so würde er zweifellos Drehbücher schreiben und Filme, Stücke oder Gott weiß was sonst noch inszenieren. Statt zu sagen, ›Dieses Medium taugt nichts‹, würde er sich seiner bedienen und es dahin bringen, daß es etwas taugt. Wenn manche Leute manches in seinem Werk billig nennen (was manches auch ist), dann würde er sich einen Dreck darum scheren, weil er wüßte, daß es ohne eine gewisse Vulgarität keinen ganzen Menschen gibt. Das Gekünstelte und Verfeinerte als solches würde er hassen, denn es ist immer ein Rückzug, ein Zurückschrecken, und er war aus viel zu hartem Holz, als daß er vor irgend etwas zurückgeschreckt wäre.«[1]

Pflicht zur Lust?

Den Ursachen für die Misere der jungen deutschen Literatur kommt man, glaube ich, mit den genannten Thesen nicht näher. Es hat wenig Sinn, die potentiellen Leser ernstzunehmender Bücher vor seichter Unterhaltungsware oder dem bösen Fernsehen in Schutzhaft nehmen zu wollen. Vermutlich sind es urteilsfähige Erwachsene, die sehr gut auf sich selbst aufpassen können. Sie wissen, wann sie trotz anspruchsvoller Arbeit einen anspruchsvollen Roman lesen möchten und wann sie bloße Zerstreuung vorziehen – und diese Entscheidung wird man wohl oder übel akzeptieren müssen.

Früher einmal ließ sich dieses Publikum einschüchtern durch einen pathetischen Kulturbegriff, der die »Dichtung«, vor allem die »deutsche«, zur Pflichtlektüre erklärte. Es gab einen literarischen Kanon, den kennen mußte, wer sich nicht als ungebildet belächeln lassen wollte. Diesem Kanon wurden – mitunter erst nach bewegten Debatten wie dem Zürcher Literaturstreit – neue, zeitgenössische Werke hinzugefügt. Doch das ist

1 Raymond Chandler, Die simple Kunst des Mordes, Zürich 1975, S. 98.

Schnee von gestern: Während der Studentenbewegung, spätestens mit dem Beginn der siebziger Jahre, jener merkwürdigen Scheidelinie in der Erfolgsgeschichte der deutschen Nachkriegsliteratur, erlosch jeder Glaube an irgendeine Pflicht zur Lektüre. Das geschah, nebenbei bemerkt, unter dem nahezu einhelligen Beifall der Schriftsteller. Seither gilt auf kulturellem Gebiet strikte Freiwilligkeit – von extremen Daseinsformen wie Schule und Studium einmal abgesehen. Gelesen wird, was gefällt, und nicht, was Lehrer, Germanisten oder Rezensenten dekretieren.

Gewiß, manche Kritiker haben immer noch spürbaren Einfluß, doch sie verwandeln sich, ob sie es merken oder nicht, mehr und mehr von einer intellektuellen Instanz zu einer Art Vorkoster: ihre Artikel werden, gleichgültig wie sie formuliert sind, nicht mehr als Analysen von Bildungsgut verstanden, sondern als Verbrauchertips, als Hinweise auf die Attraktivität eines Buches, auf seine Lesbarkeit und seinen Unterhaltungswert.

Natürlich ist das alles irgendwie bedauerlich. Natürlich kann, wer will, ein Lamento anstimmen über den Verfall der bürgerlichen Kunstbeflissenheit und unsere so unpoetische Epoche. Tatsächlich tun das viele, aber ich sehe keinen Sinn darin, mich ihrem Chor anzuschließen. Denn zum einen ist das Kind im Brunnen: Wer von unserer Gesellschaft einen anderen Umgang mit der Literatur fordert, träumt von einer anderen Welt. Er plädiert für eine Kulturrevolution, deren Eintreten ungefähr so unwahrscheinlich ist wie ihr Ausgang ungewiß. Sicher ist nur, daß sie blutig verlaufen würde. Zum anderen hat die aktuelle Situation sympathische Züge, die ich nicht missen möchte. Da sich niemand mehr zu irgendeiner ungeliebten Lektüre genötigt fühlen kann, wird zumindest im Bereich der Literatur die individuelle Freiheit respektiert. Unter diesem Aspekt betrachtet, betreibt die Gegenwart nicht die Zerstörung, sondern die Ziele der bürgerlichen Zivilisation.

Das Interesse für die Literatur ist keine Bringschuld der Leser

– mit diesem Faktum muß rechnen, wer Bücher schreibt. Den Autoren bleibt also nichts anderes übrig, als das Interesse des Publikums für ihre Arbeit zu gewinnen. Niemand kann heute zur Lektüre verpflichtet, aber jeder darf zu ihr verführt werden. Man sollte sich das ruhig einmal bildlich vorstellen: An einem Winterabend lehnt sich ein einigermaßen gebildeter, gutwilliger Medienkonsument in seinem Sofa zurück, die Stehlampe brennt, die Zentralheizung rauscht leise, und vor ihm auf dem Couchtisch liegen: ein sogenanntes »gutes« Buch, ein ziemlich blutrünstiger Kriminalroman, die Tageszeitung, eine Illustrierte und der »Spiegel«, dazu noch die Fernbedienung für den Videorecorder, den CD-Player und das TV-Gerät. Das ist, glaube ich, kein übertriebenes, eher ein recht alltägliches Szenario. Welche Chancen hat nun jenes »gute« Buch, es stammt von einem jungen deutschen Schriftsteller, die Gunst seines Besitzers auf sich zu lenken? Es hat nur eine: Es muß ihm Vergnügen machen.

Vergnügen, philosophisch und »special effects«

Jedes soziale Milieu hat seine Reizthemen – natürlich auch der Kulturbetrieb. Behauptet man, Aufgabe der Literatur sei es, den Leser zu bilden oder zu bessern, die Grenzen der Kunst zu zerstören oder unsere zerstörerische Welt in die Grenzen zu weisen, erhielte man als Echo wenig mehr als ein müdes Murren. Wer aber hierzulande fordert, Literatur solle Vergnügen machen, darf mit sofortigem und wortreichem Widerspruch rechnen: Er könne die Literatur doch nicht, wird man ihm entgegenhalten, vorm Untergang in die Bedeutungslosigkeit retten, indem er sie in Trivialitäten ersäufe.

Um der scheinbar so hedonistischen These vorab eine gewisse Respektabilität zu verschaffen, möchte ich einen Gewährsmann zitieren, der nicht gerade als Hallodri der deutschen Literaturgeschichte gilt: Friedrich Schiller: »Wie sehr auch einige neuere Ästhetiker sich's zum Geschäft machen«, schrieb er vor fast genau zweihundert Jahren, 1791, »die Künste der Phantasie und Empfindung gegen den allgemeinen Glauben, daß sie auf Vergnügen abzwecken, wie gegen einen herabsetzenden Vorwurf zu verteidigen so wird dieser Glaube dennoch, nach wie vor, auf seinem festen Grund bestehen und die schönen Künste werden ihren althergebrachten unabstreitbaren und wohltätigen Beruf nicht gern mit einem neuen vertauschen, zu welchem man sie großmütig erhöhen will. Unbesorgt, daß ihre auf unser Vergnügen abzielende Bestimmung sie erniedrige, werden sie vielmehr auf den Vorzug stolz sein, dasjenige unmittelbar zu leisten, was alle übrigen Richtungen und Tätigkeiten des menschlichen Geistes nur mittelbar erfüllen. [...] Spielend verleihen sie, was ihre ernsteren Schwestern uns erst mühsam erringen lassen; sie verschenken, was dort erst der sauer erworbene Preis vieler Anstrengungen zu sein pflegt. Mit anspannendem Fleiß müssen wir die Vergnügung des Verstandes, mit schmerzhaften Opfern die Billigung der Vernunft, die Freuden der Sinne durch harte Entbehrungen erkaufen oder das Übermaß derselben durch eine Kette von Leiden büßen; die Kunst allein gewährt uns Genüsse, die nicht erst abverdient werden dürfen, die keine Opfer kosten, die durch keine Reue erkauft werden.«[2]

Das klingt paradiesisch, aber Schiller ist Klassiker genug, um seine großen Worte gleich wieder klug einzuschränken. Er unterscheidet im Weiteren, wie er es in Kants »Kritik der Urteilskraft« gelesen hat, zwischen dem »Verdienst« der Kunst, auf die beschriebene »Art zu ergötzen«, und »dem armseligen Verdienst, zu belustigen« – und mit dieser Unterscheidung trifft er den Kern des Ganzen. Denn natürlich geht es nicht darum, eine Poetik der puren Vergnüglichkeiten zu propagieren – die würde Kant das nur

2 Friedrich Schiller, Über den Grund des Vergnügens an tragischen Gegenständen, in: F. Sch., Sämtliche Werke, Bd. 5, München 1980, S. 358–359.

»Angenehme« nennen –, sondern es geht um eine Literatur, die Vernunft, Verstand und Phantasie der Leser ohne Begriffe auf lustvolle Weise befriedigt. Mit anderen Worten: Vergnügen zu erregen ist nicht Zweck der Kunst, denn Kunst dient keinem Zweck. Vergnügen zu erregen gehört vielmehr zu den Wesensmerkmalen der Kunst. Philosophisch sind die Fronten also klar: Bei der Beschäftigung mit Kunst muß Spaß im Spiel sein oder die Kunst ist keine. Daß Kunstwerke darüber hinaus noch andere Qualitäten ihr eigen nennen, wird damit nicht bestritten.

Die Literatur, um zu ihr zurückzukehren, ist nämlich eine vielschichtige Angelegenheit. Jedes einigermaßen respektable Buch kann vom Leser nicht nur unter einem Blickwinkel, sondern unter zahlreichen, oft ganz verschiedenen Aspekten mit Gewinn betrachtet werden. Ein Schriftsteller muß folglich wie ein Jongleur verschiedene Ziele gleichzeitig mit großer Präzision verfolgen können. *Ein* Ziel, das der Schriftsteller unbedingt verfolgen sollte, ist, Vergnügen zu bereiten; was er im übrigen auch, um Schiller ein letztes Mal zu bemühen, durch »tragische Gegenstände« erreichen kann. Das ist schwierig, zugegeben, aber es hat auch niemand behauptet, daß es leicht sei, ein einigermaßen respektables Buch zu schreiben.

In diesem Punkt scheint es zur Zeit so etwas wie ein Denkverbot zu geben. Natürlich müssen Autoren heute, wie es in jeder zweiten Rezension heruntergebetet wird, den Ansprüchen moderner Ästhetik gerecht werden. Aber wer von ihnen es darüber hinaus noch versteht, seine Leser zu amüsieren, macht damit keinen Fehler. Im Gegenteil: Er ist anderen, denen das nicht gelingt, überlegen, denn er fügt seiner Arbeit eine wesentliche Dimension hinzu. Eine Dimension, die aus privaten Schreibexerzitien überhaupt erst Literatur macht.

Zum festen Glaubensbekenntnis unseres kulturellen Lebens gehört der Satz, daß ein Schriftsteller, der auf sich hält, während seiner Arbeit nicht an seine Leser denken dürfe. Dieses Gebot ist mit Sicherheit viel zu undifferenziert, als daß es einem Autor bei seinem sehr differenzierten Tun hilfreich sein könnte. Gewiß muß es Sekunden oder sogar Stunden geben, in denen er Gott und die Welt vergißt. Doch dann muß es auch Stunden geben, in denen er sich zumindest der Welt wieder erinnert. Um es paradox zu formulieren: Ein Schriftsteller sollte an sein Publikum denken und nicht an sein Publikum denken – und das gleichzeitig. Er muß sein Handwerk beherrschen und sich dennoch selbst überraschen können; und er muß sich, während er sich selbst überrascht, seines Handwerkes ganz sicher sein.

Neu ist das alles nicht. Betrachtet man jene großen Werke, die wir heute als klassische verehren, stellt man rasch fest, daß ihre Schöpfer das Vergnügen ihrer Leser selten aus den Augen verloren haben. Ein Autor, der einen Satz wie den folgenden an den Anfang einer Erzählung stellt, verläßt sich offenbar nicht allein auf den Bildungswunsch seiner Mitmenschen, sondern rechnet auch auf deren Sensations*lust*: »An den Ufern der Havel lebte, um die Mitte des sechzehnten Jahrhunderts, ein Roßhändler, namens *Michael Kohlhaas*, Sohn eines Schulmeisters, einer der rechtschaffensten zugleich und entsetzlichsten Menschen seiner Zeit.« Sicher, das ist ein ziemlich reißerischer Auftakt, aber die Schönheit und Genauigkeit von Kleists Erzählung beschädigt er nicht. Genausowenig wie jene Einleitung: »In M…, einer bedeutenden Stadt im oberen Italien, ließ die verwitwete Marquise von O…, eine Dame von vortrefflichem Ruf, und Mutter von mehreren wohlerzogenen Kindern, durch die Zeitung bekannt machen: daß sie, ohne ihr Wissen, in andre Umstände gekommen sei, daß der Vater zu dem Kinde, das sie gebären würde, sich melden solle; und daß sie, aus Familienrücksichten, entschlossen wäre, ihn zu heiraten.« Wer danach nicht bereit ist, weiter und bis zum Ende zu lesen, dem ist mit literarischen Mitteln nicht zu helfen.

Selbst ein angeblich so betulicher Erzähler wie Gottfried Keller benutzt auf der ersten Seite seines »Grünen Heinrich« einen veritablen Gruseleffekt, um unsere Nerven und Neugier zu kitzeln: Von einem harmlosen Dorffriedhof heißt es da, er bestehe »buchstäblich aus den aufgelösten Gebeinen der vorübergegangenen Geschlechter; es ist unmöglich, daß bis zur Tiefe von zehn Fuß ein Körnlein sei, welches nicht seine Wanderung durch den menschlichen Organismus gemacht und einst die übrige Erde mit umgraben geholfen hat«.

All das ist kein Vorrecht abgetaner Epochen, auch Klassiker der Moderne arbeiten mit vergleichbaren Mitteln. Kafka zum Beispiel, um beim Anfangsbuchstaben K zu bleiben, den man so gern als unzugänglich, ernst und in sich versponnen apostrophiert, beginnt eine Geschichte mit den Worten: »Als Gregor Samsa eines Morgens aus unruhigen Träumen erwachte, fand er sich in seinem Bett zu einem ungeheuren Ungeziefer verwandelt.« Sollte irgendwann in Hollywood ein Drehbuch mit diesem Anfangssatz angeboten werden, könnten, vermute ich, Steven Spielberg und George Lucas unter den ersten Lesern sein. Denn Kafka hatte, zeitgemäß formuliert, einen gut entwickelten Sinn für *special effects* und deren Wirkung auf das Publikum.

Ein E für ein U vormachen

Die Frage nach den Gründen liegt nahe. Warum ist heute gerade in der deutschen Literatur die Neigung zum Unsinnlichen, die Freude an der Freudlosigkeit so groß? Weder in England noch in Frankreich, weder in Italien noch in Nord- oder Südamerika wird das Recht und die Pflicht der Schriftsteller, Vergnügen zu bereiten, mit soviel Mißtrauen beäugt wie hierzulande.

Vielleicht hat dieser literarische Sonderweg ähnliche Ursachen wie der fatale historische Sonderweg Deutschlands. Während sich unsere Nachbarländer im 18. Jahrhundert zu Nationalstaaten formten, litt das Heilige Römische Reich Deutscher Nation unter seiner inneren Zersplitterung und rang um Identität. Kultur und Sprache mußten die Klammer bilden, die den Bürgern politisch vorenthalten blieb. Zur Zeit der Weimarer Klassik gab es deutsche Kleinstaaten dutzendweise, aber nur einen Goethe. Den spielerischen Ambitionen der Literatur ist so etwas naturgemäß nicht zuträglich: Wer unter der Verantwortung ächzt, ein Land zusammenzuhalten, der hat es nicht leicht, frivole oder phantastische, komische oder groteske, ironische oder verspielte Bücher zu schreiben.

Nach dem Zweiten Weltkrieg war die Situation ähnlich. Politisch tief diskreditiert, richteten sich die Deutschen nur zu gern am Glanz ihrer großen kulturellen Traditionen wieder auf: Dieses Volk hatte Hitler hervorgebracht, aber auch Thomas Mann. Wieder wurden von den Dichtern Belehrung, Ernst, Sinnstiftung und Würde erwartet, nicht artistisches Vergnügen. Daran mag es liegen, daß bei uns mit solch panischer Sorgfalt die E-Literatur von der U-Literatur geschieden wird, wobei die ernste, wie ihr Name schon sagt, ernst zu sein hat, und die andere als wertlos gilt. Eine skalpellscharfe Trennung, die ausländische Gäste oft den Kopf schütteln läßt, da sie beides als Pole des gleichen Ganzen kennen und dazwischen nur fließende Übergänge.

Hinzu kommt, daß die Jahre des Nationalsozialismus den Kontakt zur literarischen Avantgarde gründlich unterbrochen hatten – mit dem Ergebnis, daß in der Bundesrepublik die Experimente der klassischen Moderne verspätet, aber dafür um so gläubiger aufgenommen und nachbuchstabiert wurden. Spätestens seit dem Ende der sechziger Jahre gelten die »Irritation der Lesererwartung«, »formale Innovation«, »Anti-Realismus« oder »Anti-Psychologismus« und was dergleichen einschüchternde Floskeln mehr sind, als unanfechtbare Grundgesetze der Poetik. Da aber, was als unanfechtbar gilt, nur selten durchdacht wird, haben sich diese einst hilfreichen Begriffe inzwischen durch ungenauen Gebrauch in kaum mehr überbietbarem Maß abgenutzt. Sie wirken heute, so scheint es mir, vor allem negativ: Sie hindern Autoren und Rezensenten daran, auch nur simple handwerkliche

Kriterien zu entwickeln, an denen sie sich orientieren könnten, um den eigenen Weg zu finden.

Natürlich werden jene Avantgarde-Theorien durch ihren Mißbrauch nicht widerlegt. Überhaupt lassen sich meines Erachtens literarische Konzepte nur schwer widerlegen: Jeder Schriftsteller zimmert sich halt seins zurecht, und es ist in der Regel exakt so gut oder so schlecht wie das, was er praktisch in seinen Büchern daraus macht. Ärgerlich sind nur jene dogmatischen Poetologien, die sich gern in Phrasen gefallen wie: »Nach Musil kann man nicht mehr schreiben wie Fontane« oder »Seit Kafka ist der realistische Roman im Stil Thomas Manns obsolet«. Das ist im Grunde nur intellektuelles *name-dropping*, gemischt mit einem ins Ästhetische gewendeten Fortschrittsglauben, dem inzwischen auf ihrem Gebiet selbst hartgesottene Technizisten und Politiker abschwören.

Ein in jungen Jahren bereits erfolgreicher englischer Autor, Julian Barnes, hat diesem Thema einmal eine bedenkenswerte halbe Seite gewidmet. Zunächst erinnert er an Flauberts Satz: »In seinem Werk muß der Autor sein wie Gott in seinem Universum, allgegenwärtig und nirgendwo sichtbar.« Dann fährt Barnes fort: »Das hat man in unserem Jahrhundert natürlich heftig mißdeutet. Nehmen wir nur einmal Sartre und Camus. Gott ist tot, haben sie uns erzählt, und deswegen ist es der gottgleiche Romancier auch. Allwissenheit ist unmöglich, das Wissen des Menschen ist beschränkt, deswegen muß auch der Roman in seiner Perspektive beschränkt sein. Das klingt nicht nur toll, sondern dazu noch logisch. Aber ist es auch nur eins von beiden? Der Roman entstand schließlich nicht, als der Glauben an Gott entstand; und was das anlangt, so besteht auch kaum ein Zusammenhang zwischen den Romanciers, die am festesten an den allwissenden Erzähler glaubten, und jenen, die am festesten an den allwissenden Schöpfer glaubten … Noch genauer gesagt: Die angenommene Göttlichkeit des Romanciers im neunzehnten Jahrhundert war stets nur ein technisches

Mittel; und die beschränkte Perspektive des modernen Romanciers ist ebenfalls ein Kunstgriff.«[3]

Wer dieses Zitat als die kaum getarnte Aufforderung versteht, die Entdeckungen der Moderne gefälligst zu vergessen und unsere Literatur ausschließlich mit gottgleichen, allwissenden Erzählern zu bevölkern, der versteht das Ganze falsch. Sinn der Sache ist es nicht, ein Dogma gegen das andere auszutauschen, sondern den Blick freizumachen für eine einfache Regel – sie wird Voltaire und Wieland gleichermaßen zugeschrieben: Jede Art von Literatur ist erlaubt, außer der langweiligen.

Weiße Raben

Natürlich ist die Literatur nicht mehr das, was sie einmal war. Einer der klügsten deutschen Schriftsteller, Hans Magnus Enzensberger, hat der eigenen Branche in den letzten Jahren mehrfach bescheinigt, in welchem Maße ihre Geltung geschrumpft ist. Mit der Entstehung der bürgerlichen Gesellschaft, so resümiert er, habe die Literatur die Rolle eines sozialen Leitmediums übernommen. Aus Dichtern wurden Vordenker und Repräsentanten, und was sie schrieben, hatte den Rang öffentlicher Ereignisse. Davon kann heute keine Rede mehr sein. Die Literatur, so Enzensberger, hat »ihre übergreifende Bedeutung eingebüßt«. Sie »ist frei, aber sie kann die Verfassung des Ganzen weder legitimieren noch in Frage stellen; sie darf alles, aber es kommt nicht mehr auf sie an«.[4]

Ich habe dem nichts hinzuzufügen. Die Analyse der Situation scheint mir vorbildlich und zutreffend. Nicht zustimmen kann ich jedoch der Schlußfolgerung, die Enzensberger zieht und die für ihn ganz untypisch defensiv ausfällt: Literatur sei zu »einer minoritären Angelegen-

3 Julian Barnes, Flauberts Papagei, Zürich 1987, S. 125–126.

4 Hans Magnus Enzensberger, Mittelmaß und Wahn, Frankfurt a. M. 1988, S. 55.

heit« geworden, ihr Publikum »eine Minderheit von zehn- bis zwanzigtausend Leuten«.[5] Mit dieser scheinbar so bescheidenen, insgeheim so hochmütigen Beschränkung auf eine kleine, aber möglichst feine Gemeinde macht er es sich mit Sicherheit zu leicht.

Richtig ist, daß die Literatur in fast allen industrialisierten Ländern keine herausragende Rolle mehr spielt. Das gilt insbesondere für Amerika – dennoch wird die amerikanische Literatur in aller Welt gelesen. Also muß der schwindende Rang als soziales Leitmedium nicht zwangsläufig auch schwindende Popularität nach sich ziehen. Was, um ein anderes Beispiel zu nennen, ebenso der zeitgenössische Konzert-Betrieb belegt: Auch wenn Georg Solti der Gesellschaft nicht die Orientierung vorgibt, braucht er sich bei seinen Auftritten über mangelnden Zulauf nicht zu beschweren. Die Idee, die Arbeit eines Schriftstellers müsse, um auf Interesse zu stoßen, jederzeit irgendeine sozialtheoretische Relevanz nachweisen, scheint mir eine sehr deutsche zu sein.

Tatsächlich sieht sich die Literatur in Konkurrenz gestellt zu einer Vielzahl anderer Medien, die heftig und zum Teil sehr erfolgreich um die Aufmerksamkeit der zahlenden Kundschaft buhlen. Doch die angemessene Reaktion auf die veränderte Lage kann nicht der beleidigte Rückzug in ein wie immer geartetes Ghetto sein. Die Literatur muß statt dessen die Konkurrenz aufnehmen, sie muß die Gegner, mit denen sie sich konfrontiert sieht, als Gegner akzeptieren und gegen sie ihre spezifischen Reize ausspielen. Wenn sie schon ihre ehemals übergroße Verantwortung los ist, wie Enzensberger schreibt, warum soll sie sich dann nicht ihrer verantwortungslosen Schönheit widmen? Die Literatur hat Anziehungskräfte fürs Publikum, die ihr niemand nehmen kann und die durch nichts zu ersetzen sind. Doch müssen sie vom Schriftsteller mit Fingerspitzengefühl und Phantasie hervorgekehrt werden, mit Intelligenz und Witz, Geschick und Ge-

5 Ebd., S. 60.

schmack – mit Kunstverstand eben. Das sind, zugegeben, unwissenschaftliche Begriffe, aber Schönheit läßt sich wissenschaftlich wohl nicht erklären.

Mit solchen Qualitäten präsentiert, verfehlt die Poesie auch heute nicht ihre Wirkung auf einen größeren Teil der Menschheit, wie man leicht feststellen kann, wenn man an einem beliebigen Tag eine beliebige Buchhandlung betritt. Stets findet man dort einige Titel, die gleich stapel- oder gar palettenweise angeboten werden. Natürlich sind darunter manche schlechten Bücher, aber immer auch ein paar lesenswerte – und gerade die müssen uns nachdenklich machen.

Solche weißen Raben hat es in den letzten Jahren auch in der neuen deutschen Literatur gegeben. Die Autoren waren nicht immer unter vierzig, als der Erfolg sie erreichte, aber wir wollen nicht kleinlich sein. Bemerkenswert ist, daß diese Schriftsteller den Mut hatten, sich einiger Themen anzunehmen, die hierzulande gern und pauschal der Trivialliteratur zugerechnet werden. Sie übernahmen die gängigen Formeln und zwangen ihnen etwas ab, was weit über die gängigen Ergebnisse hinausging, aber gleichwohl die Masse der Leser nicht ausschloß. So stürzte sich Sten Nadolny in die Elemente der Seeräuber- und Abenteuergeschichten und machte daraus seine »Entdeckung der Langsamkeit« (1983), Patrick Süskind entlieh sich für sein »Parfum« (1985) die Kostüme des historischen Romans, Christoph Ransmayr näherte sich seiner »Letzten Welt« (1988) mit den Mitteln detektivischer Nachforschung und hinreißender sprachlicher Eleganz, und Christoph Hein verließ sich für sein »Drachenblut« (1982) ebenso wie Bodo Kirchhoff für seine »Infanta« (1990) auf die nimmermüde Kraft der Liebesgeschichten.

Nicht jedem wird jedes dieser Bücher gefallen. Das dürfte wohl nie einem Buch gelingen. Aber keines von ihnen ist banal und keines langweilig. Gründe genug, um von ihnen zu lernen.

SIEGFRIED UNSELD

Literatur im Abseits?

Polemische Anmerkungen eines Verlegers

Die »Neue Rundschau« (Heft 3, 1993) benennt das Thema schon auf dem Umschlag: »Literatur im Abseits – und wie sie herauskommt«, eine ebenso fragliche wie schlecht formulierte These. Unter dem Titel »Ab in die Nische?« schreibt Uwe Wittstock in seinem Beitrag: »Die jüngere deutsche Literatur hat das Publikum verloren. Man kann das bedauern [...] doch bezweifeln kann man es nicht.«

Doch, ich bezweifle es. Jüngere deutsche Literatur hatte immer ein Publikum, hat es noch immer und wird es weiter haben. Es ist freilich ein Trugschluß zu meinen, junge Autoren müßten ein breiteres Publikum finden – das hatten sie nie. Wir wissen doch, daß auch die Großen der Literatur des Jahrhunderts mit kleinsten Auflagen beginnen mußten – Kafka, Rilke, Musil, Broch. Von Brechts erster Publikation »Baal« druckte Georg Müller 1920 in München 600 Exemplare. Von Hesses erstem Buch »Romantische Lieder« betrug die Auflage 600 Exemplare, und im ersten Jahr wurden 54 Exemplare verkauft, von seinem zweiten Buch »Eine Stunde hinter Mitternacht« im ersten Jahr 53 Exemplare. Frisch bekam für seinen Romanerstling »Die sommerliche Schicksalsfahrt. Jürg Reinhart« (1934) zwar eine Ehrengabe der Schweizer Schillerstiftung, aber das Buch war ein Flop. Günter Eichs erster Gedichtband erschien in 100 Exemplaren.

Uwe Wittstock führt für die gegenwärtige Literatur als »Vergleichsgröße« die Bestsellerliste an; das ist ein falscher Indikator, und die von ihm beschworenen »Veteranen der Branche« irren, wenn sie meinen, daß früher von einem Erstlingswerk das Fünffache der heutigen Auflage verkauft worden sei. Untersuchen wir nur jene Schriftsteller, die Wittstock als »zentrale Gestalten«, als »bestimmend« für die Nachkriegsliteratur bezeichnet hat: Celans erstes Gedichtbuch »Der Sand aus den Urnen« erschien in einer Auflage von 500 Exemplaren. Von Thomas Bernhards ersten Gedichtbänden wurden kaum 400 Exemplare verkauft. (Heinz Bockmann, zu seiner Zeit ein geachteter Kritiker, schrieb 1958 im »Rheinischen Merkur«: »Das schmale, schwarze Heft ›In hora mortis‹ hat kaum Aussicht, wahrgenommen zu werden, geschweige denn führend aufzufallen. Dabei hätten wir in der Sackgasse der sogenannten modernen Literatur einigen Anlaß, alarmierende Signale zu setzen, sobald ein junger Autor die anscheinend unübersteigbaren Mauern der Sackgasse mit einem verwegenen Sprung hinter sich gebracht hat.«)

Noch 1963 legte der Insel Verlag den Roman »Frost« in einer Auflage von 2000 Exemplaren vor und verkaufte auch später nicht mehr als ingesamt 4000 Exemplare, obschon der Autor den Bremer Literaturpreis erhielt und Zuckmayer von den »aufwühlendsten und eindringlichsten Prosawerken der jüngeren Generation« sprach. Von Handkes erstem Roman »Die Hornissen« wurden im ersten Jahr keine 1500 Exemplare verkauft. Das Erscheinen von Walsers Erstling »Ein Flugzeug über dem Haus« fiel zusammen mit der Verleihung des Preises der »Gruppe 47«; im ersten Jahr wurden 509 Exemplare verkauft. Das Manuskript von Peter Weiss' »Der Schatten des Körpers des Kutschers« hatte eine Odyssee von dreizehn Jahren durch deutsche Verlage, die alle ablehnten, hinter sich, als es 1960 als Tausenddruck erschien.

Arno Schmidt, den Uwe Wittstock erwähnt, wurde nach dem Erscheinen seines Erstlings »Leviathan« als »Genie« begrüßt, als »wirklicher Dichter« (Hermann Hesse); ich konnte seine Verkaufszahlen nicht eruieren, doch wird die bei Rowohlt, Baden-Baden, 1949 erschienene Erstausgabe keine große Auflage gehabt haben. Die ersten Stücke von Botho Strauß erreichten anfänglich kaum mehr als 1000 verkaufte Exemplare. Im Vergleich dazu nehmen sich die Erstlingsbücher wichtiger junger

Autoren heute eher gut aus – etwa die Prosabücher von Werner Fritsch, Norbert Gstrein, Reto Hänny, Thomas Hettche, Andreas Neumeister, Ralf Rothmann; sie liegen alle nahe oder deutlich über der Meßlatte von 5000 verkauften Exemplaren – sieht man einmal von Bodo Kirchhoff ab, der mit seiner Gesamtauflage »Infanta« von 140 000 Exemplaren doch jene »breite Anerkennung« gefunden hat, von der Wittstock sagt, neben Botho Strauß hätte sie kein Autor der Nachsiebziger-Jahre erreicht. Die Lyrikbücher von Kurt Drawert, Durs Grünbein, Thomas Kling, Barbara Köhler und Uwe Kolbe erreichten die Auflagenzahl jener Prosabücher, bei denen Verleger und Lektoren »in Verzückung wie fündige Goldgräber« gerieten. Im September dieses Jahres werden wir ein erstes Buch eines vierundzwanzigjährigen Schweizer Autors in der hoffnungsvollen Auflage von 6000 Exemplaren herausbringen.

Uwe Wittstock wird zwar sagen, diese Suhrkamp-Schwalben machen noch keinen Literatursommer – doch wie dem auch sei, sein Diktum, jüngere deutsche Literatur habe ihr Publikum verloren, ist falsch, auch wenn man eingestehen muß, daß die »Deutschen« noch nie, wie er angibt, »durch die Werke ihrer jüngeren Dichter [...] trunken« geworden seien. Literatur war immer, wie Hans Magnus Enzensberger kürzlich feststellte, eine »minoritäre Angelegenheit«. Wittstock zitiert aus der »einschlägigen [?] Ursachenforschung« zum Thema »Literatur im Abseits« fünf Thesen: die Berufswelt sei so anspruchsvoll, daß man die Freizeit für Erholung und nicht für Literatur brauche; die anderen Medien; das Leistungsdenken der Gegenwart; Verlust der Konzentration; Vordringen erfolgreicher trivialer Produkte. Wittstock lehnt diese Thesen ab, er entwickelt jedoch aus der fünften These eine eigene, die in einem, wie ich meine, schlimmen, ja unmöglichen Rat gipfelt, wie die Literatur aus diesem »Abseits [...] herauskommt«: »Was spricht dagegen«, schreibt er, »Erzählmuster routinierter Unterhaltungsautoren zu übernehmen, um etwas Besseres daraus zu machen?« Das Interesse für die Literatur sei keine Bringschuld der Leser, den Autoren bliebe nichts anderes übrig, als »die Gunst des Buchbesitzers auf sich zu lenken« und sich auf »Unterhaltung« und »Vergnügen« zu verpflichten.

Ich kann mir leicht vorstellen, wie die zitierten »zentralen Gestalten« auf einen solchen Rat reagiert hätten. Thomas Bernhard wäre er sicher die Niederschrift eines Dramoletts wert gewesen. Und ich kann mir auch nicht denken, daß jüngere Autoren sich diesen Weg weisen lassen. Sie schreiben ja nicht, wie Wittstock meint, weil sie schreiben »wollen«, sondern weil sie schreiben »müssen«; sie können ihre Existenz nicht anders als schreibend leben, und sie stehen unter dem Zwang ihres Stoffes und der sich daraus ergebenden Form. Keiner der Autoren hat etwas dagegen, wenn ihre Texte unterhaltsam wirken und ihre Formulierungen, Wendungen, Bilder, Visionen, Einsichten den Lesern Vergnügen bereiten, aber Autoren ein Programm vorschreiben zu wollen, zumal ein so wenig differenziertes, bedeutet notwendigerweise eine Erstarrung – läßt gerade das nicht zu, was lebendige, also auch Vergnügen bereitende, weil Neues erkundende Literatur ausmacht: Vielfalt in Form und Inhalt. »Es ist, als hätten sich seit hundert Jahren nur mehr noch die Provinzler an der deutschen Literatur vergriffen: eine Provinzliteratur haben wir heute [...].« So schrieb der Übertreibungskünstler Thomas Bernhard, aber er wußte auch: »Diese geschriebene Literatur ist die unsrige, und wir werden, ob es uns paßt oder nicht, mit ihr leben müssen.«

Die Entwicklung der Literatur ist mit der historischen Situation verbunden; sie vollzieht sich wellenförmig, in Hochs und Tiefs. Unsere Zeit ist eine Zeit des Umbruchs, des Verfalls und der Entstehung von Werten, des Zusammenbruchs von Utopien und dem Noch-Nicht neuer Utopien, der Erfahrung von Zerstörung und Selbstzerstörung – dies ist für den Schriftsteller heute die große Schwierigkeit, aber auch die große Herausforderung. Da es keine Gruppenbildung unter Schriftstellern gibt, ist es nur verständlich, daß die Literatur immer auch ein Gespräch über Literatur enthält – kunstvolle Selbstbefragungen, aber wir wissen ja, daß Literatur immer ein »Kontinuum an Reflexion« ist. Wir erfahren gegenwärtig, wie die Autoren, weil sie an die alten Geschichten nicht mehr glauben, Überlegungen über das Schreiben in ihre Texte einbauen; damit vergewissern sie sich ihrer Verfahrensweisen und legen Rechenschaft ab, wie und zu welchem Ende sie ihre Wirklichkeit in Sprache verwandeln. Dies ist die Literatur, mit der wir leben müssen, leben wollen – dies auch zur Selbstbehauptung des einzelnen Lesers.

Nicht Unterhaltung und Vergnügen im trivialen Sinn sind vorrangig, sondern die Erfahrung der Wirklichkeit ist den Autoren zu wünschen und das Gelingen, diese Erfahrung in Sprache zu transformieren. Nicht beruhigt, aufgeregt wollen wir sein und damit vergnügt und begeistert. Wir sollten endlich mit dem Krisenlamento aufhören. Jüngere Literatur ist nicht im »Abseits«, eher die, die über sie so befinden. In Handkes »Phantasien der Wiederholung« lautet die Schlußsentenz: »Ich werde mich entschlossen verirren.« Solche Entschlossenheit ist eine Aufgabe, und zu ihr sollte man Schriftstellern raten – oder sich an das erinnern, was Goethe zum Berufe des Schriftstellers Eckermann am Ende seines Lebens anvertraute: »Ich habe in meinem Beruf als Schriftsteller nie gefragt ›Was will die große Masse und wie nütze ich dem Ganzen?‹, sondern ich habe immer nur dahin getrachtet, mich selbst einsichtiger und besser zu machen, den Gehalt meiner eigenen Persönlichkeit zu steigern und dann immer nur auszusprechen, was ich als gut und wahr erkannt hatte.«

HEINRICH VORMWEG

Literaturzerstörung

Zur Fortsetzung des sogenannten Deutschen Literaturstreits

Der Zeitgeist bläst der Literatur und den Schriftstellern in Deutschland direkt ins Gesicht, so heftig wie noch nie seit 1945. Literatur, die sich nicht als Ware für den Konsum begreift, und Schriftsteller haben keine besondere Geltung mehr, sie bedeuten nichts mehr, worauf man zu achten hätte, sie könnten auch weg. Ja, mehr noch: In einem beschwichtigenden Resümee der Debatte um den faschistischer Positionen verdächtigten *Anschwellenden Bocksgesang* von Botho Strauß hat Antje Vollmer im *Spiegel* den Zustand so pointiert: »Wer klug ist, der kann sich derzeit in Deutschland als alles outen, aber besser nicht als Dichter, Filmemacher und Intellektueller.«

Gerade das erschien Jahre und Jahrzehnte geradezu als das Höchste. Jetzt löst es womöglich Aggressionen aus. Antje Vollmer umkreist in ihren Überlegungen die Verhältnisse auf einer sehr allgemeinen Ebene, soweit sie ihr unter politischem Aspekt zugänglich und im Blick auf das Denken wie Fühlen rechts und das Denken wie Fühlen links faßlich sind. Sie konstatiert den großen Umbruch in der deutschen Republik, eine »große Flut von Wirklichkeitsveränderungen«. Kaum ein Stein bleibe da auf dem anderen. Und jedenfalls ist ihr der vorherrschende »Volks- und Medienwille« nicht geheuer; sie mahnt:

> Vielleicht ließe sich, nach soviel Exzessen, auch einmal über Schadensbegrenzung und Schonung von Ressourcen der Kreativität nachdenken. Es handelt sich doch um besonderes Material aus besonderem Stoff: Christa Wolf, Günter Grass, Wolf Biermann, Heiner Müller, Botho Strauß, Martin Walser, Bärbel Bohley, Hans Magnus Enzensberger, Wim Wenders, Peter Sloterdijk, allesamt Magierinnen und Zauberer, alle schon aus gegebenen Anlässen exkommuniziert und aus der Ge-

meinschaft der »richtig« Denkenden ausgeschlossen. Wie viele dieser seltenen Sorte inspirierter Zeitgenossen haben wir wohl noch zuzusetzen für die gefräßigen Veränderungsprozesse einer Gesellschaft im Schmelztiegel?

Und Antje Vollmer weiter:

> Die neue deutsche Republik in der Umbruchsphase braucht ihre Intellektuellen und sogar ihre Dichter(innen). Sie braucht sie nicht als »metabolische Gefäße« oder Sündenböcke, sondern als neugierige, kritische, ahnungsvolle Medien neuer Wirklichkeiten. Gefährdet, wie sie ist, kann sie nicht eine(n) einzige(n) mehr dem inneren oder äußeren Exil überlassen, wie das in den letzten Jahrzehnten in Ost und West gleichermaßen Unsitte wurde. Dies Land braucht auch eine gesellschaftliche Schicht, die sich für das Zentrum der Republik, für seine Kultur und Identität verantwortlich fühlt.

Das ist plausibel gesehen. Das alles trifft weitgehend zu. Antje Vollmer ist eine kluge Frau, und nachkarten wollte sie nicht. Die Literatur und die Literaten für sich sind außerdem ihr Thema nicht. Ihr gehen die politischen und gesellschaftlichen Relationen vor. Aber die Erwägung, woher das alles kommt, was in den letzten Jahren das Klima für die Literatur so gründlich verändert hat, daß die Literatur und z. B. der Fußball und das Amüsierkino als Kulturfaktoren sich oft in der öffentlichen Meinung nur noch dadurch unterscheiden, daß jene eben kein nennenswertes Publikum hat und sich doch so lange so mächtig aufplustern konnte – diese Erwägung kann wohl doch nicht einfach nur von eher pauschalen, politisch verwendbaren Befunden ausgehen, sondern muß sich im einzelnen auf die Sachverhalte einlassen.

Auslöser der seit einigen Jahren überbordenden Animositäten gegenüber den Ansprüchen der Literatur oder z. B. für die heiß empfundene Neigung, sich nun endlich wieder lieber als mit Bertolt Brecht z. B. mit Ernst Jünger zu identifizieren, war zuletzt und indirekt vielleicht die Wiedervereinigung. Doch es hätte auch anders kommen können. Die Wunschvorstellungen ostdeutscher Schriftstellerinnen und Schriftsteller oder die Einreden von

Günter Grass, der längere Zeit gar nicht so allein stand, hätten ja auch Wirkung haben können, statt mit ihrem Einbruch die Übermacht der Ökonomie, und d. h. der Industrie, des Geldes und ererbten Besitzes nur um so drastischer fühlbar zu machen. Diese ach so realen Mächte haben sich in die Literatur- und Kulturstreitigkeiten, die sie durchaus angingen, nicht einmal einmischen müssen, um Vorteil aus ihnen zu ziehen. Absurderweise hat eine Reihe von Leuten, von denen gerade das Gegenteil zu erwarten gewesen wäre, nämlich Repräsentanten des Feuilletons, dies Geschäft mit erstaunlichem Engagement für sie erledigt. Immer wieder haben sie mittlere und kleine Lawinen losgetreten, die nach und nach die Literatur deutscher Sprache in der Öffentlichkeit so effektiv unter sich begraben haben, daß von ihr nur noch wenig zu erkennen ist. Dem Buchhandel schadet es kaum. Der läßt sich von den Übersetzern aus vielen Sprachen bedienen, was gewiß seine Höhepunkte nicht nur in puncto Unterhaltung hat und sicherlich unter etwas anderen Voraussetzungen nur erfreulich wäre. Wie die Dinge liegen aber, fördert es vor allem eine bequeme Unbestimmtheit, ein aufs Vergnügen abonniertes Laissez faire.

Die mittleren und kleinen Lawinen also. Am Beispiel Christa Wolfs vor allem schienen sie, bald durch vielerlei Stasi-Protokolle und -Verdächtigungen verstärkt, vor allem über die Literatur der DDR herabzukommen. Hier geht es jedoch nicht darum, die früheren Attacken, in denen die Hoffnungen der ersten Befreiungseuphorie, der Runden Tische und Schriftstellerreden zerbröselten, erneut zu rekapitulieren. Das ist inzwischen Geschichte. Gegenwart ist längst die erwähnte Unbestimmtheit, die für die Öffentlichkeit so bequem, doch in der Erfahrung jener für Kultur und Identität sich verantwortlich fühlenden gesellschaftlichen Schicht, von der Antje Vollmer spricht, nur trist und erschöpfend ist. Bald schon war übrigens keineswegs mehr die Literatur der DDR allein betroffen. Ein ziemlich frühes, höchst parteiisches, doch für den Zustand bezeichnendes und treffendes Resümee sei in Erinnerung gebracht. Im Feuilleton der *Zeit* war zu gegebener Zeit unter dem denunziatorischen Titel »Pinscherseligkeit« ein Beitrag von Thomas Schmid zu lesen, in dem stand:

> Der deutsch-deutsche Literaturstreit ist zwar an der Literatur aus der DDR entbrannt, im Kern aber verweist er auf ein Problem, das im Westen angesiedelt ist: auf den zählebigen Mythos, ihre zivilen und demokratischen Qualitäten habe diese Republik, als sei's ein Naturgesetz, wenn nicht ausschließlich, so doch zum allergrößten Teil ihrer kritischen Intelligenz zu verdanken.

Diese habe zwar, meint Thomas Schmid, zur inneren Demokratisierung der Bundesrepublik ein wenig beigetragen, doch erst auf der Grundlage der vorgegebenen Demokratie:

> Die kritische Intelligenz hat diese Demokratie nicht geschaffen, sie hat sie nur zu nutzen gewußt (und sie damit zugleich gefestigt). Sie hat damit wesentlich unspektakulärer agiert, als sie gerne annimmt, sie hat, wie andere auch, mitgemischt. Diese Einsicht ist unbeliebt, weil, wer sie teilt, den Intellektuellen keine Schlüsselrolle mehr zuweisen kann. Da Intellektuelle an dieser Rolle jedoch interessiert sind, haben sie sich in den vier Jahrzehnten alter Bundesrepublik einige Mühe gegeben, die Zivilisierung der Bundesrepublik als Ergebnis eines heroischen Kampfes des Lichts gegen das Dunkel darzustellen …

Ludwig Erhard hatte also ganz recht, als er die Schriftsteller und Intellektuellen im Wahlkampf einmal kurz und grob als Pinscher qualifiziert hat. Dann hatte ja wohl auch Franz Josef Strauß recht, als er von ihnen als »Ratten« und »Schmeißfliegen« sprach. Auch damals schon sollte vor allem die Wirtschaft alles Verdienst an der demokratischen Entwicklung haben. Und nach der Wiedervereinigung galt das laut der verstohlenen Meinung einiger Feuilletons erst recht.

Nicht nur die real-sozialistisch verschwägerte Literatur der einstigen DDR, auch alle sich einem demokratischen Sozialismus zuordnende Literatur der Bundesrepublik war zunächst das Objekt für die mittleren und kleinen Lawinen, die nach der deutschen Vereinigung losgetreten wurden. Damit insbesondere die längst historische Gruppe 47, deren anziehende und prägende Rolle auch noch mehr als zwanzig Jahre nach ihrem Ende eine gewisse Wirkung zeigte und Aggressionen auf sich zog. Unter dem diffusen Vorzeichen einer scheinbaren Verteidigung der wahren und puren Literatur, z. B. durch die Berufung einer dubiosen hohen Ästhetik gegen alle sogenannte Gesinnungsästhetik, wurde ein Programm literarischer Erneuerung, das auf nichts anderes als Literaturzerstörung hinauslief, Zug um Zug vorgeführt. Es bezog bald als Destruktionsobjekt ganz allgemein die Moderne und alle Avantgarden mit ein, weil sie den guten alten fruchtbaren Urgrund der Literatur auf dem Gewissen hätten. Die Gesinnungsästhetik, die Avantgarden, die ganze Moderne trügen die Schuld, wenn es heute heißen müsse: »Wer sich in der zeitgenössischen Literatur umtut, den weht der Hauch des Ruins an.«

Und es weht ihn, wie der Verkünder dieses Verdikts, Frank Schirrmacher, in der *FAZ* weiter festhielt, der stinkende Hauch einer späten ostwestlichen Konvergenz an, die in seinen Augen nichts als pervers war:

> Das Paradox war nicht zu überbieten: Während kommunistische Literaturfunktionäre mit deutlichem Gespür für die Gefahr den »sozialistischen Realismus«, den traditionellen Roman, bei Androhung von Strafe durchsetzten, entstand in den westlichen Kulturen eine Literatur, die den realen Verhältnissen in den totalitären Gesellschaften vollkommen entsprach. Die Auflösung des Ich, die zerstörten Diskurse, das Mißtrauen in die Sprache, das Verschwinden des Individuums, die Absetzung des bürgerlichen Helden – all das beschrieb sehr genau die Bewußtseinszustände der östlichen Gesellschaftsform. Erst viel zu spät haben die Kommunisten die Chance erkannt, die moderne Text- und Avantgardetheorien ihrem Machterhalt boten. Diese bis in hochkomplexe Auflösungsformen getriebene Literatur bildete zwar nicht die utopischen Lebensverhältnisse ab, schuf aber die unschätzbare Möglichkeit eines systemstabilisierenden, weil folgenlosen Selbstgesprächs. Es ist kein Zufall, daß am Ende der DDR jene Literatur, die am

> Prenzlauer Berg entstand, systematisch vom Geheimdienst des Landes gefördert wurde.[1]

Das war, von ganz oben herab geführt, ein Schlag, der die gesamte westeuropäische Moderne und mit ihr ein Gutteil der bundesrepublikanischen Literaturgeschichte in den Orkus zu fegen beabsichtigte und dazu jedenfalls erheblich beitrug. Er bestätigte abrundend, ohne daß Schirrmacher noch Gründe für ihn anführen zu müssen glaubte, und ohne daß er einen prüfenden Blick auf all das für nötig gehalten hätte, was er als widerwärtig und ganz ohne Stasi doch zutiefst stasiverdächtig summarisch verdammte, – er bestätigte den Bankrott der Moderne. Schirrmacher setzte die Unterschrift der *FAZ* unter den Liquidationsbefehl für all diese Auswüchse. Denn:

> Und was wäre heute, nach dem Ende des utopischen Zeitalters, daraus zu folgern? Avantgarde und Kommunismus sind jene monströsen Dogmen des Jahrhunderts, die beide die Wirklichkeit entschlossen dem Gedanken unterordneten. Die Avantgarde ist zu Ende, aber an ihren theoretischen Voraussetzungen halten die Schriftsteller geradezu zwanghaft fest. Es wäre eine Wende in der Literatur, wenn sie endlich als das betrachtet würden, was sie sind: ein abgeschlossenes Kapitel.

Schirrmacher hat seine Bannsprüche in die Welt gesetzt am Beispiel des Romans *»Ich«* von Wolfang Hilbig, der in seinen Augen ein großer Roman hätte werden können, wenn er nicht die irreführende Moderne immer noch vorausgesetzt hätte. Das war, meint Schirrmacher, kurzsichtig von Wolfang Hilbig:

> Denn tatsächlich ist es Hilbigs Dilemma, daß sein Schreiben, dort, wo es ums »Ich« geht, um das Mißtrauen gegen die fortlaufende Erzählung, tatsächlich »halb von Beckett« ist. Ihm kann der Erzähler nicht entkommen; es ist die Mauer um die

1 Frank Schirrmacher: Wir waren der Schatten des Lebens, wir waren der Tod. Über ein literarisches Meisterwerk und seine Verhinderung durch den Geist der Moderne. Anmerkungen zu Wolfgang Hilbigs Roman »Ich«. In: Frankfurter Allgemeine Zeitung, 5. Oktober 1993.

> Gelehrtenrepublik. Wieso, so muß man heute fragen, kann man sie nicht durchbrechen? Wieso entwickeln die Erzähler nicht eine literarische Kritik der Avantgarde, die sie gefangenhält und ihr Vertrauen auf die eigene Erfahrung untergräbt? »Sie tolerieren uns, indem sie uns ignorieren«, sagt der Offizier Feuerbach von den Schriftstellern einmal. Seine Frage ist: »Lassen sie uns damit gewähren, oder ziehen sie uns den Teppich unter den Füßen weg.« Wäre das nicht auch ein denkbares Verfahren gegen die erdrückende Übermacht der Moderne: sie zu ignorieren? Hilbig hat weiter und schärfer gedacht als viele seiner Kollegen. Aber er ist noch gefangen. Er verbietet sich, zu erzählen.

Er erfüllt also die Erwartungen der *FAZ* leider nicht ganz. Zwar sei ihm einzuräumen: »Es gibt in der deutschsprachigen Literatur kein größeres Talent als diesen Schriftsteller«, doch leider hat er dennoch »das Erbe der Avantgarde in den Nischen des Erzählens störrisch überdauert« und hat damit jene gewaltige Naturkraft, die stets als Retter berufen wird, wenn der Buchhandel sich von Literatur und Autoren in seinen Interessen gestört fühlt, in ihrem Wesen gefährdet. Wer aber nicht auf diese Naturkraft setzt, dem steht, so Schirrmacher, der Bankrott ins Haus, der nur abgewendet werden kann, wenn man all den falschen Fortschrittsoptimismus und all die Formauflösungen wieder abschüttelt, welchen die Literatur – Zitat! – »seit Fontanes ›Stechlin‹« verfallen ist.

Natürlich durfte der *Stechlin* an dieser Stelle nicht fehlen; das klingt ja auch noch etwas eingeweihter, als wenn da etwa nur die *Buddenbrooks* erwähnt worden wären. Wenn aber nun, ist zu fragen, Wolfgang Hilbig überhaupt nicht »erzählen« könnte, ohne eben dies, ohne die Reflexionen der Avantgarden vorauszusetzen im Bewußtsein der zweifellos längst gealterten, doch geschichtlich nach wie vor realen Moderne? Immerhin hat er vor dem Roman *»Ich«* schon in mehreren Erzählwerken unmißverständlich diese seine Abhängigkeit, aus der sich zu lösen für einen realitätsorientierten Erzähler bis heute ganz und gar ausgeschlossen ist, eindrucksvoll begründet. Ein realitätsorientierter Erzähler kann sich aus ihr nicht lösen;

weil sie schlicht die Epoche bedeutet, in der er schreibt. Drückt er sich am Schreibtisch aus dieser davon, so ist er gleichsam ein anderer Ganghofer, eine andere Marlitt, einer der Romanciers ablenkender Unterhaltung, die es ja bekanntlich in großer Zahl auch gibt.

Es ist wahrhaftig erstaunlich, und es signalisiert das Ausmaß einer fast blinden, bewußtlosen, fast zwanghaften Absetzbewegung aus aller Geschichte, was da mit so massivem Druck vorangetrieben wird, und nicht nur, wie noch zu zeigen sein wird, in der *FAZ*, deren Feuilleton Frank Schirrmacher inzwischen als Mitherausgeber vorsteht. Was in diesem Feuilleton an Zickzackbewegungen, die alle in eine Richtung weisen, zu beobachten ist, signalisiert eine geradezu hochideologisierte Entschlossenheit, die ganz einfach zurück will – ins 19. Jahrhundert? – in die Gründerzeit, in die Romantik, in ein vorbürgerliches Zeitalter, einen industriellen Feudalismus? Die Akteure wissen es offenbar selbst nicht genau. Und sie schlagen auf die »Moderne« ein, ohne – so scheint es – über ihre manchmal geradezu als ignorant erscheinenden partiellen Attakken hinaus zu wissen, was das ist. Sie verwenden sie als eine Art Pappkameraden, auf den sich bequem eindonnern läßt. Manchmal wirken sie wie Schüler, die sich vehement weigern, ihre Aufgaben zu machen, doch darauf bestehen, alles schon zu wissen. Das ist ein beliebter Zustand, und es ist üblich und sogar durchaus begreiflich, daß man bei solcher Haltung nur um so leichter Anhänger gewinnt. Doch die Protagonisten, die hier in Frage stehen, repräsentieren ja jenen Anteil, den das sogenannte gebildete Bürgertum an der Medienrealität noch immer hält. Das ist immer mitzubedenken. Und ihr Geist, auf dessen ungenauen Vereinfachungen sie triumphierend bestehen, hat ganz offensichtlich das Zeug zum Zeitgeist, er ist längst überall eingesickert. [...]

Immer wieder gibt es Gründe, sich zu fragen, ob Frank Schirrmacher denn das, was er schreibt, tatsächlich gemeint haben kann. Aber seinem Aufsatz ist jedenfalls zu entnehmen, daß nach der Gesinnungsästhetik und damit der durch den schlimmen Einfluß der Gruppe 47 ramponierten Literatur der alten Bundesrepublik nun längst die gesamte literarische Moderne mit all ihren Avantgarden zum alten Eisen geworfen wird, die deutschsprachige konkrete und experimentelle Literatur samt ihrer Reflexion auf Sprache, Gesellschaft, Bewußtsein verachtungsvoll beiläufig gleich mit. Und in wessen Namen das alles? Im Namen Ernst Jüngers? Selbst das Feuilleton der *Zeit* würde sich wohl auch hieran nicht stören, es macht das Spiel mit, allerdings mit etwas modischerem Gestus:

> Die vertraute Schizophrenie, etwa Jean-Marie Straub öffentlich zu loben und sich heimlich an *E. T.* zu erfreuen, war lange Zeit Basis des Betriebs. Wer Geschmack beweisen und seine Vertrautheit mit den neuesten Strömungen dokumentieren wollte, der nahm es klaglos auf sich, daß er nicht verstand, was er las, und ihm mißfiel, was er sah. Solange der Rausch der Moderne alles beherrschte, traute sich keiner den Zwischenruf des Kindes in Andersens Märchen vom Kaiser und seinen neuen Kleidern, es sei denn, er hätte den üblen Geruch auf sich genommen, als Konservativer zu gelten. Nun aber hat die Moderne ihre Schuldigkeit getan. Der große Beuys hat ihr, was seine Epigonen vergessen, das Requiem gesungen. Nun erscheint auch die obskure Debatte über die Postmoderne nur noch als der fahle Widerschein einer sorglosen Zeit. Nun kann jeder Leser zugeben, daß er, je nach Laune, lieber John le Carré oder Peter Nádas liest; Michael Ondaatje, Cees Nooteboom oder irgendeinen dieser colloquialen und weltweiten Ausländer lieber zur Hand nimmt als die von deutschen Kritikern und deutschen Verlegern gepriesene deutsche Literatur, die starke Gesinnungen und lange Sätze ausbildet, aber fernab von allem liegt, was dieser Tage von Belang ist … Ob etwas modern sei oder von der richtigen politischen Gesinnung zeuge, spielt keine Rolle mehr. Hauptsache, es gefällt, rührt einen an, überrascht mit neuen Einsichten und Ausblicken.

Auf zur besseren Unterhaltung also. Dagegen ist nun schwer etwas zu sagen. Ob man gerade da mit »neuen Einblicken und Ausblicken« rechnen kann, ist allerdings eine Frage der Voraussetzungen und des Anspruchs – es muß derlei allerdings ja keineswegs immer sein. Was das mit dem »Rausch der Moderne« zu schaffen hat, den es ja leider immer nur bei wenigen einzelnen gegeben hat, ist eine andere Frage. Ulrich Greiner, der Feuilletonchef der *Zeit,* hat sich des Aufstands gegen alles Moderne ganz locker angenommen unter dem pikanten Titel »Zucker für die Affen«, mit dem Zusatz: »Über die Entbehrlichkeit gegenwärtiger Kunst: Eine Polemik aus nicht gegebenem Anlaß.« Und Greiner hat für seine Polemik Ansatzpunkte wie z. B. diesen gewählt:

> Haben nicht die Literaturkritiker, je dicker, je unverständlicher, je zäher eine Neuerscheinung geriet, sie um so farbenfroher und hochtrabender gelobt? Die Rezensierbarkeit eines Buches wurde zum Maß des Gelingens. Es ist wahr: Damals, vor genau 24 Jahren, lagen wir an der Kiesgrube und lasen Oswald Wieners *Verbesserung von Mitteleuropa.* Wir verstanden zwar kein Wort, hatten aber das Gefühl, einen großen Augenblick zu erleben. Es war die Zeit der Provokationen, der Tabu-Verletzungen, der Experimente. Man wußte, was Avantgarde war und was verstaubt. Die neue Kunst hatte das Gegenteil der alten zu sein. – Es war eine große Zeit, aber jede Zeit hat ihre Zeit. Ihr nachzutrauern wäre anachronistisch ... Die Faszination ist vorbei. Daß etwas unverständlich und öde ist, verlockt niemanden mehr.[2]

Hieran mag etwas sein, wenn es auch die Sache sehr obenhin ansieht. Allerdings ist es die Frage, ob denn der Kritiker oder Polemiker, der Feuilletonautor, wenn er sich äußert, in die Haltung seiner gebildeten, doch lustlos gewordenen, auf Chic abonnierten Konsumenten schlüpfen sollte, wenn er eine Meinung vorträgt. Wäre es nicht angemessen, daß er sich über seine Gegenstände äußert? Dann sähe seine Einstellung vielleicht doch nicht so aus:

> Wir brauchen gar nicht so viel Kultur, wie wir glaubten. Es muß nicht jeder Bücherherbst den neuen Schriftsteller-Star hervorbringen. *Der Mann ohne Eigenschaften* ist immer noch nicht ausgelesen, Hans Henny Jahnn noch immer nicht angelesen.

2 Ulrich Greiner: Zucker für die Affen. Über die Entbehrlichkeit gegenwärtiger Kunst: Eine Polemik aus nicht gegebenem Anlaß. In: Die Zeit, 26. November 1993.

So gesehen, sollte man vielleicht zuerst die immer noch opulenten Feuilletons abschaffen. Diese beruhen auf der immer noch begründeten Auffassung, es lohne sich, informiert zu sein über all das, was intellektuell und künstlerisch in der Literatur passiert. Und obwohl er in modischer Anwandlung am Ast sägt, auf dem er sitzt, hat Ulrich Greiner doch gleich nach der Verlautbarung von dessen Überflüssigkeit mit seiner Schreibe emsig weitergemacht. Doch er führt weniger Ballast. Er konstatiert: »Die versierte Rückversicherung im Horizont kunsttheoretischer Kontroversen interessiert uns nicht mehr.«

Was hier Rückversicherung heißt, ist zwar in stark verzerrter Beschreibung etwa gerade das, wofür Greiner engagiert worden ist, doch er möchte lieber zu »uns« gehören, zu jenen tonangebenden kultivierten Literaturüberdrüssigen, die derzeit den Ton angeben und bei so was gern zustimmen, ohne freilich seine Privilegien als Stimmführer preiszugeben. [...]

Pauschale Rundumschläge sind eine schwierige Sache. Literatur läßt sich derart nicht diskutieren, nur kräftig nach unten drücken. Das freilich ist seit 1989 an der Tagesordnung. Die Aggressionen sind – Zeitgeist hin und her – schwer begreiflich, wenn man nicht die eher dumpfen politischen und ökonomischen Interessen in Rechnung stellt, die da offenbar mit im Spiel sind. Das ließe sich wirkungsvoll ausmalen. Doch hier steht in Frage die Literatur, und was diese betrifft, läuft das äußerst fragwürdige Spiel auf nichts anderes hinaus. Mit den sogenannten Avantgarden, mit einer nicht auf Umsatz und Konsum, sondern auf Erkundung und Wahrnehmung von Realität, auf Bewußtsein und Sprache fixierten Literatur, die es trotz allem immer noch gibt, wird der seit Beginn der bürgerlichen Epoche wirksame literarische Impuls selbst attackiert. Und was von den höheren Podesten aus immer wieder eingehämmert wird, es sickert nun einmal durch und hat seine Konsequenzen auf allen Ebenen.

Nur zwei Beispiele. Selbst die ehrwürdige Literaturzeitschrift *Akzente* wollte sich schließlich aus dem Fight nicht mehr heraushalten und auf die feine Art doch auch eine Breitseite gegen die allseitig inkriminierte Moderne loslassen. In einem Aufsatz mit dem Titel »Avantgarde als Phantom« kommt dessen Autor Wolfgang Lange einer Verschwörung auf die Spur, die alle Kunstansprüche annulliert und nur noch eine Käuflichkeit der höheren Art gelten läßt:

> Wo mit der Sprache Konkreter Poesie erfolgreich Reklame für ein alkoholfreies Bier gemacht wird, da klingt jede Berufung auf James Joyce und einen fixen Bestand avancierter Kriterien peinlich.[3]

Lange stellt im Kontext Moderne/Postmoderne, doch fragwürdig verkürzend und unhistorisch generalisierend, alle Vorstellungen von Ästhetik und Kunst in Frage und kommt zu einem Resultat, das, wenn man gewagt genug kombiniert, ohne weiteres Schirrmachers Prenzlauer-Berg-Syndrom mitbegründet:

> Wo die Avantgarde für's Museum taugt, ist sie keine. Der Raum, in dem sie recht eigentlich zu Entfaltung gelangt, ist der der Kulturindustrie – mit allem, was dazugehört … Es ist die Avantgarde, die die Künste in den Medienverbund der Kulturindustrie eingeschleust hat, nicht erst die Postmoderne.

Von der Kulturindustrie zur Industrie ist nicht einmal ein Schritt. Eine derart zur Verwendbarkeit, Verwertbarkeit prädestinierte, sich den Werbestrategien anbiedernde Unkunst kann jedenfalls Verteidigung als Kunst nicht mehr beanspruchen. Doch was hier zeitgeistfühlig auf seinen möglichen Mißbrauch reduziert wird, es hat – richtig angesehen – ganz andere Dimensionen. Diese zu ignorieren, von der Literatur als dem großen, offenen Medium menschlicher Selbst- und Realitätsvergewisserung trickreich abzusehen und einzig die eigenen Vorurteile gelten zu lassen, ist aus handfesten, wenn auch nur halbbewußten Gründen seit 1989 so groß in Mode. Nach und nach

3 Wolfgang Lange: Avantgarde als Phantom. In: Akzente 40 (1993), S. 507–525.

konnte man sich daher immer schwerer des Verdachts erwehren, es sollten in und mit einer Literatur, die nicht einfach nur gehobenen Konsumwünschen dient, sondern der Realität unermüdlich nachfragt, alle etwa noch verbliebenen Reste sozialistischer und kommunistischer Ideen gründlich getilgt werden, die ja historisch keineswegs von vornherein die Knebelung, sondern eine notwendige Befreiung der Menschen meinten. Das läuft dann darauf hinaus, die literarische Produktivität selbst zu tilgen und auf die ja in der Tat reichen Vorräte an betagten Werken zu verweisen, die bereits vorhanden sind.

Damit zum zweiten Beispiel. Der Buchhandel kommt nämlich leider mit diesen Vorräten nicht aus, so klug er sie auch ausbeutet. Folglich setzt er auf die vielen Literaturen anderer Sprachen, aus denen er insbesondere das Unterhaltsame in seine Angebote nimmt. Doch er kann auch die Autoren deutscher Sprache nicht entbehren – es muß, so scheint es, eine neue Art Autoren her. Seit einiger Zeit macht deshalb ein Versuch Aufsehen, den Autor fest in die große Schar derer zu integrieren, deren Beruf die wohlkalkulierte Dienstleistung ist. Uwe Wittstock, Lektor im Fischer Verlag, ist sein Initiator, wobei er eine solche Definition seiner Absichten gewiß empört zurückweisen dürfte. Kürzlich hat Wittstock in der *Süddeutschen Zeitung* unter dem Titel »Autoren in der Sackgasse. Warum die deutsche Literatur weitgehend langweilig geworden ist«[4] seine Auffassung ausführlich dargelegt. Sie läuft hinaus auf die Vorstellung, es sei »nicht nur das Recht, sondern eine Pflicht der Literatur, dem Leser Vergnügen zu bereiten«.

Die Erfahrung, die Wittstock als Verkünder dieser betagten neuen These gemacht hat, faßt er so zusammen:

4 Uwe Wittstock: Autoren in der Sackgasse. Warum die deutsche Literatur weitgehend langweilig geworden ist. In: Süddeutsche Zeitung, 26. Februar 1994.

> Offenbar rührt die These, der Leser dürfe erwarten, auch von guten Büchern gut unterhalten zu werden, an einen wunden Punkt. Tatsächlich neigen in Deutschland viele dazu, jeden Schriftsteller, der höhere Ambitionen für sich in Anspruch nimmt, von der Aufgabe freizusprechen, bei seinem Publikum Leselust zu erzeugen. Literatur gilt hierzulande als harte Bildungsaufgabe, als intellektueller Leistungsnachweis, und sobald ein Buch bei der Lektüre spürbaren Genuß bereiten will, keimt gleich der Verdacht auf, es müsse trivial sein.

Diese schlichte Interpretation der Kritik, die er immerhin hervorgerufen hat, ist für Wittstock Auftakt zu einer sehr bemühten, bis auf Kants »notwendiges Wohlgefallen« zurückgreifenden Erläuterung seines Standpunkts, die darauf hinausläuft, die Autoren, die deutschen zumal, müßten nun endlich mal wieder an ihre Leser denken. Vermengt mit erstaunlichen Gemeinplätzen und Verallgemeinerungen kommt dabei erneut alles zum Vorschein, was auch sonst schon gegen Moderne und Avantgarde vorgebracht worden ist. All der Fortschrittsglaube, der doch nur zu einer »Ästhetik des Höher, Weiter, Schneller« geführt habe, wird noch einmal falsifiziert. Dargetan ist, wie irrig doch die Vorstellung vom Traditionsbruch als einer literarischen Notwendigkeit sei, sie sei heute nur noch affirmativ, ebenso wie das Epatez le Bourgeois. Vielmehr gelte:

> Es ist gegenwärtig legitim, an traditionelle Erzähltechniken anzuknüpfen, wenn der Autor den Erzählton zu aktualisieren versteht. Oder provozierender formuliert: Was spricht dagegen, die Erzählmuster routinierter Unterhaltungsautoren (sie beruhen auf jenen traditionellen Techniken) zu übernehmen, um etwas Besseres daraus zu machen?

Und so weiter. Von Literatur ist in Uwe Wittstocks Aufsatz über »Autoren in der Sackgasse« gar nicht die Rede, Wittstock lockt nur ein bißchen mit Namen wie Nabokov und Günter Grass. Bildungsbewußt umschrieben, geht es um die Anpassung der Autoren an die Leserwünsche, die ja auch seit je für Verlage so wichtig ist wie für Schriftsteller, die auf Literatur setzen, ruinös. Man kann damit natürlich Geld verdienen – doch zum Glück auch auf viele andere, von Literatur ganz unabhängige Art, und das Reden über Literatur ist doch wohl noch immer kein Reden übers Geldmachen. Wenn man zudem schon über Leser redet, so muß man wohl, um dem zumindest den Anstrich von Notwendigkeit zu geben, auch über die ungezählten Nichtleser reden. So einfach ist das alles gar nicht. Soll das in der Moderne so vielseitig begründete und erläuterte Wissen von der Inhaltlichkeit aller Formen, davon, daß z. B. die »Erzählmuster routinierter Unterhaltungsautoren« überhaupt nichts anderes als eine stark verdünnte traditionelle Sicht der Wirklichkeit hervorbringen *können* – soll das wieder gänzlich verschüttet werden?

Auch Wittstocks Rettung der Autoren läuft auf Literaturzerstörung hinaus, ganz so wie Schirrmachers Votum vom »Hauch des Ruins«, der aus der Literatur gegenwärtig aufsteige, wie das per Schlagzeile apostrophierte »Unglück der Literatur«, wie das Verdikt, deutsche Literatur sei nur noch langweilig, wie die per Fernsehen verbreitete Auffassung, die Literatur deutscher Sprache dürfe man inzwischen getrost ignorieren. Das alles sind Urteile, die einen Zustand bejammern, den man, soweit er überhaupt real ist, zuvor selbst emsig herbeigeredet hat, aus welchem Zerstörungstrieb auch immer.

Die allseits gescholtene Moderne nämlich, sie steht, was Literatur betrifft, nicht zur Disposition. Natürlich, man kann sich bis in die Steinzeit zurückbomben. Doch in der bestehenden Zivilisation, wie groß ihre Schwächen auch immer sind, existiert Literatur allein in diesen ihren geschichtlichen Bedingungen. Anders wird sie zum Surrogat. Und eben das ist es, wonach die Suche geht: nach leicht verwendbaren Surrogaten à la ach so heiler Vormoderne und gefälliger Unterhaltsamkeit. Manchmal scheint da am Horizont auch schon die Vorstellung auf, die Nation werde schließlich die geistige Einheit bringen.

Die Literatur, so ist laut etlichen geschichtlichen Erinnerungen anzunehmen, wird auch die neuesten, aus Ideologie und Ratlosigkeit gemixten, gewiß gutgemeinten Zerstörungsversuche überstehen. Noch immer gibt es Beispiele, die solche Behauptung belegen. Aber leider sind sie für die lautstarken Verächter der Moderne, die ja keineswegs nur ein besinnungsloses »Höher, weiter, schneller« oder ein Wahn zwecks Selbstvernichtung der Menschheit ist, wohl nicht mehr lesbar, kennbar. Das wäre schon ein anderes Thema. Notwendig scheint zunächst, gegen die Welle einer pauschalen Verfemung der neueren Literatur deutscher Sprache anzureden, die Mode geworden und nur noch zerstörerisch ist.

Es sei nur ganz knapp noch erinnert, daß die Literatur der Moderne alles andere ist als ein kommunistisch aufgeblähtes Phantom, wie manche ihrer Gegner sie so gern sähen. Sie ist ganz und gar eine Hervorbringung des späteren bürgerlichen Zeitalters, was immer auch die Stasi und Herr Schirrmacher angesichts ihrer Variante vom Prenzlauer Berg sich vorgestellt haben mögen. Sie ist eine ganz außerordentliche, das Bewußtsein weitende Hervorbringung des späteren bürgerlichen Zeitalters, und noch immer, noch in ihrer Schwäche ein Gegengewicht für dessen auswachsende Medienindustrie. Diese Literatur zu zerstören wäre ein Akt bürgerlicher Selbstzerstörung. Es ist notwendig, den sogenannten deutschen Literaturstreit fortzusetzen, doch endlich in der Gegenrichtung.

THOMAS E. SCHMIDT

Der Friede der Dichter und der Krieg der Lektoren

Über die neueste deutsche Literatur auf dem Markt und in der öffentlichen Kritik

Es war vor ein paar Jahren, da wurde jemand von einem stechenden Mangelgefühl gepiesackt, weil es den großen deutschen Gegenwartsroman nicht gibt, kein Erzählwerk von hohem literarischen Rang, das dem Wunsch nach Wiedererkennung der deutschen Wirklichkeit nachkomme, unsere Zeit in erzählte Gedanken gefaßt, dem Kulturbürger ein Angebot zur Identifikation unterbreitend und auch im Ausland angesehen. Es war der Ruf nach einer neuen deutschen Nationalliteratur, der sich darin kundtat, aber kein Autor bot sich an, auf das Podium eines Repräsentanten gehievt zu werden, geschweige denn, daß einer Lust gehabt hätte, sich in diese Rolle zu begeben. Die Literatur aber mußte plötzlich erklären, warum sie sich den Realien des gerade vereinigten Landes so wenig gewachsen zeigte, sie beharrlich ignorierte: nur Nabelschauen im Literatur-Land und gequälte Selbstbespiegelungen mit sich und der Epoche nicht-identischer Dichter. Damit war kein Staat zu machen.

Während der 80er Jahre war das Interesse an deutschsprachiger Gegenwartsliteratur ziemlich gesunken. Das Lesepublikum griff nach ausländischen Romanen, nach den US- oder Lateinamerikanern, Umberto Eco prägte die Lesebedürfnisse nachhaltig. Diese Literatur war oft unbekümmert narrativ, spielte mit den metaphysischen oder sogar spirituellen Bedürfnissen ihrer Leser. Häufig war sie auch qualitativ besser als das, was sich an literarischem Deutsch-Protestantismus aus den 70ern hinübergerettet hatte, Bezichtigungs- und Selbstbezichtigungstexte, Verständigungsprosa einer Szene, die das Verblassen ihrer letzten linken Mythen nachlesen mußte. Dergleichen Befindlichkeiten interessierte die meisten Leser nicht. Wie also der neuen deutschen Literatur wieder Resonanz verschaffen?

Eine Lösung präsentierte 1993 der im Frankfurter S. Fischer Verlag für die deutsche Gegenwartsliteratur zuständige Lektor Uwe Wittstock. Seiner Antwort fehlte alles hölderlinsche Lamento über die Niedrigkeit der Deutschen, die es nicht schafften, die aktuelle Epopöe ihrer Nation hervorzubringen: Daß es keine große (und er meinte das quantitativ) deutsche Literatur der Gegenwart gibt, liege an ihrer *Unvergnüglichkeit*. Was da seit der Blüte der Gruppe 47 an Jetztzeitdichtung noch fortwelke, sei eine Projektion von Kritikern, die von ihrem Modernismus nicht lassen können, langweilig und überkanditelt, leserfeindlich aus Prinzip, hochgehalten nur von Literaturbetriebsräten, die ihre altlinke Meinungsführerschaft auch *in aesthеticis* zu wahren wissen.

Natürlich kommt deutsche Gegenwartsliteratur zuweilen gespreizt daher, noch öfter ist sie schwer verkäuflich. Es fehlte ihr häufig jenes *tua res agitur*, die – sei's minimale – Übereinstimmung der Fiktion mit den lebensweltlichen, den medialen oder ästhetischen Erfahrungen potentieller Leser. Und Wittstock hatte auch nicht unrecht, wenn er darauf verwies, daß die Auseinandersetzung um die ästhetische Moderne in der Bundesrepublik auch politische Empfindlichkeiten betreffe – in Westdeutschland, das die Maßstäbe der modernistischen Kunstavantgarden als symbolischen Ausweis seiner Westbindung adaptiert hatte und wo die Literatur im Fahrwasser einer gesellschaftskritischen Philosophie auch als Teil einer auf die NS-Verbrechen bezogenen Gedenkkultur galt.

Wittstocks Argumenten wurde schnell mit dem Hinweis auf offenbare Verlagsinteressen begegnet. Gewiß hatte sein Vorstoß auch diesen Aspekt. Aber was fortwirkte – und nun zur Wiederauflage der Kontroverse führte: Wittstock legte weitreichende Schlußfolgerungen nahe. Denn was geschieht mit einer Literatur, die ihr eigenes Prinzip der Innovation nicht mehr erfüllen kann und künstlerisch erstarrt? Verliert sie nicht auch ihre politische Brisanz, ja überhaupt das Recht, Teil eines politischen Diskurses zu sein? Und trifft das dann nicht auch die literaturvermittelnden Institutionen? Wittstocks Verdikt hatte etwas kalkuliert Nietzscheanisches, klang nach Rückforderung der fröhlichen Wissenschaft, was bei ihm hieß: liberale Unterhaltungsschriftstellerei, Einebnung einer gehegten und bewachten Differenzkultur, Forderung nach Vermischung von »E« und »U« gemäß angelsächsischem Vorbild. Schriftsteller wie Sten Nadolny, Bodo Kirchhoff, Hanns-Josef Ortheil oder Matthias Politycki pflichteten ihm bei.

Wittstock wurde vom Suhrkamp-Chef Siegfried Unseld widersprochen. Was da zur Disposition gestellt wurde, war schließlich nicht weniger als das Qualitätssiegel *Suhrkamp-Kultur*, ihr normsetzender Intellektualismus, die für die alte Bundesrepublik spezifische Liaison des Literaturbetriebes mit einer politisch-philosophischen Kultur, die der Verlag pflegte, das System der langfristigen Autorenbetreuung, das ihn zuweilen zwang, auch schwächere Produkte als notwendige Stufen im Entwicklungsprozeß eines Œuvres auszugeben. Wittstocks Diagnose reichte noch weiter, war eine kleine, flache Kulturphilosophie und meinte das gesamte »Subsystem« der Literaturvermittlung, auch die Institution der Kritik. Doch sein Appell, mit der Feste der intellektualistischen Literatur auch das Haus der alten »E-Kritik« zu schleifen, konnte nur deswegen so markig ausfallen, weil sich die Literaturkritik differenziert hatte: Hie die Feuilletons der großen Tages- und Wochenzeitungen, dort Buchkritik als verlängertes Verlagsmarketing, als Vermeidung von Urteilsfindung durch Autorenporträt und Interview, wie es der *Spiegel* betreibt, die *Brigitte* oder *Die Woche*.

Die Stunde der Lektoren

Wittstocks Kritik der Differenzkultur war so etwas wie eine symbolische Schändung von Adornos Begriff des »Ästhetischen« als einer stilisierten Form, in der eine über sich selbst aufgeklärte Aufklärung dem Begrifflichen und dem Gesellschaftlichen trotzte. In Wittstocks Epochenbild vom literarischen Leben schwang demgegenüber etwas von Einlösung alter egalitärer Ideale mit, etwas von »Kultur für alle«, von jener seltsamen Utopie der Proliferation der Kulturwerte, die letzten Endes auch Veranstaltungen wie dem *Literarischen Quartett* zugrunde liegt. Was Wittstock neben der Orientierung an den »Erzählmustern routinierter Unterhaltungsautoren« einfordert, ist ästhetisch anspruchslos: »Doppelcodierung« des Werks (im Sinne eines Synkretismus von Modernität und Tradition), Perspektivierung des Erzählens, sprachliche Eingängigkeit, Aufmerksamkeit erregende Sujets. Das alles glitzert vergnüglich unterm Lampion einer »Postmoderne«, die ein milder, sozialdemokratischer Paul Feyerabend angezündet haben könnte.

Wittstocks Literatur, für die es ja inzwischen eine Reihe von Beispielen gibt – ob Ulrich Woelk, Josef Haslinger, Christoph Ransmayr oder Patrick Süskind –, legitimiert sich durch Verkäufe; da muß die Kritik nicht mehr gefragt werden. Wegen ihrer dosierten Anleihen beim Avantgardismus kann die gediegene Unterhaltungskunst gleichwohl auf einen Image-Transfer von seiten des Hochliterarischen hoffen. Sie erzeugt keinen Erklärungsbedarf, eher die Illusion wiedergefundener Unmittelbarkeit (zumindest des Verstehens). Mögen ihre Plots komplex, ihre Charaktere verschroben (also »modern«) sein, am Ende lockt sie den Leser mit Sinnversprechen, belästigt ihn vor allem nicht mit einer kalkulierten Verstörung, die avantgardistische Literatur auszeichnete. Die Kategorie des »Vergnügens« spekuliert auf die Lust der Wiedererkennung des Vertrauten.

Unterdessen sind die Claims abgesteckt, die Argumente

ausgetauscht. Warum jetzt noch die Fortsetzung der Debatte mit Streit- und Programmschriften? Suhrkamps Lektor für neuere deutsche Literatur, Christian Döring, läßt gleich 14 alliierte Autoren gegen die »Verächter« der deutschsprachigen Gegenwartsdichtung antreten, während Wittstock seine Beobachtungen und Thesen für ein Buch eigens neu formuliert hat. Beide Veröffentlichungen klingen stark nach Selbstrechtfertigung.

Es fällt auf, daß beide Verlage ihre literaturpolitischen Aktivitäten in einem Augenblick erneuern und bündeln, da die Literaturkritik in Deutschland viel von ihrem Nimbus verloren hat. Überdies hat die Veränderung der Wahrnehmungsmuster in Hinblick auf alles, was narrativ zu sein signalisiert, in einem veränderten Fernsehmarkt auch die Belletristik nicht unbeeinflußt gelassen. Was früher gut genug war, feine Unterschiede zu markieren, wirkt heute hochmütig oder verstiegen. Ein Verlagsprogramm wie das Suhrkampsche, das dem nicht Tribut zollen möchte, ist in besonderem Maß auf eine geneigte Öffentlichkeit angewiesen, stärker als je zuvor.

Die eigentliche Adressatin des Suhrkamp-Bandes ist infolgedessen auch nicht die Dichtung, sondern die etablierte Literaturkritik. Immer wieder gerät das *Literarische Quartett* als Gegner vors Visier. Ein Uwe C. Steiner behauptet, Kritik versande gegenwärtig in Subjektivismus, Moralisierung und biographieseliger Neugier – eine These, die allerdings wohl von falscher Mediennutzung zeugt. Mancher Jungautor pflegt bei Döring im forschen *taz*-Ton auch nur seine (anderwärts beklagten) Idiosynkrasien.

Andere behaupten die »Zeitgemäßheit« der deutschen Literatur, wie Hajo Steinert: »Auch wenn noch kein neuer Döblin in Sicht ist, Berlin ist das große Thema. Noch nähern sich die Autoren ungeduldig ihrer Stadt, packen alles rein, was die Stadt ihnen bietet.« Zeitgenossenschaft, Urbanität, das richtige Metropolen-Existenzgefühl – kein Grund zur Sorge mithin, bloß daß aus so viel Klischees keine Literatur entsteht. Jochen Hörisch schließt die Literatur an ein neues Theoriemodell an, Legitimation durch Medienphilosophie: Literatur gewinne Wert, indem sie sich an der Medialisierung unserer Kultur stählt. Fiktion sei nicht gleichbedeutend mit »Virtualisierung«, Schrift Widerstand gegen das Verschwinden des Seienden auf den Datenautobahnen. Fiktion ist dann ein Mittel zur Erleichterung vom Realitätsdruck, zur Therapie von Eliten: »Das unzeitgemäße Medium Literatur wird unter medienhistorisch vollständig revolutionierten Umständen wieder eine Funktion einnehmen, die ihm historisch nicht ganz unvertraut ist: nämlich die Funktion, für die gebildeten Stände alternative Wirklichkeitsversionen zur Diskussion bereitzuhalten.«

Aus der Zurichtung auf das im Augenblick als unhintergehbar angesehene (weil mit dem Nimbus des technischen Fortschritts ausgestattete) Modell der medientheoretischen Weltauslegung erwächst noch nicht eine ästhetische Beschaffenheit, auch nicht hohe künstlerische Qualität. Mit Genugtuung verabschiedet Hörisch denn auch die Literaturkritik mit einem Zitat von Hanns-Josef Ortheil: Wir müßten »am Ende vielleicht weniger eine ›schwache Literatur‹ betrauern als eine Schwäche derer, die sie zu deuten hätten: der Interpreten«.

Also sehen die Lektoren ihre Stunde gekommen. Sie schicken sich an, unterm Banner der Verantwortung für die Dichtung die Unübersichtlichkeit des Betriebes zu ordnen. Lektoren mit literaturkritischen Ambitionen hat es zwar auch früher gegeben, nun aber mögen sie sich dem Ethos der Unsichtbarkeit überhaupt nicht mehr fügen, sie drängen in die Medien – und zwar als Strategen im Literaturkampf. Auf die Instanzen der Kritik wollen sie nicht mehr vertrauen, sie erobern sich die Öffentlichkeiten für ihre Schützlinge, indem sie selbst als deren Propagandisten auftreten, oder sie verschaffen sich Zugriff auf die Programme der Literaturhäuser.

Verfolgt man die Auseinandersetzung, dann befremdet

das niedrige theoretische Niveau. Nach Wittstocks *Leselust* kommt eigentlich nur noch die Konferenz der Verlagsvertreter. Auch viele Beiträge aus Suhrkamps Apologie schaffen kaum die Aufnahme ins Proseminar. An einer ästhetischen Debatte ist keiner interessiert. Das »Ästhetische« als Metapher für eine spezifische Widerständigkeit des Werks gegenüber seiner Ausdeutung hat ganz offensichtlich an Faszination eingebüßt. Für Wittstock aus den erwähnten Gründen, aber auch Suhrkamps Hausavantgarde nimmt von dieser Lesart der Autonomieästhetik Abschied, wo sie die Reflexivität der Dichtung bis zur Universalisierung des Semiotischen treibt.

Denn Literatur, die nur noch ihre Sprachlichkeit oder ihre Textualität reflektiert, enthält dann vielleicht unerhörte Begebenheiten aus der bittersüßen Liebesgeschichte zwischen Signifikant und Signifikat, benötigt dazu aber kein subjektives Bewußtsein, das mittels Sprache seine Einzigartigkeit und Unverwechselbarkeit inszeniert. Eine auf Medien- oder Texttheorie bezogene Literatur muß »Subjektivität« scheuen. Das »Ästhetische« setzt aber *gestaltete* Formen und Gehalte voraus, andere sind nicht kritisierbar.

Realismussyndrom

Heftige Klage über die fehlende ästhetische Reflexion – und über die mangelnde ästhetische Reflektiertheit der jüngsten Literatur – führt Karl Heinz Bohrer. In seinen Augen verbirgt sich hinter der Forderung nach dem großen lesbaren Epochenroman der alte deutsche Wunsch, die Zeit in Gedanken zu fassen, um sie dann (die Gedanken *und* die Zeit) desto besser zu beherrschen. Das sei Ausdruck des späthegelianischen Vertrauens in verbindliche Gegenwartsauslegungen, also gleichbedeutend – schlechtes Erbe des 19. Jahrhunderts – mit der notorischen Verstellung von Wirklichkeit durch Philosophie. Entsprechend sei die Rückkehr zu wohligem Narrativismus nicht nur eine künstlerische Banausie, sondern eine existentielle – eine Flucht in den »bürgerlichen Realismus«, der ohne viel Realität auszukommen gelernt hat und auch seine Bürgerlichkeit nur als Selbsterregungskunst zelebrieren kann.

Bohrers Verve adelt ihn, harsche, wahre Worte gegen den Flachsinn geläufigen Literatur-Geredes, zumal wo es sich geistespolitisch aufspreizt. Aber was Bohrer an Vorbildlichem dagegen aufbietet, ist ein ziemlich weit in die zeitlichen Fernen entschwundener Kanon, etwas so Heiliges und Altes, daß es uns am liebsten gar nicht mehr erreichen soll. Es ist das Lied von der nicht zustande gebrachten deutschen Kunstmoderne, im Lande, wo die Wohligkeit der Anagnorisis immer höher geschätzt wurde als Schauder oder Erschrecken. Dieser Cato mahnt immer wieder an den hierzulande »inoffiziell« gebliebenen Strang Frühromantik, Surrealismus, Kafka, Musil, Peter Weiss. Von den Jungen läßt Bohrer keinen gelten, seine Liste endet bei Enzensberger, Kluge und Handke – das ist, bei allem Respekt, heute auch nicht mehr progressive Universalpoesie.

Danach, so der Eindruck, komme nur noch Verfall – und der Deuschen Fixierung aufs Realismussyndrom. Bohrers Bitterkeit will demonstrieren, daß einer, der nichts von seinem Qualitätsanspruch preiszugeben bereit ist, gar nicht anders kann, als den Rapport mit der literarischen Gegenwart aufzugeben. Deshalb wirken die von ihm erwähnten Autorennamen beinahe wie die Vorbilder einer normativen Ästhetik. Bohrers »Ästhetisches« wird zum *Wert*, und am Ende auch zu einer autoritativen intellektuellen Setzung.

Nicht zugehörig

Tatsächlich hat die Historisierung des »Ästhetischen« in der aktuellen Literatur längst eingesetzt. Das Ästhetische war ja auch nicht eine dissidentische oder rebellische Unterströmung, wie Bohrer zuweilen glauben machen wollte, sondern ein von der Kritik all die Jahre eingeklagtes Charakteristikum der bundesdeutschen Literatur. Von der kurzen Phase einmal abgesehen, während derer die Autoren utopische Entwürfe verfaßten, waren Literatur und Literaturkritik durchaus von einem gewissen Pathos der Distanz gegenüber kollektiven oder politischen Vereinnahmungen geprägt. Die Negativität, auf die sie durch Adornos *Ästhetische Theorie* verpflichtet worden waren, entfaltete Wirkung.

Nun wird die Verbindlichkeit dieser Gestalt von Autonomieästhetik von jüngeren Autoren bestritten, genauer: Sie kümmern sich einfach nicht mehr um jene Empfindlichkeiten – ohne daß sie sich in den Dienst irgendeiner anderen Idee stellen ließen. Ob Wolfgang Hilbig, Reinhard Jirgl, Thomas Kling, Thomas Hettche, Jens Sparschuh oder Durs Grünbein: weder verspüren sie den Drang, sich zu einer neuen Avantgarde zu erklären noch nach »Vergangenheitsbewältigung« oder nach Revisionen ihres Ost- oder Westdeutschlands, noch träumen sie von einem literarischen Hollywood; und die »Hinwendung zum Narrativen«, zur angelsächsischen Tradition oder einfach zum schlechten Geschmack bleibt die Domäne der Literaturstrategen. Der Ästhetizismus vermag ebenfalls keinen Glanz mehr zu entfalten. Die Stilisierung zum Großen Nonkonformen will, wo der Kommunitarismus oder der Fatalismus der Systemtheorie das Lebensgefühl prägt, niemandem mehr so recht gelingen. Die Typen, in denen sich die Haltung des »Ästhetischen« einmal repräsentierte, sei es im konservativ-anarchischen Dandytum oder in der Figur eines unberechenbaren, »situationistischen« Intellektuellen, diese Typen existieren nur noch als Karikaturen. Autonomie unterm Banner des Ästhetischen wird heute nur noch in neo-georgeschen Kunstgottesdienst-Zirkeln gepflegt, oder indem man sich ostentativ politisch unkorrekt geriert.

Die neuere Literatur knüpft künstlerisch dort an, wo es

ihr geboten erscheint. Sie ist durch einen Voluntarismus in der Wahl ihrer künstlerischen Mittel, vielleicht sogar durch Dezisionismus geprägt, nicht durch gezielte Absetzbewegungen. All die literarischen »Neuanfänge« in den vergangenen Jahren, ob im Zeichen der Jugend oder des biographischen Bruchs, waren nicht von einem Streit um die legitimen künstlerischen Mittel begleitet. Eine »Querelle des Modernes et des Postmodernistes« hat es nicht gegeben. Die Auseinandersetzung mit der Vorherrschaft der Gruppe 47 oder mit den gemäßigt oppositionellen Großschriftstellern der DDR war 1990 und später nur unter ideologie-politischen Vorzeichen geführt worden. Der politische Größenwahn der einen und die moralischen Verstrickungen der anderen wurden unter einer unvermutet wiederhergestellten Rechts-Links-Polarität im Medium der *politischen* Rede verhandelt.

Als die Gruppe 47 antrat, gab es mehr Grund, eine neue deutsche Literatur auszurufen, als heute. Das Ende der 50er läßt sich nicht mit dem Ende der 80er in Analogie setzen, es gibt keine Bergengruens, Vespers oder Wiecherts abzuräumen. Die Jungen von heute stehen auf den Schultern von Riesen. Was die neuere Literatur charakterisiert, die nicht nur im Sujet, sondern auch poetologisch signalisiert, nach 1989 geschrieben zu sein, das ist das Fehlen von Zorn und Wildheit. Was in die Augen fällt, ist die Friedfertigkeit der gerade reüssierenden Schriftsteller. Kaum suchen sie sich Reibungsflächen, stehen nicht ausdrücklich *gegen* eine andere Dichtung, und wie man als Schriftsteller leben soll, da orientiert man sich eher am Doktor Benn, der sich ins Gehäus in der Bozener Straße zurückzog (aber nach was für einer Erfahrung von Geschichte!).

Die interessanten deutschen Autoren drängen sich nicht auf das Forum, sie stehen als Beobachter in den Wandelgängen, verfolgen jedoch aufmerksam, was öffentlich gesprochen wird. Die Literaturkritik wäre nicht gut beraten,

Autoren in der Manier einer Präzeptorin auf die Spielregeln und Gepflogenheiten der politischen Öffentlichkeit zu verpflichten, wo die gerade *als Literaten* Distanz dazu errichten. Die jüngeren Schriftsteller, ob in der DDR oder in der Bundesrepublik geboren, signalisieren, daß negative, subjektive Freiheit für sie derzeit so etwas wie das höchste Gut darstellt – die Lust, sich nicht zugehörig fühlen zu müssen.

Dazu gehört auch die Freiheit zur Nichteinmischung in öffentliche Belange und das Privileg, einen unvoreingenommenen, scheinbar unbeteiligten Blick darauf werfen zu können. Möglich, daß die für die Literatur produktiven Konfliktlinien heute anderswo verlaufen als bisher. In einem kulturell vorläufig bloß durch politische Rhetorik geeinten Land hat die Skepsis gegenüber der Beschwörung von Gemeinsamkeit und Gemeinwohl nichts »Unpolitisches«. Das Schreiben ruht gleichsam der Furcht vor einer kommunikativen Zwangssozialisation auf und markiert vor allem die Nicht-Zugehörigkeit des Individuellen. Im Verhältnis von öffentlicher und privater Sphäre hat sich in den vergangenen Jahren manches verändert. Die aktuelle Literatur gibt Nachricht vom Verfall des privaten Lebens.

KARL HEINZ BOHRER

Erinnerung an Kriterien

Vom Warten auf den deutschen Zeitroman

Das Theater, das um das als deutscher Epochenroman angelegte Buch *Ein weites Feld* aufgeführt worden ist, hat nicht nur bestätigt, daß Günter Grass als Künstler seit langem überfordert war und überfordert worden ist. Was nunmehr alle Kritiker des neuen Romans zumindest erkannten, hat man seit langer Zeit wissen können: Die sowohl artistischen als auch intellektuellen Möglichkeiten des zur Repräsentationsfigur der deutschen Nachkriegsliteratur Stilisierten liegen unterhalb dessen, wodurch ein imaginatives Kunstwerk sich von einem in vieler Hinsicht engagierten Prosastück unterscheidet. Aber die Kritik, die nunmehr sich ratlos gibt, ist vom geistigen Haushalt des Kritisierten nicht weit entfernt. Es wird so getan, als ob Günter Grass nur individuell an einem Projekt gescheitert sei, dessen Ausführung eigentlich aufs innigste zu wünschen wäre: der große politisch-historische Zeitroman.

Daß Grass auf eine solch abwegige Idee verfallen konnte, verdankt sich zunächst einmal einem in falsche Richtung gewiesenen Ehrgeiz, dann aber auch einem inzwischen abgestandenen Literaturverständnis, das schon sehr bald nach der *Blechtrommel* seine Märchen- und Fabelmotive ins Kunsthandwerkhafte zog, an dem eine literarisch eher anspruchslose Leserschaft Gefallen fand. Daß die Kritik, und nicht allein die in diesem Fall wohl lautstärkste von Marcel Reich-Ranicki, seit Jahren schon den deutschen Gegenwartsroman fordert, verweist auf das eigentliche literarische Desaster.

Die literarischen Standards sind auf dem tiefsten Niveau der Nachkriegszeit angelangt. Es bedarf nur des Blicks auf die exotischen Wörterwonnen anläßlich von Christoph Ransmayrs ovid-mythologischer Phantasie *Die letzte Welt*, um sich dieses Verfallsprozesses als eines allgemeinen und notwendigen zu vergewissern. Es sangen die junge Barden in den großen Blättern vom Ruhm der neuerschienenen Epopöe, sozusagen von des Weltgeists Gnaden, der Weltpoesie Hoffnung! Die Pointe ist: Auch hier wurde mit dem gewaltigen Stoff- und Themaargument beeindruckt, ohne darüber nachzudenken, daß es nicht ausreicht, Ovids *Verwandlungen* noch einmal nachzustellen. Daraus wird Kunstgewerbe. Man suggeriert einem neugierigen, aber historisch erinnerungslos gewordenen Publikum große Welten, setzt auf viel Buntes, womit man dann vorgeblich den »Hunger nach Gegenständlichkeit«, die »Gier nach Bebilderung der Welt« befriedigt. Umgekehrt ist es charakteristisch, daß man seit Jahren schon der Jelinek originäre Phantasie kaum als solche begreift, sondern die Provokation, die von ihr ausgeht, als reale Zumutung gegenüber dem sozialpsychologisch Verträglichen inhaltlich bilanziert. Statt Erkenntnis des Imaginativen – kaum verhüllte moralische Wertung. So bleibt das eigentliche Vermögen der Literaturkritik auf der Strecke. Insofern ist der Erfolg des *Literarischen Quartetts*, an dessen Simplizität und Vulgarität – offenbar die Bedingung dieses Erfolgs – andererseits zu Recht Anstoß genommen wird, nur das Symptom der generellen Misere: Es handelt sich sozusagen um das übriggebliebene Satyrspiel (in der teutonischen Fassung mit Kasperle, Teufel, Gretel und wechselndem dummem Bauern), nachdem die Erhabenheit der Kritik verschwunden ist.

Jedoch es stimmt: Die Quintessenz der Moderne, das reflexive Ich, ist etwas grau geworden; wer glaubt, diese Subjektivität literarisch aussortieren zu können, muß wissen, was der Preis ist.

Wahrscheinlich begann dieser Irrweg, der Frustration gegenüber den Abstraktionen moderner Erzählung entkommen zu können, mit dem Slogan der frühen siebziger Jahre, der sich in den achtzigern nicht mehr veränderte: »Man erzählt wieder!« Dieser Slogan war nicht etwa der zynische Einfall, sich zur intellektuellen Ereignislosigkeit zu bekennen, sondern vor allem das gekonnt Handwerkliche als der ästhetischen Weisheit letzten Schluß zu betonen. »Man erzählt wieder!« wurde der Quark, der nun so breitgetreten ist, daß alle darauf Platz haben. Was war vor diesem Quark? Nun, vor allem wohl der Nouveau roman von Alain Robbe-Grillet, Natalie Sarraute und Michel Butor. Brisante, hochreflektierte Konzentrationssprache, der sich bald Zeitschriften wie *Tel Quel* zur Seite stellten, von deren theoretischer und emotioneller Vibration man in der Bundesrepublik nur träumen konnte. Aber diese Brillanz, diese Einheit von Philosophie und Literatur, ist im Land, das diese Einheit einmal erfunden hat, nicht erkannt worden, denn auch diese Erfinder – die deutsche Frühromantik – waren vom gleichen Moralismus, der sich jetzt in Grass darstellt, auf den antifaschistischen Index gesetzt worden. Aber mehr noch war es wohl die allgemeine pragmatische Zeitenwende, die den einzigartigen Anfall von theoretischer Intelligenz nicht mehr ertrug.

Mit immer größerer Lautstärke wird verkündet, Literatur habe es seit jeher mit interessanten, möglichst nationalen oder doch gesellschaftlich relevanten Stoffen zu tun beziehungsweise psychologischen Beobachtungen: vom Erzählen von Stoffwelten. Buchstäblich: Es wird gepredigt, man müsse wieder erzählen, wie Tolstoi, Fontane oder Thomas Mann es getan hätten. Zwischen Grass' Fontane-Reverenz und Reich-Ranickis Thomas-Mann-Reverenz gibt es nur die Uneinigkeit darin, daß die deutsche Wendezeit, noch besser: der deutsche Wenderoman, auf seinen Erzähler warte. Der eine meint, dieser Erzähler sei da, der andere wartet noch. Auch wenn der eine dem anderen (törichterweise) Stalinismus vorhält – beider Literaturkonzept hört sich an wie eine Schwundstufe des späten Lukács! Was einst gegen die »Décadence« der westeuropäischen Moderne gesprochen worden ist, wird nunmehr wiederholt, pikanterweise vor einem ahnungslosen bürgerlichen Publikum, das die Prinzipien des realistischen Romans um so widerstandsloser als Vorbild übernimmt, als von den moralisch und formal abgründigen Formen der klassischen Moderne, von jener »Décadence« eben, hierzulande kaum eine Ahnung mehr übrig ist. Daß der realistische Roman täglich im Fernsehen gegeben wird, er also längst existiert, darauf sind beide, nur vordergründig Kontrahenten, nicht verfallen, weil ihre Bornierungen zu groß sind. Bei dieser allgemein verbreiteten Erwartung hat wohl auch die Rezeption eines bestimmten Typs des südamerikanischen Romans eine Rolle gespielt: nicht Borges oder Cortázar, die beiden argentinischen Erben der europäischen Moderne, sondern eher García Márquez und seine *Hundert Jahre Einsamkeit*. Die exotisch-archaische Gewalt dieser authentischen Phantasie, verknüpft mit der politischen Botschaft aus der Dritten Welt, setzte einen neuen Maßstab: den des Exotismus und Antiformalismus. Indes sind diese interessanten Entgrenzungen des europäischen Bewußtseins kein Argument für die Sorte der Forderung nach epischer Größe, wie sie zur Zeit im Schwange ist.

Seit Edgar Allan Poe die Beschreibung des Selbst als ein solches schriftstellerisches Wagnis bezeichnete, bei dem sich die Feder auf dem Papier sträube, war schon das Ende der stoffbesessenen Epopöe, des Gesellschafts- und Zeitromans in Sicht. Wenn Balzac die Pariser Gesellschaft zwischen Napoleonischer Epoche und Zweitem Kaiserreich noch einmal zum Leuchten brachte, dann deshalb, weil ihm die Geschichte, also die Zeit, und die Metropole, also der Raum, als dämonische Größen noch zur Verfügung standen. Mit anderen Worten: die geschichtsphilosophische Kategorie. Aber seitdem ist diese einst so Erhabene ein wenig zur Hure geworden. Sie wurde eigentlich nur von den *poetae minores* des 20. Jahrhunderts noch bemüht: natürlich von Stefan Zweig, es entstanden die *Sternstunden der Menschheit*, gewiß auch von Heinrich Mann, es entstand *Henri Quatre*. Es handelt sich bei diesem in seiner Weise großartigen Werk aber um kein Paradigma moderner Prosa, sondern um den ingeniös nacherzählten Stoff aus der Zeit der französischen Religionskriege, auch als antifaschistische Parabel gedacht. Ähnliches gilt für Anna Seghers' *Das siebte Kreuz*.

Aber hatte nicht Proust dem neuen Jahrhundert ein Beispiel gesetzt, wie die große Gesellschaftserzählung aussehen könnte? Dieser Hinweis würde für die Anwälte der Geschichte nicht weit führen: Hier geht es ja gerade um die Perspektivierung durch ein erinnerndes Bewußtsein, wobei der Modus dieser Erinnerung alles ist! Daß man dabei viel über die Pariser große Gesellschaft in der letzten Entfaltung ihrer gebrochenen Farben erfährt, macht Prousts Werk noch nicht zum »erzählenden« Roman. Wie die Poesche Forderung es prophezeite, hatte es die Literatur, die erzählt, seitdem immer weniger mit epischen Stoffen und Geschichtszeiten zu tun, sondern mit einer fortschreitenden, punktuell immer konzentrierteren Analyse des Ichs. Die Zeit ist verloren, der Mensch hat keine Eigenschaften. Der Roman wurde zur lyrischen Prosa und zur Autobiographie beziehungsweise zum Tagebuch. Von Kafka oder Leiris *(Mannesalter)* bis Pavese *(Handwerk des Lebens)*, von Peter Weiss *(Abschied von den Eltern)* bis Peter Handke *(Mein Jahr in der Niemandsbucht)*, ob klassische Moderne oder Spätmoderne – die unsere intellektuelle Phantasie ansteckenden Schriftsteller sprechen vom Ich, expandieren es auch nicht mehr zum Stoffgebiet.

Die Formel, die für diese Entwicklung gefunden wurde, stammt von André Breton, der einmal bemerkte, der Roman, der mit dem Satz beginne, die Marquise ging um fünf Uhr früh aus, sei unmöglich geworden. Er wollte einem konventionell erstarrten Wiederholungsroman sagen, daß sein Hantieren mit den tradierten Klischees der Erzählung, in der ein Held dies oder das tut, um schließlich dies oder das zu erfahren, endgültig außer Kurs gesetzt worden sei. Nicht bloß, weil die Autorität eines solchen Erzählers als Weltenschöpfer nicht mehr geglaubt würde. Das wäre nur die schwache, exkulpierende Form der Erklärung; die selbstbewußte lautet: weil diese Welten auszuschöpfen angesichts von journalistischer Reportage, Soziologie und Zeitgeschichte dem ehrgeizigen, auf Imagination setzenden Schriftsteller bedeutungslos geworden ist. Subjektive Selbstvermessung wurde das unendliche Thema. Novalis' Satz »Nach innen geht der geheimnisvolle Weg« hat schon vor zweihundert Jahren dieser Moderne die Richtung gewiesen. Allerdings muß dieses Innen nach etwas aussehen, damit der Weg geheimnisvoll werden kann. Diese Subjektivität hat nichts gemein mit dem, was man neuerdings als Authentizität beschreibt. Damit hat sie geradesowenig zu tun wie mit den psychologischen Details der zeitgenössischen Helden aus diversen Romanen angesehener mittelständischer deutscher Autoren, bei denen nach wie vor die Marquise, nein: nunmehr ist es der Lehrer, um fünf Uhr ausgeht.

Bretons Bemerkung war als Dekret gegen den bürgerlichen Roman gemeint – im Namen des Surrealismus, der Erzählstücke wie *Nadja* und *Le Paysan de Paris* erfunden hatte. Diese Bemerkung könnte als eines der Zehn Gebote im Katechismus der Moderne gelesen werden. Wollte man die totgesagte, aber zumindest als Regulativ noch immer wichtig bleibende Moderne auf diese Relevanz hin prüfen, dann gälte es die Gültigkeit ihrer Zehn Gebote darzutun. Das soll in einer späteren Diskussion zur Unhintergehbarkeit der Moderne geschehen. Hier soviel nur: Daß Bretons apodiktischer Satz unhintergehbar ist, müßte zum Beispiel erklärt werden. In diesem Zusammenhang wäre auch die ästhetiktheoretische, die bewußtseinsreflexive und deswegen auch die stilistisch-psychologische Haltlosigkeit der Rede vom neuen Zeitroman darzutun.

Ohnehin klang die Erinnerung an Thomas Mann oder Fontane, die zur Zeit wieder so hohe Konjunktur hat, immer schon aus dem Munde derer, die diese Autoren so inbrünstig erwähnten, ein wenig illiterat. Die Art und Weise, wie hier Mann und Fontane erwähnt wurden, hatte zuweilen etwas hoffnungslos Unkünstlerisches, verstockt Ideologisches, intellektuell Spießiges. Schon die Hymnen auf Mann in der Nachkriegsgermanistik bekamen einen nicht recht definierbaren Beigeschmack. Die germanistische deutsche Seele fand da etwas innerhalb der modernen Literatur, dem sie uneingeschränkt beipflichten konnte; vielleicht auch deshalb, weil dieser Dichter gar nicht so modern war, sondern dem eitlen Bildungssinn etwas zu verstehen gab, an dem dieser sich nicht übernahm? Wie auch immer – Mann und Fontane ist das eine –, sie so kulturselig im Munde zu führen das andere. Es würde sich schnell herausstellen, daß mit ihnen im Bunde keine zukünftige Literatur vorstellbar ist, dagegen dort, wo wirklich noch Literatur entsteht, Bretons Satz nach wie vor beachtet ist.

Wahrscheinlich hat man geglaubt, einen Katechismus der Moderne vergessen zu können, weil dessen wichtigstes Gebot, sein Apriori sogar, mit der Forderung nach formaler Innovation gleichgesetzt wird, etwa eine weltlose, radikal selbstreferentielle Wortkunst und Sprachspiele, die sozusagen im Laboratorium von Wörterkarteien sich fortzeugen in gezielter Anordnung lexikalischer und grammatischer Beziehung. Oder gleichgesetzt wird mit dem Gestus des Avantgardismus, dessen dezisionistische Exaltation schon von Theodor W. Adorno und dem jungen Enzensberger (gegen den Surrealismus), also zwei Vertretern des Modernismus selbst, ad acta gelegt worden ist. Gegen solche Skepsis ist nichts einzuwenden, wenn dabei nicht der Illusion gefrönt wird, man habe die literarische Moderne disqualifiziert. Denn diese beruht – hier liegt eben der Fehlschluß – nicht auf formaler Innovation oder kulturrevolutionärem Gestus allein, die in der Tat, jedenfalls vorläufig, einer Ruhepause bedürfen. Das Wesentliche des erzählerischen Modernismus hingegen lag darin, daß er die erzählte Gegenständlichkeit der weit fortgeschrittenen Reflexion aussetzte.

Nun hing alles immer vom Bewußtsein des Erzählers, seiner divers trainierten Intelligenz ab, ob die erzählten Inhalte mehr waren als Stoffangebote. Die fabulöse Ironie des sattsam erwähnten Thomas Mann etwa wäre ein solch zu erwartendes Bewußtsein. Aber es geht um mehr.

Manns Ironie zum Beispiel ist letztlich absehbar, nicht unerwartet und undurchsichtig, wie sehr oft die Heines, der deshalb der »modernere« Autor war! Musil hat das in seinem Versuch einer Poetik des Unbewußten erläutert: Die Subjektivität muß so artikuliert sein, daß sie die Konkurrenz spezifisch intellektueller zeitgenössischer Systeme, wissenschaftliche inbegriffen, nicht nur aushält, sondern überbietet.

Hegel hat bekanntlich der Kunst gegenüber der Wissenschaft das historische Nachsehen gegeben, weil sie dies eben nicht mehr vermöchte: nach seiner Einsicht hat die Kunst nach 1800 dem Geist nicht mehr seine höchsten Interessen zum Bewußtsein gebracht. Hegel hat sich bei solcher Qualifizierung der Kunst seiner Zeit, sofern sie auf die Romantik gemünzt war, sicherlich geirrt. Nicht geirrt hat er sich in seinem Kriterium, daß Literatur etwas zu tun haben müsse mit einem prinzipiellen intellektuellen Vermögen. Dabei dachte er allerdings an objektive, wenn auch metaphorische Darstellung universaler Kategorien. Wenn man nun das Objektiv-Universale durch ein Subjektiv-Partielles ersetzt, dann gerät man nicht auf den Abweg subjektivistischer Beliebigkeit, etwas beim schrecklich »Authentischen«, sondern eben bei einem immer noch intellektuellen Modus. Das bedeutet aber auch, daß sich nichts mehr bewerkstelligen läßt über die alten großen Weltthemen, die Hegel zu Recht abgelöst sah durch die Analyse der Wissenschaften.

In Konsequenz der Hegelschen Einsicht, daß die Kunst in dieser objektiven Sphäre der Wissenschaft für immer unterlegen sein müsse, wäre das ganze Konzept eines Epochenromans, wie er seit einigen Jahren in allen Feuilletons gefordert wird, als absehbar undurchführbar zu disqualifizieren. Und in diesem Lichte stellt sich auch das abfällige Kritikerwort, etwas sei »weltlos«, als a priori unsinnig heraus. Welten gibt es nicht mehr zu erzählen, sondern sehr spezifische Perspektiven. Alles kommt vielmehr auf den Charakter der Subjektivität an. Hegel selbst hat die Subjektivität als Modus zukünftiger Kunst erläutert.

Seitdem differiert Kunst eben im Niveau solcher Subjektivität, das heißt durch eine bestimmte Form von Selbstreflexivität, des Sich-in-Beziehung-Setzens zum Nichtsubjektiven. Dies ist das erste Bestimmungsmerkmal der subjektiven Abfälschung von Hegels Definition vom Erkenntnischarakter der Kunst.

Das zweite Merkmal ergibt sich daraus wie von selbst: die theoretische Kapazität. Die großen Autoren der Moderne waren »Theoretiker«: Virginia Woolf und der Augenblick, James Joyce und die Epiphanie, Proust und die *mémoire involontaire*, Beckett und Schopenhauer, Sartre und die Phänomenologie, Musil und die Erkenntniskritik, Aragon und der transzendentale Idealismus, Döblin und die Psychologie, Thomas Mann und der Mythos. Theoretiker nicht in dem Sinne, daß sie sich zu vorhandenen Theorien aktiv rezipierend verhielten, diese variierten, kritisierten und ergänzten. Theoretiker auch nicht darin, daß sie weltanschaulich-ethische oder geschichtsphilosophische Überzeugungen exerzierten, wie es Broch brillant und Hesse naiv taten. Theoretiker vielmehr durch eine souveräne Position im Diskurs der Ideen. »Künstler bilde, rede nicht!«: Liest man die großartige Theorieverachtung Goethes (versus Schiller oder Friedrich Schlegel) angemessen und erkennt man gerade in ihr ein enormes Avancement des Bewußtseins gegenüber der philosophisch-teleologischen Motivation seiner Zeitgenossen, dann wird man diesen Satz nicht mehr benutzen, um die zur Zeit vorherrschende Banausie *in aestheticis* zu unterstützen.

Es ist kein Zufall, daß auch die deutschsprachigen Autoren nach dem Zweiten Weltkrieg, die durch artifiziellen Rang in Erinnerung bleiben werden, samt und sonders solche mit relativ hoher theoretischer Kompetenz sind: Peter Weiss, Arno Schmidt, Hans Magnus Enzensberger, Alexander Kluge, Reinhard Lettau, auch der frühe Wellershoff, nicht zu vergessen die Wiener Gruppe. Und Botho Strauß und Peter Handke – was immer deren Verächter einwenden mögen: Es handelt sich um Künstler von hoher, werkimmanenter Reflexionskraft. Was heißt das zu diesem späten Zeitpunkt der Moderne? Nach dem Gesagten so viel, daß diese Autoren eine Subjektivität entwikkeln (wir können nunmehr auch Stil dafür einsetzen), die den Bewußtheiten vorangegangener Epochen eingedenk ist und ihnen ihre eigene Bewußtseinsstunde aufsetzt. Dabei wird Stil alles. Und eben dies hat Hegel kritisiert. Er gab dem Stil deshalb keine Chance als Alternative zu den Gehalten, weil er seinem klassizistischen Konzept zufolge nicht akzeptierte, daß dieser Stil selbst schon Gehalt war. Daher die Verkennung Hamanns, Friedrich Schlegels, E. T. A. Hoffmanns und Kleists, also der literarischen Größen des Zeitalters, die gerade stilistisch exzellierten.

Umgekehrt ist es eine optische Täuschung zu meinen, Vladimir Nabokovs oder Thomas Pynchons – um zwei der bedeutendsten Romanciers der Gegenwart zu nennen – epische Attraktion stamme vom Thema oder gar Stoff her, so pittoresk oder utopisch er auch zuweilen anmutet. Weder schrieb der eine über sexuelle Perversion noch der andere über Faschismus. Alle Inhaltlichkeit kommt hier ausschließlich aus der enormen Entfaltung eines Stils, genauer einer extrem ausgesuchten Perspektive. Es handelt sich also nicht um den Versuch, die Hegelsche Kategorie des Universal-Objektiven noch einmal einzuholen. Überall, wo dies seitdem geschah oder geschieht, endet das Unternehmen im Akademischen oder Banalen. Die letzten Teile von Musils bedeutendem Versuch *Mann ohne Eigenschaften* sind ein Beispiel für die eine, Günter Grass' *Ein weites Feld* für die andere Möglichkeit. Grass' Roman ist banal, weil er keine entwickelte Perspektive besitzt. Er besitzt diese nicht, weil er – intellektuell wie künstlerisch naiv – meint, noch einmal eine totale Mimesis, also dies Hegelsche Universale, entwickeln zu müssen. Das macht, wie gesagt, jede intelligente Reportage besser. Tom Wolfe, der brillante Reporter des New Yorker *Fegefeuers der Eitelkeiten*, hat bei seinen Gesellschaftsporträts nie intendiert, »Künstler« sein zu wollen.

Eine letzte Konsequenz des Bewußtseins- und Stilkriteriums: das zitierende Verhältnis zu einer unendlichen

Kette der Vorgänger. Der bedeutende Schriftsteller ist auf einem hochgradigen Quivive gegenüber der historischen Tradition. Kunst erbt sich fort durch die Neuformulierung vorangegangener Anordnungen beziehungsweise neue Beantwortung offen gebliebener artistischer Problemstellungen. Ohne Surrealismus kein Peter Weiss, ohne James Joyce kein Arno Schmidt, ohne Kafka kein früher Walser, ohne Brentano und Brecht kein Enzensberger. Damit stellt sich die Frage nach der Epigonalität in einem Sinne, der Begriffe wie die beliebten der »Authentizität« (bezüglich der eigenen Erfahrung) und »Glaubwürdigkeit« (bezüglich des Wahrscheinlichkeitsgrades) irrelevant werden läßt. Epigonalität ist nur in einem internen ästhetischen System auszumachen. Wer als Romancier nicht weiß, was Sartres 1939 erschienener formidabler Bewußtseinsroman *Der Ekel* bedeutet, dem helfen alle aktuellen Einfälle nichts.

Die Gefahr, die bei solch »intertextueller« Bewußtheit entsteht, daß nämlich der neue Autor die vorangegangenen nur variiert, kann nicht zum archaischen Argument dienen, die Vorangegangenen am besten gleich zu vergessen und auf das »Herzblut« wirklicher Erfahrungsberichte und historisch bewegender Themen zu setzen. Die angedeutete Gefahr zeigt nur, daß der Künstler durch ein Nadelöhr muß – nicht durch das Brandenburger Tor kollektiver Stimmungen, seien sie nun sozial, wie bisher, oder national, wie vielleicht morgen. Einen Einwand gilt es noch zu bedenken: Ist diese Inanspruchnahme von Kriterien der Moderne nicht in sich aporetisch, da sie auf jedenfalls temporal Vergangenem besteht und sich damit in Widerspruch setzt zum progressiven Geist der Moderne? Die Antwort darauf lautet: Abgesehen vom oben angeführten Argument, daß die Moderne nicht mit einer unendlichen Reihe innovatorischer Umbildung zu verwechseln ist, enthält der in Aussicht gestellte Katechismus keine formal-ästhetischen Vorschriften im Sinne einer kanonischen Rhetorik, etwa wie die Gesetze der Klassik. Es geht allein um die Erinnerung an gewisse intellektuelle Standards, die – bei aller notwendigen Veränderung – nicht unterboten werden sollten, will man nicht noch nachträglich Hegels Verdikt bestätigen.

Solche Kriterien sind nicht mehr auf der Tagesordnung. Dies um so weniger, als der Verlust des theoretischen Subjektivitätskriteriums und das konservative Mißtrauen gegenüber der Literatur als einem Experiment einhergeht mit einer provinziellen Literaturszene zwischen Akademien, Schriftstellerverband und deren politischem Milieu. Dieses beruft sich – auch in der unsäglichen Debatte um Grass – auf linke Positionen im Sinne einer Märtyrer-Situation. Grass' politische Ansichten sind aber gar nicht der Stein des Anstoßes. Brechts politische Ideen mag man ablehnen – sie haben seine künstlerische Reputation nicht in Zweifel gebracht! Sowenig wie heute Heiner Müllers Stasi-Ausreden ihn als Künstler desavouieren. Nein, es ist die Spezies des bundesdeutschen Kleinbürgers, der uns schon seit Jahren mit seiner spezifischen Gesinnungsliteratur überzieht und der beim Wahrnehmen ästhetischer Kritik schamlos-wehleidig behauptet, er würde einer Gesinnungszensur unterzogen. Die langsame Entstehung dieses Milieus hat seinerzeit Rolf Dieter Brinkmann so bösartig wie witzig beschrieben, um schon damals den stereotyp gewordenen antifaschistischen Bannfluch auf sich zu ziehen. Der Schriftsteller als bekennender *petit bourgeois* ist eine buchstäblich perverse Darstellung eines sozialen Typus, der ursprünglich die Verachtung Baudelaires oder Oscar Wildes oder Bertolt Brechts hervorrief. Man stelle sich deren Reaktion gegenüber dem zum Spießer mutierten westdeutschen »Autor« vor!

Daß solche Perversion vor allem in der Bundesrepublik stattgefunden hat, unterstützt von einem ähnlichen Prozeß in der alten DDR, hat natürlich Ursachen, die weiter zurückliegen. Da diese aber auch das Verschwinden der oben erinnerten Kriterien so leicht machten, seien sie wenigstens angedeutet: Entscheidend scheint doch wohl die restlose Zerstörung der bürgerlichen Gesellschaft und ihrer sublimen Maßstäbe durch eine neue Gesellschaft im Dritten Reich zu sein, die dieses überlebte. Dies wird gerne übersehen, und wenn darauf hingewiesen wird, dann eher in einem moralisierend-pastoralen Sinn, als ob das damals Geschehene aus antifaschistischem Geist wiedergutgemacht werden könnte! Was nicht gesagt wird, ist das eigentlich Wichtige: daß diese bürgerliche Gesellschaft unter anderem erklärt, wie wenig die literarische Moderne – und gerade auch ihr avantgardistischer Flügel – zu verstehen ist ohne die Ironie, die Eleganz, die Abgründigkeit des Witzes, seien deren Protagonisten nun ein Selfmademan wie Walter Serner oder ein Großbürger wie Robert Musil.

Dandyismus und Décadence jenes Bürgertums nach dem Ersten Weltkrieg haben die avancierte Bewußtseinsmoderne enorm beeinflußt. Insofern hatte Lukács schon recht. Nur hat sich, was er dafür einforderte, in schrecklicher Form hierzulande, offiziös jedenfalls, durchgesetzt: nicht nur ein hoffnungslos anspruchsloser »Realismus«, sondern auch die darüber wachenden Kulturträger. Inzwischen sind sie zu einer riesigen Familie angewachsen. Das Lamento des sich verkannt fühlenden Grass enthält alle charakteristischen Drohgesten dieses Milieus. Allein schon das Selbstverständnis als »Repräsentant« disqualifiziert seinen künstlerischen Anspruch. Dem Künstler wie dem Wissenschaftler hätte nichts so gleichgültig, ja verächtlich zu sein wie diese Rolle, die ihm inzwischen allerdings nur noch von politischen Leitartiklern und Politikern, nicht mehr von der Kritik, zugedacht wird. Das hat zur absehbaren Verschwörungstheorie geführt.

Grass versucht dies künstlerische Aus, das sich seit spätestens zehn Jahren ankündigt, zu einer politischen Verfolgung umzumünzen. Zum unerquicklichen Spektakel wird das Ganze nicht dadurch, daß Grass den Märtyrer offenbar mit Gusto gibt: Grass soll in der Rolle Ossietzkys auftreten, mit oder ohne Nobelpreis. Wenn dann noch Walter Jens als Souffleur in Erscheinung tritt, ist der Erfolg des moralischen Schmierenstücks endgültig gesichert!

Daß es überhaupt angesichts dieses harmlosen, selbst politisch harmlosen Buches zu solch einer Medienshow kommen konnte, ist in sich ein Indiz für den Zusammenbruch der Kriterien. Denn es gibt ja durchaus eine Reihe sehr begabter Schriftsteller jenseits des BRD-DDR-Biotops des spießigen Autors. Und es gibt clever-aufgeklärte Gegenmilieus. Doch lassen wir es bei diesen Andeutungen, und sagen wir es in einem Bild: Der gesamtdeutsche Literaturbetrieb der beschriebenen Sorte sieht genauso aus wie ein westdeutscher Bahnhof: anstelle der alten Funktionsschönheit von Eisen und Glas mit differenzierenden Glacis nunmehr der anheimelnde Mehrzweckbau: die Imbißgasse der Nähe.

MARTIN HIELSCHER

Literatur in Deutschland – Avantgarde und pädagogischer Purismus

Abschied von einem Zwang

»Überall entdeckte ich Spuren von Kahns letzter Tätigkeit – einen verschobenen Stuhl, ein Buch, das geschlossen auf dem Tisch lag. Ich öffnete es und hoffte daraus Aufschluß zu gewinnen, aber es war weder eine Anthologie deutscher Dichter noch ein Band von Franz Werfel, sondern ein belangloser amerikanischer Roman.«

Erich Maria Remarque, Schatten im Paradies

I dont't want to play your game

Die Debatte um die deutschsprachige Gegenwartsliteratur, die seit einiger Zeit geführt wird, ist keine »Querelle des anciens et des modernes« um ästhetisch-moralische Werte, keine Abrechnung mit der neueren Literatur im Namen von »reinster Menschheit«, »Geist« und »Maß«, wie sie etwa Emil Staiger in seiner berühmten Rede vor dreißig Jahren in Zürich vorgenommen hat. Dennoch ist der Vergleich interessant. Staiger griff damals die gesamte zeitgenössische Literatur an, ganz gleich, ob sie aus Frankreich, aus Deutschland oder Amerika kam. Heute ist die deutsche Gegenwartsliteratur nicht nur in Europa, sondern auch in Amerika eine schwindende Größe, und die amerikanische Literatur gilt zugespitzt als Synonym für das, was man an der deutschen vermißt.

Die Vorzeichen des Literaturstreits sind ganz andere, obwohl die Argumentationslinie ähnlich ist: die Kritik an dem, was als zeitgemäß, als modern empfunden oder dafür gehalten wird. Während Staiger im Namen von

Goethe, Schiller und Mozart – einem gereinigten Goethe, einem mißverstandenen Schiller, einem enterotisierten Mozart – die damalige »Littérature engagée« mit ihren »Scheußlichkeiten« angriff und mit dem »Urmaß« des Menschlichen und einer in diesem Sinne wertekonservativen Kunst konterte, so ist dagegen das heutige Unbehagen an dem, was als modern, avanciert gehandelt wird, umgekehrt motiviert.

Staiger wollte eine Kunst, die er in der Antike und der klassisch-romantischen Periode verwirklicht sah – ich denke, er irrt –, die letztlich pädagogisch-religiöse Ziele verfolgt, und kritisierte an der Literatur seiner Zeit, daß sie allzusehr im Schmutz, in der Zerrissenheit, im Ekel, im Sexuellen wühlte, daß sie Menschen darstellte, die nicht eins mit sich sind und auch nicht wissen, wie sie es werden können. Inzwischen sehnt man sich in der deutschsprachigen Gegenwartsliteratur geradezu nach Texten, die einen Rest von dem enthalten, was Staiger damals direkt und im übertragenen Sinne attackierte.

Heute wird uns von den Kritikern das als neueste Stimmung im Westen verordnet, was mit geradezu Staigerscher Inbrunst sein puristisches Erziehungsprogramm erfüllt und fern von jedem wirklich nachvollziehbaren, nicht bloß behaupteten Zeitbezug Werte zelebriert. Das Programm, das Emil Staiger so sehnsüchtig in der Vergangenheit suchte: ein mächtiger Teil der deutschen Gegenwartsliteratur, ihre explizite und immanente Ästhetik und ihre zur privilegierten Exegese und vor allem zum Vergeben von Preisen und Stipendien berufenen Kritiker und Juroren setzen – gnadenlos, möchte man sagen – jenes pädagogische Literaturkonzept um, das schon bei Goethe nicht stimmte. Die Ästhetik der Moderne hat insofern die pädagogische Tradition fortgesetzt, als sie im Choc, im Verfremden, mit Montage, Polyperspektivität, Identifikationsverbot etc. eine identifikatorisch-einfühlende Kunsterfahrung zerstören und die Leser, Hörer oder Betrachter aus der Unmittelbarkeit »heraussprengen« wollte. Sie hat die noch unmittelbar verständlichen Wertevorstellungen der klassisch-romantischen Periode notwendigerweise verhüllt und die Kommunikationsbedingungen verschärft.

Inzwischen haben viele Autoren die Kommunikation mit dem Leser eingestellt, und es gilt als Gütesiegel avancierter deutscher Literatur, wenn sie sich gleichsam als Strafarbeit darbietet. Dies ist ein Kern der gegenwärtigen Debatte. Hermetik als literarische Tradition und als besonderes Kennzeichen eines Teils der Moderne – Beckett und Celan sind in Adornos maßgeblicher Ästhetik die gültigen Repräsentanten, auch wenn sie bei genauerer Betrachtung (etwa in Peter Szondis *Celan-Studien*) so hermetisch gar nicht waren – kehrt dabei in verwandelter Gestalt stets wieder, vor allem als quasi wirkungsästhetisches Dogma: es muß auf jeden Fall kompliziert, schwer bis gar nicht verständlich, spröde, langsam, dunkel, überwirklich, »sprachmächtig«, d. h. mit möglichst viel Getöse, autoreflexiv und selbstreferentiell daherkommen, sonst taugt es gleich gar nichts. Vor der eigentlichen Frage nach dem tatsächlichen Gehalt, nach der Notwendigkeit, ob man einen »Stoff« so oder so behandelt, gilt der Gestus der Kommunikationsverweigerung, der Verweigerung von Erzählung, Geschichte, Identifikation und Emotion als Eintrittsbillet in die »Hall of Fame« deutschsprachiger Prosa.

Der Streit geht dabei nicht unbedingt darum, weshalb die deutschsprachige Gegenwartsliteratur angeblich so langweilig ist, was man inzwischen auch im Ausland überall zu hören bekommt – das ist ein Irrtum! –, der Streit geht vielmehr darum, warum *die* Autoren und Autorinnen, die wirklich »langweilig« schreiben, d. h. desinteressiert an der Welt und den Lesern, mit denen sie ja, indem sie ihr Buch veröffentlichen, eine Beziehung eingehen, als die eigentlichen Repräsentanten der deutschsprachigen Gegenwartsliteratur gelten. Es ist nicht so, daß es nicht genügend Autoren und Autorinnen gäbe, die interessante, lesenswerte und lesbare Bücher schreiben. Sie werden nur oft genug geringgeschätzt, weil sie sich den

Dogmen einer mißverstandenen Avantgarde nicht beugen wollen.

Der Streit geht um einen *Diskurs,* um ein System von Normen, Ge- und Verboten, das die Ordnung der Gegenwartsliteratur regelt und dafür sorgt, daß der Riß zwischen dem, was als besonders wertvoll gilt, und dem, was ein gebildetes Publikum sich noch antun möchte, immer größer wird. [...]

Wollte Kurt Schwitters seine Leser und Hörer quälen? Nein? Warum tun Sie es dann?

> »Die *Welt, die Welt,* ihr Esel! ist das Problem der Philosophie, die Welt und sonst nichts!«
>
> *Arthur Schopenhauer, Spicilegia*

Bei unserem Literaturstreit treffen, wie es die ärgerliche Klassifizierung will, die angeblichen Verächter der Gegenwartsliteratur auf ihre trotzigen Verteidiger, deren von einem Mißverständnis provozierte Statements nichts daran ändern werden, daß das Band zwischen dieser Literatur und ihren Lesern in vielen Fällen zerrissen ist. Jeder, der eine Literatur kritisiert, die vor allem aus Theorieversatzstücken besteht, in erster Linie das produziert, was einige Kritiker auf der Bestenliste wiederfinden wollen, um es dann auch nicht zu lesen, die mit einer humorlos-pädagogischen immanenten Ästhetik und dem puristischen Gestus des Sprachzerstörers Identifikationsverbote erteilt, die also von der Literatur aus einem falschen geschichtsphilosophischen Verständnis heraus nur die Erkenntnisfunktion übriggelassen hat, wobei das erkannt werden soll, was ich jedem Essay und jedem Grundlagenwerk von Adorno, Derrida, Lacan oder Wittgenstein besser entnehmen kann – jeder, der es wagt, hier einmal zu fragen, welch einen Sinn die hysterische Aufwertung dieser Entwicklung eigentlich haben soll, der wird in die Ecke barbarischer und banaler Unterhaltungsliteratur verbannt, muß sich anhören, daß er nicht auf der Höhe der Zeit, sondern angeblich im 19. Jahrhundert ist und außerdem ohnehin nur verkaufen will. Der Hintergrund des geschichtsphilosophischen Fehlschlusses ist die Behauptung, daß unsere Welt und unser Leben nicht mehr darstellbar seien, jedenfalls nicht mehr mit den angeblich einfachen Mitteln des angeblich »klassischen« Romans.

Dazu kommt dann oft noch die Bouvard-und-Pecuchet-Spießer-Weisheit, daß unsere Welt ja so unüberschaubar geworden sei – in Wirklichkeit ist inzwischen leider das Gegenteil der Fall – oder daß die modernen Medien der Literatur den Rang abgelaufen hätten. Auch das ist zum einen ein theoretischer Euphemismus, zum anderen eine Halbwahrheit. Ganz problematisch ist die Behauptung, die Literatur sei maßgeblich von den neuen Techniken des Films, des Fernsehens bis hin zur Computersimulation geprägt und in ihren ästhetischen Mitteln dadurch grundlegend verändert worden. Tatsächlich sind alle diese Mittel zuerst in der Literatur erprobt worden, und die narrativen Muster, auf die all diese Medien zurückgreifen, sind urliterarische. Was sich verändert hat, ist eine Erfahrungsdimension innerhalb des Verhältnisses von Menschen zu ihrer Welt, und diese Veränderung hat sich gleichzeitig in der Literatur und den übrigen Künsten artikuliert und in den Aufzeichnungs-, Speicher- und Darstellungsapparaten manifestiert. Es gibt aber auch Dimensionen der menschlichen Erfahrung, die sich sehr viel langsamer oder gar nicht wandeln. Sie sind das eigentliche Thema der Kunst.

Der Vorwurf, eine andere als eine reduktionistische, vor allem sprachartistische Literatur folge einem angeblich »konventionellen« literarischen Konzept des 19. Jahrhunderts, ist so unsinnig wie das Festhalten an dem teleologisch-linearen Gedankenmodell der Avantgarde. Wenn der große Erlösungshorizont positiv – einst werden wir aller Entfremdung ledig sein! – oder negativ – es gibt keine

Erfahrung, keine Kommunikation, keine Authentizität mehr – nicht mehr besteht – das ist die eigentliche Lektion der Zeit, in der wir leben –, dann hat jegliche teleologische Argumentation ausgespielt.

Welche Postmoderne?

> »Es ist schlicht verkehrt, mit einem Thema, einem Symbol oder sonst einem vereinheitlichenden Konzept anzufangen und erst nachträglich die Figuren und die Handlung so zurechtzustutzen, daß sie das Schema ausfüllen.«
>
> *Thomas Pynchon, Vorwort zu »Spätzünder«*

In dieser Situation ist es nutzlos, über irgendwelche Autoren zu schimpfen oder sie ästhetisch-pädagogisch erziehen zu wollen; die Autoren werden schreiben, was sie schreiben können und was sie schreiben müssen. Änderbar aber ist der Normenkatalog – zumindest kritisierbar –, nach dem alle Literatur, die hierzulande einem größeren Publikum zugänglich wäre, automatisch abqualifiziert wird, nach dem alles, was Identifikation erlaubt, Lust bereitet, Vergnügen gewährt und nicht von vornherein mit ästhetisch-intellektuellen Signalen der literarischen Nomenklatura winkt, naserümpfend abgetan wird – der Kanon der Kälte, des Leidens, der Unverständlichkeit und der Abwehr, Literatur als erkenntnistheoretische Übung, priesterlich-elitäre Erbauung und weltverneinende Verwerfungsgeste, als »sprachmächtiges« Virtuositätsspektakel –, das alles ist Ausdruck eines sehr deutschen Irrtums, eines verhängnisvollen Sonderweges, auf den sich die Unbelehrbaren immer entschiedener eingeschworen haben, je unangreifbarer sie mit ihrem Wertesystem walten, verteilen und herrschen können. Auch das, was sie für experimentell-spaßig halten, ist spießige Theorievollstreckung und reicht nicht für fünf Minuten an das heran, was Italo Calvino und Georges Perec, Raymond Queneau und Raymond Federman geschrieben haben. Das hat etwas mit der *Persönlichkeit* und dem *Leben* dieser Autoren in einem ganz anderen literarischen Zusammenhang zu tun, mit ihrem *Selbstverständnis* und ihrem *Charakter* – ganz gleich, was der idiotische Katalog dessen, was man offiziell über Literatur und Literaten hierzulande zu denken hat, auch behauptet.

Und was machen die anderen nun besser?

Als Leslie Fiedler 1968 in Heidelberg seinen bedeutenden Vortrag »The Case for Post-Modernism« hielt, worin er die elitäre Ästhetik der Moderne kritisierte und dafür plädierte, die Grenzen aufzuheben zwischen einer Literatur der klassischen Moderne mit ihrer Tendenz zur Hermetik und der narzißtischen Beschäftigung mit den eigenen Kunstmitteln und einer populären Kultur mit ihren einer großen Zahl von Menschen verständlichen Symbolen und Geschichten, haben viele geglaubt, daß die Einflüsse der amerikanischen Popkultur und einer neuen postmodernen Kulturtheorie und Literaturkritik auch die deutsche Literaturlandschaft verändern würden. Dies ist bis heute nicht eingetreten.

Die ursprünglichen Impulse der Avantgardebewegungen des Surrealismus und Dadaismus und die Wiederaufnahme dieser Impulse in Popkultur und Theorie der Postmoderne sind vielmehr in der deutschen Literatur und noch entschiedener in der deutschen Literaturkritik und Literaturwissenschaft ihres eigentlichen Stachels beraubt worden. Strenggenommen könnte man sagen, daß wir nicht Abschied von der Avantgarde nehmen sollten, um etwa die Kluft zwischen Literatur und Lesern wieder zu schließen (die die derzeitige Literaturdebatte in Deutschland entweder beklagt, leugnet oder trotzig zementiert), sondern daß in Deutschland immer noch aussteht, was in diesen Avantgardebewegungen eigentlich gemeint war.

Folgt man Peter Bürgers berühmter *Theorie der Avantgarde* (die zuerst 1974 erschien), so zielte die Stoßrichtung der Avantgardebewegung vor allem darauf, die Arbeitsteilung zwischen Kunst und Gesellschaft, die durch das Autonomwerden der modernen Kunst eingetreten und im Ästhetizismus zum erklärten Programm geworden war, wiederaufzuheben. Kunst und Lebenspraxis sollten *nicht*, wie es alle ästhetizistischen Anschauungen – seien sie nun erklärtes Programm oder, wie heute bei vielen Literaturkritikern etwa, unausgesprochene Voraussetzung ihres Normenkatalogs – tun, auch noch festgeschrieben werden. Im avantgardistischen Happening, im Klamauk, im einzelnen Werk oder Pseudowerk sollten vielmehr die Schranken zwischen rigider, dumpf-materialistischer Lebenspraxis und unverstandener Alltagserfahrung auf der einen und rituellem »Kunstgenuß« und feinsinniger Kontemplation auf der anderen Seite durchbrochen werden. Die Kunst sollte aus dem Käfig des guten Geschmacks befreit werden. Das Alltagsleben selbst wiederum sollte zumindest momentweise spielerisch-rebellische, anarchisch-experimentelle Züge annehmen.

Genau *die* geschmäcklerische, brave, zerebrale, mit dem Rücken zum Leser geschriebene Literatur-Literatur etwa, die *das* literarisch präsentiert, was vorher als geltende ästhetische Norm und gültige Wirklichkeitsinterpretation aus den Oberseminaren nach draußen gedrungen ist und die nach wie vor die meisten Kritikerherzen in Deutschland zumindest offiziell höher schlagen läßt, ist eben *nicht* das, was der kritische Impuls der Avantgardisten wollte. Hier liegt ein fundamentales Mißverständnis vor. [...]

Die Avantgardebewegungen haben in Deutschland nur in der dadaistischen Lyrik und in der bildenden Kunst und der Musik Fuß gefaßt – die ästhetische Theorie, deren letztes großes Monument das gleichnamige Buch Adornos darstellt, ist, sosehr sie Theorie der Avantgarde sein wollte, es genau deshalb *nicht* geworden, weil sie den anarchisch-subversiven, plebejisch-kollektiven Charakter dieser Bewegung (aus durchaus nachvollziehbaren Gründen) verneint hat.

Geblieben ist vom Konzept der Avantgarde nur das, was in seinem Begriff gesagt ist: die Vorstellung von einer kleinen, schlagkräftigen Gruppe, die, bevor die träge Masse der großen Zahl überhaupt nur begriffen hätte, was die Stunde schlägt, schon mit einem neuen, »absolument moderne[n]« Verfahren aufwartet, das durch Choc und Überraschung, Askese, Destruktion und Montage seine Erzieherfunktion wahrzunehmen gedenkt. Die im Konsumterror und dem durch die Medien verhängten Verblendungszusammenhang lebenden, gänzlich verblödeten Leser, Hörer und Zuschauer (so will es die immanente Ideologie dieses Konzepts) müssen mit ästhetisch vermittelter Gewalt aus ihrem dumpfen Brüten »herausgesprengt« werden, um in angestrengter Kontemplation des ihnen weitgehend unzugänglichen und deshalb auf privilegierte Interpretation angewiesenen Kunstwerks die Ahnung einer anderen Welt zu erfahren.

Ärgerlicherweise deckt sich diese andere Welt weitgehend mit der Kulturhölle der braven deutschen Kritik – diesem Konzil der Eierköpfe. Während bei Adorno in seinen kindlich-erotischen Phantasien und den sympathisch-körperlichen Genußvorstellungen (»auf dem Wasser liegen und in den Himmel schauen, ›sein, sonst nichts, ohne alle weitere Bestimmung und Erfüllung‹«) noch etwas von der Idee des Glücks festgehalten wurde, die der Motor kultureller Erinnerungsabeit und ein Antrieb für das Erzählen ist, sind solche Momente erstaunlicherweise bei vielen jüngeren Vertretern im Literaturbetrieb ganz verschwunden. Geblieben ist bei ihnen nur der elitäre Gestus und die Ästhetik der Destruktion und des Chocs, der Schnodderton des Besserwissers und des zynischen Menschenverachters.

Das gleiche Schicksal hat auch die Debatte um eine postmoderne Ästhetik und Literatur in Deutschland ereilt. Das, was die amerikanischen Theoretiker der Postmoderne, allen voran der oben genannte Leslie Fiedler, wollten, nämlich die Vermittlung von U und E, oben und unten, autonomem Kunstwerk und Massenkunst, asketischer Negation und populistischer Wunscherfüllung – das haben auch die wenigen beflissenen Adepten dieser neuen Idee, die wenigstens guten Willens waren, wiederum mißverstanden. Sie haben den Humor, die Ironie, das Spielerische, das »Menschliche« – das heißt das realistische und gleichzeitig endliche und kollektive Telos solchen Denkens – nicht begriffen. Sie haben nur wieder eine neue geschlossene Theorie daraus gemacht und in ihren Büchern exekutiert.

Dabei ist noch die Frage, ob »Postmoderne« nicht eine rein philosophische Kategorie ist und überhaupt nur bedingt auf Kunstwerke, speziell literarische, anwendbar ist – wenn überhaupt, dann nämlich nicht vordergründig auf ihre Form, sondern auf den anthropologisch-philosophischen Gehalt der Werke, der immer auch noch etwas mit der Perspektive, dem *Denken* der Autoren zu tun hat. Man kann aus lauter Versatzstücken ein pseudo-postmodernes Werk zusammenstoppeln, ohne auch nur einen Funken von dieser Idee begriffen zu haben, weil die vielen ironieresistenten, auf geschlossene Systeme und die Übertragung ihrer ohne jegliche Anschauung gewonnenen Kategorien auf die Wirklichkeit (die sie ohnehin nicht interessiert) fixierten deutschen Intellektuellen die Brisanz und die Heiterkeit dieser Idee nicht einmal im Ansatz verstanden haben.

Der philosophische Horizont dieses Begriffs meint das Ende aller Begriffe und Haltungen, die mit dem Konzept der Moderne einhergingen, vornehmlich das Ende einer teleologischen Vorstellung von der Geschichte und der rationalen Selbsterziehung des Menschen, darüber hinaus werden aber alle geschlossenen Systeme des Denkens einer neuen »Lektüre«, einer neuen Betrachtung unterworfen, die das euphemistische Element in ihnen aufspürt. Übrigens werden keine dieser »metaphysischen« Konzepte durch das postmoderne Denken verabschiedet oder aufgehoben – das ist eine ganz unsinnige Auffassung, weil das metaphysische Bedürfnis des Menschen überhaupt nicht aufzuheben ist. Der Unterschied liegt *im Verhalten zu diesen metaphysischen Konzepten*. Postmodernes Denken bedeutet vor allem einen größeren Grad an Freiheit, an Ironie, an Menschlichkeit, gerade weil dieses Denken auch die Kritik am anthropozentrischen Weltbild des Humanismus einschließt.

Jeder, der heute noch linear-teleologischen Auffassungen nachhängt und wie auch immer verklausuliert mit Formeln wie: »Aber das ist ja 19. Jahrhundert!«, »Nach Joyce kann man aber nicht mehr auktorial erzählen«, »Nach Musil ist es nicht mehr möglich, einem Faden der Erzählung zu folgen«, »Nach Rilke, Lacan und Derrida ist das Subjekt nicht mehr als identisches vorstellbar« etc. pp. operiert, hat einfach nicht kapiert, daß das System der Weltliteratur keinen »Fortschritts«-Modellen folgt, daß – im Gegensatz zu den Ideologien und Weltbildern, mit denen wir unsere kurze Zeit auf Erden für uns selbst ordnen, mit Sinn erfüllen und erträglich machen müssen, also mit Philosophie, Religion, Architektur und bildender Kunst – die Literatur *seit jeher* Ort und Ausdruck der komödiantischen, karnevalesken Vernunft war und schon immer das unterlaufen hat, was angeblich erst die Moderne aufgekündigt hat: den großen Sinn und die angeblich so brunzdumme Unmittelbarkeit. Was etwa ist denn an Romanen wie *Tristram Shandy*, wie *Don Quichote*, *Der hinkende Teufel*, *Gullivers Reisen* oder *Agathon*, *Die Wahlverwandtschaften*, *Maler Nolten* oder *Der grüne Heinrich* um Gottes willen einfach, linear, konventionell, affirmativ oder naive Unmittelbarkeit?

Was, grob gesprochen, weniger der deutschen Literaturgeschichte, sondern dem *Diskurs* über diese Geschichte verlorengegangen ist, ist die Verbindung von Welthaltigkeit und ästhetischen Mitteln. Genau diese Verbindung ist etwa im nord- oder südamerikanischen Roman, in englischen, französischen oder holländischen Werken nicht abgerissen. Es bedarf einer eigenen Untersuchung, um zu erklären, warum dies in der deutschsprachigen, speziell der deutschen Literatur, sofern sie sich dem herrschenden ästhetischen Diskurs unterworfen hat, der Fall ist. Jeder amerikanische Autor, der übrigens herangezogen wird, um zu zeigen, daß man in Amerika ja genauso hysterisch artistisch schreibt wie bei uns, beweist bei genauer Lektüre das Gegenteil. Entgegen ihrer Interpretation in Deutschland besitzt jeder Roman von Thomas Pynchon oder William Gaddis, von Nicholson Baker oder Gilbert Sorrentino Humor *und* Charme, Unterhaltungswert *und* Intelligenz, Brillanz, Welterfahrung *und* Menschenkenntnis. Das hat etwas mit der gesellschaftlichen Erfahrung zu tun, die die amerikanischen Autoren im Gegensatz zu den deutschen objektiv und bewußt machen können und wollen, und mit der intellektuellen Haltung, mit der sie diese Erfahrungen verarbeiten. In Amerika geschieht dies in einem wie immer auch vermittelten plebejischen Grundzug, der etwa bei Pynchon mit Händen zu greifen ist; im Diskurs der Deutschen mit einem sich immer schlimmer manifestierenden elitären Gestus.

Der Platz der Gehenkten

> »Warum ich auf diese Verlagerungsstrategie verfiel, ist mir heute nicht mehr klar. Die Technik, persönliche Erfahrungen in andere Umgebungen zu verpflanzen, reichte mindestens bis zum ›Kleinen Regen‹ zurück. Dazu gehörte eine unduldsame Verachtung für solche Erzählliteratur, die ich damals ›zu autobiographisch‹ fand. Irgendwann hatte ich die Maxime aufgestellt, daß das private Leben nichts mit der Literatur zu tun hätte – während in Wahrheit, wie jeder weiß, fast das genaue Gegenteil der Fall ist.«
>
> *Thomas Pynchon, Vorwort zu »Spätzünder«*

Robert Coover, einer der literarischen Gewährsmänner der Postmoderne, sagte in einem Gespräch von sich, er halte sich für einen Realisten. Der Begriff des Realismus ist einer der vielen, die das elitäre Ressentiment der Puristenfraktion – bedingt durch den Mißbrauch und die Verengung dieser Kategorie im sozialistischen Realismus –

verbogen und aus der literarischen Diskussion verbannt hat. Heute gilt es als Ausweis literaturkritischer Kompetenz, wenn man sich angewidert von diesem Begriff und den Texten, die sich auf ihn berufen oder damit etikettiert werden, abwendet, als hätte man einen unzüchtigen Antrag erhalten. Mit drei Schlagworten »banal«, »kitschig«, »konventionell«, die niemals ihre Einschüchterungsfunktion verfehlen, ist der Fall abgetan. Wir wollen davon absehen, diesen Begriff zu erörtern, und statt dessen etwa auf die Arbeiten von Dieter Wellershoff verweisen, in denen, was eine realistische Literatur ist und sein könnte, differenziert erörtert wird.

Die große realistische Tradition der Romane aus den ersten dreißig Jahren dieses Jahrhunderts – wir erwähnten sie schon – ist jedenfalls bis auf wenige Ausnahmen (etwa bei Wolfgang Koeppen) in der deutschsprachigen Literatur abgerissen, wobei allerdings die oben erwähnten jüngeren oder neueren Autoren sich diesem Terrain teilweise wieder nähern. Was derzeit als A-Kategorie deutschsprachiger Literatur gilt, ist weniger epische Prosa im Sinne etwa Musils, Brochs, Döblins, geschweige denn Manns, ist im Grunde bestenfalls Prosalyrik in der Folge des frühen Hofmannsthal, von George und Beer-Hofmann, nur nicht so gut. Diese große realistische Tradition ist dagegen in der amerikanischen und lateinamerikanischen Literatur fortgesetzt worden, weshalb sie ja auch weiterhin Leser findet und oft genug eher in Europa als an ihrem Ursprungsort verstanden wird.

Einer der am häufigsten für die Krise und das Ende des realistischen Erzählens herangezogenen und gleichzeitig am wenigsten gelesenen Romane ist Robert Musils *Mann ohne Eigenschaften*, dessen Autor sich explizit zur Krise des Romans geäußert hat und im Roman zur Philosophie und den Formen des Erzählens Stellung nimmt. Leider sind diese Überlegungen vollkommen einseitig interpretiert worden. Außerdem bleibt ja das komplexe Problem, warum einer etwa einen Roman schreibt, um die Krise des Romans zu erörtern (könnte das, ihr Häschen, vielleicht doch Ironie sein?), oder warum von Dante über Cervantes, Goethe und Flaubert bis zu Wolfgang Koeppen – »Ich glaubte damals, aufzuwachen, aber die Wahrheit ist, daß mein Schlaf sich in einem Traum verlor« – exemplarische epische Figuren beständig entweder vor den Folgen der Einbildungskraft gewarnt oder von ihnen geheilt werden sollen oder, angeblich als abschreckendes Beispiel, als unheilbare Opfer dargestellt werden – aber das Ganze jeweils in einem epischen Werk, das ja nur vom Glücksversprechen der Einbildungskraft lebt und sie am Ende nur bestätigt, ja nur tiefer in ihr Labyrinth hineinführt! Was heißt denn das? Na?? (Auflösung im nächsten Heft!)

Musils Ausgangspunkt in seinen Reflexionen zur »Krisis des Romans«, wie er seine Aufzeichnungen aus dem Jahre 1931 nennt, ist kein geschichtsphilosophisch begründeter Pessimismus, sondern zeugt vom Bewußtsein davon, daß sich die Prämissen des Erzählens verändert haben. Neben soziologischen Erklärungen im engeren Sinne denkt Musil dabei an die Massenmedien, aber eben auch daran, daß ein bestimmter behaglicher, am exemplarischen Individuum ausgerichteter Erzählstil nicht mehr zeitgemäß ist. Musils berühmte Bemerkung hinsichtlich der Einschätzung eines Phänomens als »krisenhaft« – daß man es mit einer »Entwicklung« zu tun habe, einem stationären Phänomen – deutet darauf hin, daß er utopisch denkt, insofern, als es ihm um eine Erfahrungsweise – jene essayistische, die Ulrich, die Zentralfigur des Romans, vorschlägt – geht, die einer »die volle Menschenseele angehenden« Ordnung entsprechen könnte. Im *Mann ohne Eigenschaften* steht der exemplarische Satz, natürlich eine Erkenntnis Ulrichs, daß »die Wirklichkeit um mindestens hundert Jahre zurück ist hinter dem, was gedacht wird«. Genau diese Diskrepanz aber versucht der Roman zu schließen, jene Wirklichkeit auf das zu durchdringen, was in ihr denkbar ist, aber nicht gedacht wird. Die Konstatierung einer Krise des Erzählens wird zum Urteil über die Wirklichkeit, die jener denkbaren Welt sich nicht anzunähern vermag.

Bis hierhin sind die Musil-Exegeten gewöhnlich gekommen, und aus solchen Interpretationen stammt dann für gewöhnlich auch das Arsenal der Thesen, mit denen der zeitgenössischen Literatur alles Erzählerische ausgetrieben werden soll. Aber in Musils Roman wird gleichwohl die Erkenntnis zum Ausdruck gebracht, *daß es den Menschen nicht möglich ist, essayistisch zu leben, daß jener »offene« Zustand nicht durchzuhalten ist.* Auch die Form seines Romans ist keineswegs einfach zu identifizieren mit jenem Wort Ulrichs von der »unendlich verwobenen Fläche« der Öffentlichkeit, des »öffentlichen Lebens«, dem sich kein Faden der Erzählung mehr oktroyieren lasse. Keineswegs geht der Roman in diesem flächigen Formprinzip auf. Die denkerisch-sprachliche Intention des Essayismus wird zwingend durchgeführt, löst aber nicht einfach alle »Ideologien« auf, sondern reflektiert den Prozeß der *Bildung* von Ideologien, um eine offene Erfahrung jenseits von ihnen denkbar werden zu lassen – sofern eine solche Erfahrung überhaupt möglich ist.

Musils Roman geht an eine Grenze, die unserer wissenschaftlich-rationalen Weltauslegung überhaupt gesetzt ist, ohne diese Weltauslegung ad acta legen zu wollen. Diese Weltauslegung, die anthropozentrische, hat Musil ausdrücklich so benannt und ihr eine andere, die »allozentrische«, gegenübergestellt: »Allozentrisch heißt, überhaupt keinen Mittelpunkt mehr zu haben. Restlos an der Welt teilzunehmen und nichts für sich zurücklegen. Im höchsten Grad, einfach aufhören zu sein. Ich könnte auch Hereinwendung der Welt und Hinauswendung des Ich sagen. Es sind die Ekstasen der Selbstsucht und Selbstlosigkeit.« Dennoch geht diese Passage nicht in einen »Standpunkt« über, der sich einfach jenseits dieses Verhaltens aufhielte. Es ist eher so, daß der Roman eine andere Erfahrungsweise experimentell einübt. Auch Musils berühmte Reflexion darüber, daß die meisten Menschen zu sich selbst »im Grundverhältnis Erzähler sind«, daß sie das Chaos ihres Lebens auf dem »Faden der Erzählung« zum Lebensfaden aufziehen, werden im Roman nicht nur geschichtsphilosophisch begründet. Ulrich bemerkt an einer Stelle, daß das private Leben der meisten an jenem »primitiv Epischen« noch festhalte, während »öffentlich schon alles unerzählerisch geworden ist«. Es läßt sich aber aus dem *Mann ohne Eigenschaften* ebensogut entnehmen, daß es den meisten Menschen im Chaos ihres Lebens eben ein Bedürfnis und eine Notwendigkeit ist, ihr Leben »primitiv episch« zu ordnen, um sich nicht zu verlieren! Die Bedingungen dieses primitiv Epischen werden bis in die Sprachgebung hinein vom Roman durchleuchtet, ohne daß explizit oder implizit behauptet oder dargestellt würde, daß die Menschen dieses primitiv Epischen *nicht mehr* bedürften.

Wir haben uns so ausführlich mit diesem Roman befaßt, weil er exemplarische Bedeutung besitzt und weil er genau den Denkfehler eben nicht macht, den unsere Exegeten in alle Welt trompeten, wenn sie vom 19. Jahrhundert schwafeln, ohne überhaupt das 20. zu kennen.

Im Chaos des endlichen Lebens, in der kurzen Frist, die die Menschen auf der Welt haben und in der sie, um nicht in Panik zu geraten, anhand von Traditionen, Ritualen, Bräuchen und Vorschriften, individuellen oder kollektiven Lebensentwürfen Sinn produzieren müssen, um Angst und Gewalt, gesellschaftliche und sexuelle Anarchie und die immer lauernde Todesangst zu kanalisieren, brauchen sie den »Faden der Erzählung« – und sie haben immer gewußt, daß Sprache den Sinn verschiebt, den sie produziert, und daß die Geschichten, die allem zugrunde liegen, Fiktionen sind! –, und weil alles Erzählen Rettung vorm Tode und Erfinden eines möglichen Lebens ist, ist es ein elementares Bedürfnis und zugleich eine große Lust. Wer erzählt und wer den Erzählern lauscht, hat den Tod besiegt, und er hat ein immer wieder neues Leben vor sich. Er hat die Angst gebannt und die destruktiven Triebe für einen Moment umgeleitet und zu Symbolen werden lassen. Er hat Freiheit erlangt und eine Welt vor sich, in der er Unheimlichkeit ertragen kann, ohne daß sie ihn umbringt.

Am Ursprung aller Literatur steht der Erzähler auf dem Marktplatz, wie sie heute noch in Marrakesch zu finden sind, und alle Literatur, die ihre Funktion nicht vollständig eingedampft hat – Juan Goytisolo kehrt in seinem jüngsten Roman *Makbara* (dt. *Engel und Paria*) über den »Platz der Gehenkten« in Marrakesch zu der oralen Erzähltradition zurück –, trägt diesen Ursprung wie auch immer verwandelt in sich. […]

ANDREA KÖHLER

Reisender Schnee oder Realismus ohne Resignation

Die deutschsprachige Literatur und das »Authentische«

Zu den »Lebensübrigbleibseln« seiner Eltern gehört ein Super-8-Film von einem Ferienaufenthalt in Marokko. Der Film zeigt die Eltern bei einem Kamelritt; neun peinvolle Minuten, in denen die beiden verlegen und unbeholfen auf einem Kamel schaukeln. Als der Erzähler den Film zum erstenmal sah, wurde er traurig. Er verstand, daß er die Erinnerungen an seine Eltern »selber werde erfinden müssen«.

Wilhelm Genazinos neuer Prosaband handelt von solchen Erfindungen des Gewesenen, von der Poesie der Erinnerungslücke und dem Gedächtnis der Dinge. Der törichte Film, dem Sohn ausdrücklich als Archivmaterial seligen Angedenkens vermacht, hinterläßt bei diesem eine Beschämung, mit der er sich nicht an die Eltern erinnern will. Nun treten seine selbstfabrizierten Erinnerungen in Konkurrenz zur belichteten Wirklichkeit. Genazinos Erinnerungsbuch macht die Probe auf eine neuerdings wieder beliebte literaturkritische Kategorie: das Authentische.

Seit sich die Ansicht vom Triumph der Simulation über die Wirklichkeit durchgesetzt hat, feiert der Mythos des sogenannten »Authentischen« in der Literturkritik fröhliche Urständ; kein Wort hat in den letzten Jahren eine vergleichbare Karriere gemacht. Gemeint ist damit die irgendwie »echte«, jedenfalls selbstgemachte und am eigenen Leibe beglaubigte Erfahrung, möglichst in einer vorzivilisatorischen Gegend, in der Wüste, in Serbien oder auf einem Bergbauernhof. Schon Carl Wege hat ironisch festgestellt, daß man im Schweizer Alpenroman eine »authentische« Figur daran erkenne, daß sie nach Betreten des Raums erst einmal das Radio abschalte.

Das »Authentische« ist eine Art Gottesersatz in der mediengedoubelten Welt. Es ist immer da, wo wir nicht sind, vor allem die nicht, die deutschsprachige Literatur schreiben. Dabei hat sich, was die einen naiv einklagen, schon längst als eine Art Schimpfwort etabliert. Das »schrecklich Authentische« (Karl Heinz Bohrer) ist demnach die Vokabel für eine Literatur des unverdünnt protokollierten Herzbluts, die hinter alle intellektuellen und poetologischen Standards zurückfällt. Oder, bei dem Literaturkritiker Gustav Seibt, die ästhetische Kategorie eines Kulturpessimismus, in dem die Dingwelt im vorkapitalistischen Zustand einer heideggerschen »Dienlichkeit« aufscheint. Gemeint ist Handkes Feier des »Ursprünglichen, Echten und Wahren« in Serbien und im »Neunten Land«.

Neudeutsche Innerlichkeit

»Als ›Authentizität‹ tarnt sich nun schon seit Jahren die Talentschwäche der nachwachsenden Schriftsteller«, schrieb Frank Schirrmacher 1989 – da war das »authentische Jahrzehnt« (Reinhard Baumgart), die Ära der sogenannten neudeutschen Innerlichkeit, in der eine »schmerzbeglaubigte Authentitzität« (Hubert Winkels) gegen die Kunst mobil machte, schon einige Zeit vorbei. Im »warmen Nebel« (Michael Rutschky) jener Jahre gedieh eine autobiographische Vater-Mutter-Krisenliteratur, die dem vermeintlich autoritären Omnipotenzgehabe eines selbstgewissen Erzählers die halb wütende, halb weinerliche Feier der ersten Person Einzahl entgegensetzte: je unvermittelter, also unliterarischer, desto »authentischer«. Fritz Zorn war ein prominenter Vertreter dieser Eins-zu-eins-Literatur.

Der Erfolg des autobiographischen Pamphlets »Mars« verdankt sich nun freilich weniger der dokumentarischen Authentizität als dem Umstand, daß der selbsternannte

Kriegsgott seine Berichterstattung aus dem familiären Krisengebiet der Zürcher »Goldküste« mit dem eigenen Tod beglaubigte. Nicht umsonst avancierte »Fritz Zorn« (der in Wirklichkeit Angst hieß) zum Prototypen des »authentes«, was im Griechischen nicht nur Meister und Macher, sondern auch Mörder und Selbstmörder heißt; in der christlichen Tradition werden die Gebeine der Märtyrer mit diesem *terminus technicus* heiliggesprochen.

Die authentischen Schreiber der siebziger Jahre beteuern, keine Rolle zu spielen und ihre Kämpfe und Schreibkrämpfe am eigenen Leib auszutragen. Wobei nicht nur verleugnet wird, daß alle Gefühle (und auch dieser Leib so gut wie der Text) soziale Konstruktionen sind, sondern auch, daß der Begriff des Authentischen selbst mit der Kategorie des »Natürlichen« in Konflikt gerät. So ist das Wort von alters her in den Diskurs des Gesetzes verwoben. Authentisieren heißt die Echtheit eines Schriftstücks oder Dokuments durch ein Siegel bekräftigen, das die Insignien der Macht trägt: Authentizität wäre demnach eine Frage der Autorität. Eine Bedeutung, mit der beispielsweise Goethe in seinem »Werther« spielte, indem er die Wertherschen Herzensergießungen durch einen fiktiven Herausgeber absegnen ließ. »Die Geschichte des armen Werther« galt nun gerade deshalb als »echt«, weil scheinbar ein anderer als ihr Verfasser die Dokumente autorisierte. Die Folge war, daß sich unzählige Unglückliche im Werther-Fieber das Leben nahmen.

Der Widerspruch liegt also schon in der Definition des Authentischen selbst. Seine Bedeutung wandert – nicht selten ins gegenteilige Lager. »Diese Unruhe«, schreibt Hemut Lethen in einem erhellenden Aufsatz über »Versionen des Authentischen«, werde durch gegenläufige Strömungen verursacht: »auf der einen Seite wissenschaftliche Nachweise, daß alle Vorstellungen von Identität, Echtheit und Autorschaft im besten Fall nützliche Fiktionen seien; auf der anderen Seite ein wahrer Furor der Echtheitsnachweise und neuerliche Schübe des ›Willens zu einem unentfremdeten Selbstsein‹, in den neunziger so heftig wie in den siebziger Jahren, in Alternativkultur und Philosophie.« Die windstillen achtziger Jahre werden wohl einmal als Jahrzehnt der Uneigentlichkeit in die Literaturgeschichte eingehen.

Ende der Aufrichtigkeit

Mit dem von Lionel Trilling konstatierten »Ende der Aufrichtigkeit« (dt. 1980) machte damals der Körper in seinem Schmerz literarisch Karriere, allerdings als dessen poststrukturalistischer Wurmfortsatz, als pfingstliche »Auferstehung des Körpers im Text« (Christiaan Hart-Nibbrig). Der symbolische Buchstabenkorpus der achtziger Jahre steht im Verdacht der Selbstreferentialität; er ist nicht zuletzt schuld daran, daß die deutschsprachige Literatur in den Leumund einer weltlosen Leichenschauhausprosa geraten ist. Seither wird der Ruf nach der »Wirklichkeit« im deutschen Roman immer lauter.

Nach einer sogenannten »Realismus-Debatte« anno 1992, in der ein paar zornige junge Männer die »kleine schmutzige Welt der Realität« und den »epochenadäquaten drive« im bundesdeutschen Raum einforderten – »Literatur ist, wenn's knallt« (Maxim Biller) –, nach einer allzu ernst gemeinten Mahnung von Uwe Wittstock, nach der die deutsche Literatur wieder »Spaß machen soll«, und zwar möglichst nach amerikanischem Vorbild, nach Günter Grass' Versuch, in Fontane-Manier ein detailsüchtiges deutsch-deutsches Wendebildnis zu pinseln, und Martin Walsers Schlüssellochroman aus dem parteipolitischen Sündenpfuhl Wiesbaden steht sie mit Handkes Serbienreise nun wieder im Raum, die Frage nach dem wirklichen Leben im deutschen Dichten, »die Suche nach dem authentischen Ort in der Literatur« (Iris Radisch). Es ist die Suche nach der andersgelben Wirklichkeit der Dinge und dem Geschmack von Freiheit und Abenteuer, Krieg und erztrübem Eigenbauwein, der

Wunsch nach der »Urwelt«, die Handke in Serbien »als eine noch unbekannte Zivilisation erschien«.

Dagegen stehen die Protagonisten einer uns sattsam bekannten Zivilisation, die Tüftler des Nichtauthentischen, die Freaks der Computerfraktion. Aus ihrer Bastelecke kommen die Textplündereien im Namen der Rose und im Zeichen der Unendlichen Bibliothek, die Fernreisen qua Cursor und die Küsse per e-mail und – gleichzeitig – die Nachgüsse historischer Reisen auf den Spuren Homers. Die bibliophilen Internet-Surfer mimen munter altvordere Exkursionstrupps – quer durch Folianten und Lexika, stramm Richtung letzte Welten. Sie leben aus zweiter Hand, schreiten gravitätisch im Gehrock der Gelehrsamkeit einher und dozieren mit verstellter Stimme. Und doch stellt sich die Prätention des Authentischen auch in Thule, »dem Ende der vormals denkbaren Welt« (Raoul Schrott), unterderhand wieder ein.

Finis terrae – das ist zunächst der Ort, wo der Erzähler den Erdenstaub von den Füßen streift und abhebt ins Imaginäre, wo er Einstein und das irdische Dasein hinter sich läßt und in die vierte Dimension der Literatur eintritt: in die reine Zeit oder, was dasselbe ist, den reinen Erzählraum. Die Orte heißen Eschburg/Vorarlberg oder Ennetbrugg/Toggenburg, sie liegen »quer zur Weltgeschichte« (Peter Weber) oder hinterm Mond. Wer dort wohnt, steht, wie Webers »Wettermacher«, in »losem Zusammenhang mit Vergangenem, Vorbeiziehendem, Unüberhörbarem«, er ist einer, der »die Zeit zum Stillstand bringt, der Welt den Kopf verdreht, zwischen Haus und Bahnhof seine Liebe sucht und findet«. Was er will, ist folgendes: »Frech die Zeit verleugnen, / In der Schwebe halten Heutiges, Gestriges, Gewesenes / In ungeheurer Schönheit« (Helmut Krausser). Was er fürchtet, sind die Zumutungen der modernen Lebenswelt, jenes Ensemble aus »Autobahnen, Kernkraftwerken, Flugschneisen, Hochspannungsleitungen, Einkaufszentren, Einzelgängern, Sportlern, Antennen und Garagen«, das laut Peter Weber im Kanton Aargau die höchste Dichte Europas erreicht hat. Er geißelt die

Scheußlichkeiten der Angestelltenkultur und den Sündenpfuhl der Großstadt, die »Zeittotschlaghäuser« (Krausser) für den gehobenen Anspruch und die Geschenkboutiquen für den schlechten Geschmack, die schlampige Sprache der Jugend und den Siegeszug der technischen Moderne im großen und ganzen – wie Helmut Krausser in seinen »mythosophischen« Wälzern.

Dagegen lobt dieser neudeutsche Erzähler aus dem Ersatzteillager der Postmoderne die frische Landluft und die Folklore des Bauerndaseins (Robert Schneider), er versprüht das Parfum des 19. Jahrhunderts (Patrick Süskind) und den Geist des vierten Jahrhunderts vor Christus (Raoul Schrott). Er heißt Konrad Ezechiel Johanser, August Abraham Abderhalden oder Johan Elias Alder – der antiken Taufpatenschaft sind keine Grenzen gesetzt. Dieser fröhliche Fabulierer beschwört »quer zur Weltgeschichte« eine vorletzte Gegen-Welt, in der er unterderhand wieder einführt, was er ironisch zu unterlaufen vorgibt: einen universalen Sinn und hochherrschaftlichen Zugriff. Er ist eine Spielfigur, die das Als-ob einer prästabilisierten Harmonie unbekümmert um die Verwerfungen der Moderne wieder ins Werk setzt – ob er nun die Zeiten »in der Schwebe hält« oder den Ruin des Kosmos »frech verleugnet«.

So kommt das Authentische wieder ins Spiel – und zwar auch von seiten der Rezensenten, die den postmodernen Autor dieser Spielart als eine Art Naturbursche inthronisieren. »Begrüßen wir Peter Weber im kleinen Kreis der vom technischen Zeitalter nicht geschädigten Phantasten«, frohlockt etwa Verena Auffermann nach der Lektüre des »Wettermachers«, und Erich Hackl preist in Robert Schneiders Musiker-Fabel »Schlafes Bruder« jenen biedermeierlichen Ernstfall, der, unbeirrt von der »philisterhaften Forderung nach Weltläufigkeit und Modernität«, eine »neue Schönheit« ins Werk setzt, nämlich »Anteilnahme nicht nur am Geschick seines Helden, sondern auch an der Sehnsucht seiner Leser, auf daß ihnen der Erzähler Rat wisse«.

Der Herrgottswinkeladvokat

Dieser Ratgeber aus Zeiten, als das Erzählen noch geholfen hat, ist ein rechter Herrgottswinkeladvokat, einer, der sich dem Leser im *Pluralis majestatis* anbiedert. Er kommt geradewegs aus der Dorfchronik des 19. Jahrhunderts und will die Vorarlberger Kulisse wieder für die Welt halten. Naturgemäß soll er auch ihre vorzivilisatorische Dingwelt ins Recht setzen, sprich – die Authentizität. Nicht umsonst ist Erich Hackl »verblüfft« von »der Gegenständlichkeit der Sprache Robert Schneiders, der Fülle von exakten Begriffen für Tätigkeiten, Eigenschaften, Regungen«. Der genau kalkulierte Griff nach archaischen und dialektalen Formen zerstreue *»jeden Zweifel an der Authentizität dieser erfundenen Geschichte«*.

Authentisch ist also, was der wackere Chronist des Weltenlaufs unabhängig vom technischen Zeitalter und möglichst hinter den sieben Bergen *»authentisch erfindet«*; die eine Million Exemplare, die Robert Schneider allein im deutschsprachigen Raum verkauft hat, sprechen wohl dafür. Doch auch wenn die erfundene Ursprünglichkeit irgendwie nicht ganz echt ist und die gewieften Autoren das sehr gut wissen, tun sie trotzdem und unter viel Beifall gern so, als ließe sich noch »erzählen« wie anno dazumal. Mag der Wunsch nach dem händchenhaltenden Erzähler, nach einer weisen Oma à la Susanna Tamaros Herzens-Wegweiserin auch noch so erfolgversprechend sein: Das Gewand aus dem Kostümverleih der Literaturgeschichte ist brüchig geworden, die Nähte sind aufgeplatzt. Darunter zum Vorschein kommt jene Geschwätzigkeit, die alles überzieht und vor nichts mehr haltmacht, nicht einmal vor der Wortkargheit der Bergbevölkerung. Nichts stimmt in Schneiders Buch, nicht der Dialekt, die alten Wendungen nicht, nicht die Figuren und nicht die Topographie. Sein Triumph aber ist, daß seine Bauernmalerei aus Zeiten, wo das Holz noch in Klaftern gemessen wurde und das Kreißen der Weiber durchs Tal hallte, nun tatsächlich für bare Münze genommen wird.

Doch weist nicht gerade die Sehnsucht nach dem Märchenonkel auf das Dilemma, daß jedes Erzählen heute unter dem Diktat des Bruches steht? »Ich wollte, etwas Neues begänne. Ich würde es realismus ohne resignation nennen«, schreibt der 32 Jahre junge Michael Roes in seinem gefeierten neuen Roman »Leeres Viertel«. Was immer das Wort vom Realismus ohne Resignation meinen mag – Roes' Reisebericht aus Jemen, eine Mixtur aus historischer Reisegeschichte, anthropologischer Studie und aktueller Jemen-Reportage, macht mobil gegen den universalen Spielsalon der Moderne. Im »Spielraum« der westlichen Welt fehlt dem Autor der existentielle Lebensernst, die »authentische Erfahrung«, wie es in einer Rezension heißt. Roes' Reisebericht, schreibt Iris Radisch, rette »die Poesie des Wirklichen im bundesdeutschen Roman«.

Ernstraum und Wildniswelt

Freilich ist jener »Ernstraum«, den Roes in Jemen zu finden meint, so gut eine Konstruktion wie der empfindsame Reisebericht seines erfundenen Alois Ferdinand Schnittke. Der »ethnologische Blick des Künstlers, der unbewaffnet und wie zum erstenmal auszieht, die Wirklichkeit zu erschreiben« (Radisch), ist nicht weniger von kulturellen Schablonen genormt als Handkes Erfahrungen »seitab in der Wildniswelt«. Roes, selbst professioneller Ethnologe, weiß das. Sogar die Gefühle, schreibt er, »sind ebensowenig authentisch, das heißt unabhängig von kulturellen Konzepten, wie Sprachen und Sichtweisen«. Japaner lächeln, wenn sie traurig sind.

Was den Bericht aus dem Land der Wüstenbewohner allerdings vor allem von Handkes Winterreise unterscheidet, ist eine strukturelle Offenheit, die verschiedene Genres und Erzählmodi zusammenspannt – ohne die Risse zu kitten; schon darum ist sein Text für Botschaften oder Ideologeme nicht anfällig. Vielleicht hat Roes seinen Roman nach Maßgabe jener von Stephen Greenblatt beschriebenen Authentizitätsformel konzipiert, nach der »authentisches Leben« vor allem im gemischten Ensemble zu suchen ist – also »zwischen amerikanischem Stromgenerator, Zirkulation ausländischer Währung, Zollbürokratie von Jakarta und japanischem Videogerät«, wie Helmut Lethen schreibt. »Wo, wenn nicht in diesem ›Dazwischen‹, wären Indizien von Intensität und Ganzheit zu finden?« So wird die Lücke, die potentielle Leerstelle, zum Hort des Authentischen. Wobei »der Begriff der Sehnsucht noch das Präziseste ist, was sich zur Authentizität sagen läßt«.

Sehnsucht richtet sich auf etwas, was sich entzieht, sie ist die heftigste Form der Erinnerung. Erinnerung zielt auf das sich entziehende Leben, sie revoltiert gegen die Verwüstungen des Alters, gegen die Vorarbeit des Todes. Was aber, wenn die Erinnerung selbst sich verflüchtigt, wenn das Vergessen den Siegeszug über die grauen Zellen antritt und die »Raubzüge künftigen Sterbens« beginnen? Kommt dann der Super-8-Film aus Marokko zu seinem Recht?

»Auch ich halte es für möglich, daß wir eines Tages ohne Erinnerung sein werden«, schreibt der Erzähler in Wilhelm Genazinos Prosaband »Das Licht brennt ein Loch in den Tag«. Mit dem Kürzel W. scheinbar »authentisch« beglaubigt oder wenigstens schlecht versteckt (aber darauf kommt es nicht an), hat er sich eine Gedächtnisstütze besonderer Art ausgedacht: er verteilt seine Erinnerungen auf seine Freunde. Im Falle eines Gedächtnisschwundes bittet er, ihm die Erinnerungen in aller Form, nämlich einer Erzählung, zurückzuerstatten. Die brieflich deponierten Gedächtnisschnipsel sind dabei ausdrücklich jenen Metamorphosen anheimgegeben, denen jede *Recherche du temps perdu* naturgemäß unterliegt. Sie sind zugleich Spurensicherungen auf dem Terrain des Verschwindens und ein fortgesetzter Protest gegen »das endgültige Ausbleiben der Erzählung«.

Dabei genügt es, dem inneren Fortsprechen der Ereignisse zuzuhören und das Echo der Eindrücke nicht zum Verstummen zu bringen; nichts ist in Genazinos hoher Schule der Wahrnehmung wichtiger als das Lauschen nach innen, nichts verpönter als das Festzurren eines Eindrucks, das Beharren auf einem So-ist-es-gewesen. So wäre denn jede Photographie, jeder Super-8-Film aus der Familiengruft, sprich: das authentische Material der Erinnerung, bloß Mimesis ans Tote? Und vielleicht ist dann W.s Beschämung beim Anblik der kamelreitenden Eltern nichts anderes als eine Form jenes »gespenstischen Grauens«, das Roland Barthes gemäß jede photographische Reproduktion eines einmaligen Augenblicks wachruft: »Indem die Photographie mir die vollendete Vergangenheit der Pose darbietet, setzt sie für mich den Tod in die Zukunft.«

Gegen diese »vollendete Vergangenheit« der Bilder setzt Genazino das Prinzip 1001 Nacht. Nun ist der Erzähler bekennender Lügner – insofern das Lügen eine natürliche Begleiterscheinung des Sprechens ist, wenn es nicht auf Authentizität, nämlich: Einschüchterung durch das Beweisbare pocht. Das »nicht zu beschwichtigende innere Weiterreden« aber bringt die Verwandlung der Erinnerung von selber hervor. Sie wird so zu einem Versteck und ist damit »vielleicht das Beste, was es für uns gibt«, nämlich »Spielzeug, das wir uns selber bauen«.

Dann wäre jener universelle »Spielraum«, von dem Roes schreibt, vielleicht nicht bloß gekennzeichnet durch seine Beliebigkeit, sondern auch durch die Angst vor dem Tod oder »die prinzipielle Verlegenheit vor dem Leben«, wie Genazino das nennt. Müssen wir wirklich nach Jemen, um eine Erfahrung zu machen, ist das Ende der Welt so viel spannender als ein Supermarkt, ist der »Ernstraum« der Literatur nur in Kriegsgebieten zu finden?

Der authentische Ort der Literatur ist das Papier, ihre Wirklichkeit ist die Sprache, nichts sonst. Ihr Medium ist die Imagination und die Reflexion. Schon Poe hat die Beschreibung des Selbst als ein Abenteuer bezeichnet, bei dem sich die Feder auf dem Papier sträubt. Peter Handke war einmal ein solcher Abenteurer des Selbst, Brigitte Kronauer ist so eine Wagemutige der Sprache; es gäbe andere Namen. Doch das schriftstellerische Abenteuer, das im Satz Fakten und Wunder schafft, scheint zunehmend in Mißkredit zu geraten. Die deutsche Literatur soll irgendwie latein- oder wenigstens US-amerikanisch, aber Hauptsache *wieder Welt erzählen*.

Genazino ist ein Hasardeur des Weltlosen, ein Minimalist der Disproportionen. Seine Wahrnehmungen gehen vom Winzigsten aus und rühren doch an das Mächtigste: an die Scham und den Tod. »Es war, als sollte die Scham ihn überleben« – dieser Satz Kafkas, der letzte aus dem »Prozeß«, könnte als Motto über Genazinos Werk stehen; gewissermaßen als Negativ-Losung. Denn Genazinos Prosa ist der fortgesetzte Beweis, daß man die Scham überleben kann, wenn die Erinnerung spielerisch bleibt, also die Selbstbegnadigung zuläßt.

Und das geht so: Ein kleiner Hund, in »ein grünes Leibchen« gewandet, bringt W. zum Lachen. Das eingestrickte Hündchen erinnert ihn an sein eigenes Leibchen aus Schulzeiten, »ein kratzendes Ding, dessen ich mich manchmal heute noch schäme, besonders wegen der beiden Strumpfhalter«. Es kommt ihm dabei so vor, als lache er beim Anblick des »vorübereilenden Kaffeewärmers« auch über seine Scham von damals. Das ist sein Sieg. Denn hier gelingt die Transformation einer Erinnerung. Und zwar so, daß nur übrigbleibt, was noch immer aufhebenswert ist: ihr komischer Gewinn.

Jede Erinnerung ist das Echo eines Eindrucks und schon »das Reden jedes Kindes nichts anderes als der Beginn seines nicht enthüllten Nachrufs«. Genazino hat die Nachrufe auf »das Nichtverstandene« in seinem Leben in einhundertfünfzehn *dépôts mémoires* angelegt; sie sollen in den Köpfen der Freunde fortleben. Sie sollen ihre Gestalt verändern; freilich durchaus nicht, um verstanden zu werden. W. braucht keine Photos, er fürchtet die sogenannte »Realität«. Und er liebt das Wirkliche, zum Beispiel den Schnee auf den Dächern vorüberfahrender Züge. Sein Erinnern wird so »zu einer beweglich bleibenden Selbsterzählung, die auf Authentizität verzichtet« (Klappentext). W. selbst sagt es schöner, im letzten Satz: »Authentisch ist einzig, daß ich Freude empfinde, wenn ich reisenden Schnee sehe, und nie weiß warum«.

IRIS RADISCH

Der Herbst des Quatschocento

Immer noch, jetzt erst recht, gibt es zwei deutsche Literaturen: selbstverliebter Realismus im Westen, tragischer Expressionismus im Osten

Noch zwei Jahre, zwei Monate, vierzehn Tage und Ende. Jahrhundertende, Jahrtausendende, Ende der Milleniumsdebatten, Ende der Resümees, der Schlußworte, der Jahrhundertsätze.

Was war dieses Jahrhundert? Ein Spatz, den die Katze das Dach hinaufträgt? Ein Exekutionskommando im Dauereinsatz? Die Autoren sind sich naturgemäß uneins (laut unserer kleinen und zugegeben größenwahnsinnigen Jahrhundertumfrage auf den folgenden Seiten). War es ein besonders phantasieloses Jahrhundert? Das schlimmste aller Jahrhunderte oder nur so schlimm wie alle Jahrhunderte?

Fragen, die niemand beantworten kann, sind Fragen für Dichter. Deutschland am Ende des Jahrhunderts, gesehen von jungen Autoren zwischen Frankfurt und Prenzlauerberg, zwischen Glauburg- und Dunckerstraße. Ein endloses, schier unmögliches Thema. So viele Verlage, so viele Autoren, jedes Jahr neue Trends, neue Entdeckungen – kann kein Mensch mehr übersehen. Denkt man. Denkt man aber falsch. Denn seitdem die Verleger immer breitere Streuschüsse auf die Leser abgeben, um überhaupt noch irgend jemanden zu treffen; seitdem sie meist ohnehin mit immer höheren, immer schwindelerregenderen Schecks nach Amerika unterwegs sind, um den deutschen Markt mit der sogenannten lesbaren Literatur notzuversorgen; seitdem sich hierzulande angeblich außer ein paar weltfremden Kritikern kein Schwein mehr für die deutsche Gegenwartsliteratur interessiert, weil die, so heißt es, völlig ungenießbar geworden sei – seitdem ist nicht passiert, was zu erwarten war. Die deutsche Literatur liegt nicht auf dem alimentierten Lotterbett, sie ist weder unlesbar noch unüberschaubar. Im Gegenteil. Es gibt vielmehr zwei blühende Literaturlandschaften, die eins gemeinsam haben: Sie sind vollständig voneinander getrennt. In der einen deutschen Kulturnation gibt es am Jahrhundertende zwei deutsche Literaturen, die ganz und gar nichts miteinander zu tun haben.

Das ist nicht neu. »Ich halte den Satz für zweifelhaft, daß wir alle in einer gemeinsamen Sprache schrieben oder uns ausdrückten«, sagte Uwe Johnson 1964. »Zwischen den Schriftstellern der beiden Währungsgebiete in Deutschland herrscht durchaus eine Meinungsverschiedenheit über den einfachen deutschen Satz. Sie sind sich nicht einig, welcher Satz auf eine literarische Weise gut ist.«

Damals konnte man noch rätseln, wie Freiheit oder Friede, Partei oder Parlamentarismus hüben und drüben buchstabiert wird, konnte Lukács gegen Horkheimer und Marcuse gegen Becher in den Kalten Krieg schicken. Spuren davon finden sich noch immer im Briefwechsel zwischen Jürgen Habermas und Christa Wolf. »Die deutsche Zweistaatlichkeit«, meldet Christa Wolf, »hat sich in beiden Bevölkerungsteilen nach innen ausgewirkt, sie hat eine östliche und eine westliche intellektuelle und emotionale Befangenheit erzeugt, eine Befangenheit, die unter anderem auch dazu geführt hat, daß sich beide in verschiedener Weise vom Traditionspotential der vorgängigen einheitlichen deutschen Kultur entfernt haben.« Habermas antwortet, er sehe keinen Grund, sich für befangen zu halten und die Westbindung der deutschen Seele zu verleugnen.

Was die Alten sungen, weiß inzwischen jeder: Der Osten ist tragisch, der Westen lustig. Der Osten beruft sich auf die metaphysischen Traditionen der deutschen Geistesgeschichte, der Westen auf den amerikanischen Pragmatismus. Im Osten marschieren die Moorsoldaten durchs Theater, im Westen die Versace-Girlies durch die Warentempel. Im Osten gedeihen die herzzerreißenden Konflikte, das Verhängnis, die tiefen Gefühle, im Westen die Events, die Parties und der Autismus.

Wolfgang Hilbig lobt in seiner Lessing-Preisrede am Osten, was dem Westen fehlt – unabhängiges Denken, die Fähigkeit zum Widerstand. Der junge ostdeutsche Theaterautor Thomas Oberender fordert in der *ZEIT* den Aufstand »der tragischen Masse« gegen die Lego-Männchen, »zusammengebaut aus Sony und Jil Sander«. Und der junge Ostberliner Dichter Johannes Jansen beschreibt in seinem jüngsten Buch den letzten Menschen der westlichen Zivilisation als eine von innen verspiegelte Kastenfigur, die »sich ständig nur selbst sieht«. Womit gesagt sein soll: Sieht der Ostler den Westler, sieht er nur noch Rossini-Deutsche – und zwar durchaus nicht mehr die von der soliden altbundesrepublikanischen Sorte aus Macht und Geld und Mannesbrust, sondern eine synthetische neudeutsche Variante aus »seifglatten Arschgesichtern«, Narzißmus und technoiden Schraubverschlüssen. Lebende Tote.

Die Westbindung der westlichen Seele – vormals noch nachsichtig für »befangen« erklärt – ist inzwischen im ostdeutschen Bewußtsein zum Schreckenszeichen des Nichtauthentischen, des Seifglatten und des Falschen avanciert. Der Westmensch surft auf dem Lack der Erscheinungen, der faden Speckseite der Existenz, der Ostmensch wühlt untertage im Bergwerk des Lebensernstes. Und schon wieder sind sich die Schriftsteller nicht einig, welcher Satz auf eine literarische Weise gut ist.

Im Westen könnte so ein Satz zum Beispiel so lauten: »Als sie das erste Mal in unserer Photo AG auftauchte, zehn Tage vor Gregors Geburtstag und zehn Minuten zu spät, um die Abstimmung noch mitzubekommen, nach nassen Fliegerstiefeln roch's und nassen Parkas –, als sie das erste Mal in unserm Dienstagabend auftauchte, hatten wir jede Menge Krokusse dabei, Palmkätzchen, Forsythien, in Hochglanz oder Seidenmatt, trotzdem diskutierten wir mal wieder darüber, daß die Tecklenburger endlich ihr eigenes Jugendzentrum bekommen sollten: In unserer Gruppe war zwar – außer Vögler, dessen Vater voriges Jahr ein Heuerhaus in Ringel gekauft hatte –, also bei uns war zwar jeder aus Lengerich, aber in der Schach AG, direkt nebenan, da saßen zwei aus Tecklenburg, und wenn das so weiterging …« Und so geht das weiter, detailverliebt, familiär, jugendfrisch, wenig spektakulär.

Der Satz ist der erste Satz des vielgerühmten »Weiberromans« des Münchner Autors Matthias Politycki. Er zeigt die westdeutsche Kunst der Satzbildnerei in der ganzen Pracht ihrer augenblicklichen Blüte. Er ist materialreich, konkret, von offener Lebensart und dennoch nostalgisch, ein wenig ironisch und minimal gedrechselt, er duftet nach der verflossenen bundesdeutschen Jugend, wurzelt zuverlässig im Regionalen und ist von unschlagbarer Diesseitigkeit.

Vieles spricht dafür, daß dem Autor in seiner modernen Adaption des »Uns geht's ja noch gold«-Stils der exemplarische Roman einer Jugend im Wohlfahrtsdeutschland geglückt ist. Die pubertäre Rollenprosa der Lümmel von der letzten Bank beherrscht Matthias Politycki makellos. Treudoof wird hier seitenlang den scharfen Weibern hinterhergestiert, der Wegensteiner Poldi oder der Möslacher Ferdl findet mal diese, mal jene Braut besonders heiß, die studentische Jugend diskutiert unablässig darüber, ob sie weiterdiskutieren und wer überhaupt den Mülleimer runtertragen soll, die Kerle tragen Zopfmusterstrümpfe, prügeln sich im »Popclub«, die Miezen tragen schwer an ihren Pickeln und versenken sich in *Petra* und *Brigitte*. Das ist so kunstvoll naiv, daß mancher darauf hereinfällt: »Politycki verabscheut vergeistigte Büchermenschen«, jubelt ein seinerseits wenig vergeistigtes deutsches Nachrichtenmagazin, sein Held sei von Kopf bis Fuß, von Omo bis zum Bioweichspüler, ganz ein »Kind seiner Zeit«.

Wahr daran ist, daß Politycki versucht, den Geist der Zeiten aus ihren Alltagsphänomenen herauszulesen. Besessen vervollständigt er Turnschuh um Stöckelschuh seine Inventarliste der siebziger und achtziger Jahre, schichtet fleißig Schlaghose auf Batik-T-Shirt, Futonmatratzen auf Tina Turner, David Hamilton auf Topfenstrudel – und glaubt, in diesem Tanz ums goldene Detail, im Aufzählreim des Faktischen den Schlüssel zum Geheimnis des Lebens in den Händen zu halten. Das Museum des Konkreten ist nach einigen hundert Seiten bis zum Rand gefüllt, jeder Satz eine neue Seite aus dem Versandhauskatalog des Westens. Die Rück- und Schreckensseite dieser musealen Frohsinnswelt schimmert nicht einmal mehr zwischen den Zeilen durch das Werk. Ein kunstvoller Positivismus hält noch den letzten Stubenwinkel dieses Spitzenprodukts westdeutscher Reihenhausprosa besetzt. »Eine Welt vollkommen ohne Alternative«, wie Wolfgang Hilbig wohl sagen würde.

So werden Zerrbilder zu Literatur. Nicht mal zu schlechter. Denn dieses breitmundige Auf- und Aberzählen an der Oberfläche des Vaterlandes rettet in der Kunst, was im Leben nicht zu retten ist – die Insignien, den Geruch, die Gesten, die Melodie der alten Bundesrepublik.

Wer höher hinaus-, tiefer in die Vergangenheit hinabmöchte, bleibt schnell in zeitgeschichtlicher Folklore, der dürftigen Mickymausversion eines geschichtlichen Ereignisses stecken. Was war der deutsche Herbst 1977? Bei dem Westberliner Szeneautor Michael Wildenhain ein ödes Indianerspiel mit Wasserwerfern, Schlagstöcken, Schützenpanzern und Bullenmannschaften. Geschichte ist hier ein Aufmarsch von Abziehbildern, die sich in ihrer Grobschlächtigkeit vom herben Charme einer Waschmittelwerbung kaum unterscheiden. Wie begann die Studentenrevolte? Bei F. C. Delius so zart, daß es niemand bemerkt hat. Der Held seiner jüngsten Prosastudie »Amerikahaus und Der Tanz um die Frauen« taumelt anno 1966 zwischen Steinplatz und Hardenbergstraße so geistesabwesend hin und her, als wär' er nicht dabeigewesen, ein Zuschauer des Lebens, verstrickt in protestantische Skrupel und allzu stille Liebeshändel. Überall: nichts als Strohpuppen, Museumswärter der bundesdeutschen Geschichte.

Der Befund konservativer Kulturkritik, wonach der Kapitalismus seiner »geistigen Natur nach eine Sintflut der Äußerlichkeit« sei, spiegelt sich in diesen Zeugnissen westdeutscher Phänomenologie im milden Herbstlicht einer leidenschaftslosen Verzweiflung. Die Heroen der spätkapitalistischen Vereinsamung leben ohne Arbeit, ohne Frau und Kind, allein mit ihrem Haustier, stehen dumm vor Hertie rum, würden (wie der Held in Matthias Altenburgs Roman »Landschaft mit Wölfen«) aus Langeweile gerne ein Massaker begehen und »denken und fühlen wie alle«. »Wenn man es recht bedenkt«, sinniert Altenburgs depressiver Jedermann, »ist das Leben gar nicht so unangenehm. Je weniger Gedanken man sich macht, desto angenehmer ist es.« Von der Sintflut der Äußerlichkeiten ist inzwischen zwar nur noch eine dürftige Pfütze übriggeblieben, doch in der watet der Held der westlichen Welt schicksalsergeben hin und her, als wär's das große, weite Meer. Einen Ausgang aus der geschlossenen Anstalt Spätkapitalismus gibt es nicht; der Westmensch weiß am Jahrhundertende, was er tut, wenn er sich's in Mittelmaß und Melancholie mit einer letzten Cola-Dose bequem macht – er tut nichts. Soweit die Meldungen aus dem Westen.

Und wie lautet ein literarisch gelungener Satz aus dem Beitrittsgebiet Ost? »Und mittendrin immer die Gleichen: die unübersehbare Horde Kapo-Typen; als 1. die Vorgesetzten: Verhaltensstörung & Sexualkomplex auf Latschen, im Scheffsessel Dünkel Ordnungswahn & Herrschergelüste wie schon im Kindergarten träniert, jeder Scheff 1 Käsar / Als 2. die devoten Mitarbeiter Mitdiener Mitesser: dieselben Verhaltensstörungen & dieselben Sexualkomplexe, auf der Ruderbank Dünkel Unter-Ordnungswahn & Lakaiengelüste wie schon im Kindergarten träniert; der Sklave ist des Sklaven Feind – eine Hundestaffel: Bellen & Beißen für fremdes Eigentum, Jaulen für den Herrn & Scheißefressen, wenns Dem gefällt ... Ich weiß, wovon ich rede: All die Jahre Mistviech unter Mistviechern, die das Krumm &viechsein ausleben im Pferch dieser Drexarbeitswelt ...«

Reinhard Jirgl heißt der Meister des ostdeutschen Satzes, sein neuer, gerade erschienener gut fünfhundert Seiten starker Roman heißt »Hundsnächte« und ist ein penetrantes, ein völlig aus dem Ruder des literarischen Anstands gelaufenes, kreischendes, psalmodierendes, blutiges, unerträgliches, aggressives, faszinierendes, wütendes, obsessives und intelligentes Buch.

Ort der Handlung ist Abrißdeutschland, sind die äußeren und inneren Mondlandschaften des vereinigten Landes. Die auftretenden Personen: eine beinahe unübersehbare Horde, ein Chor von Stimmen, zynischen Tätern, erbarmungswürdigen Opfern, verlassenen Kindern, enttäuschten Liebenden, Mördern, Mitläufern, alle einsam, alle in einem undurchschaubaren Netzwerk der Schuld und der Gewalt miteinander im Bunde. Ein Dorf soll geschleift, eine Frau zurückgewonnen werden, eine Hure geht ihrem Nachtwerk nach, ein Mann wird gekreuzigt. Endlos werden Lebensgeschichten erzählt – wie dieser, wie jene ins Unglück stürzte und wie alle zusammen das Gefühl nicht loswerden, immerzu in naßkalten Windströmen stehengelassen zu werden.

Dieser neue deutsche Trümmer-Expressionismus verläßt von Anbeginn das gebohnerte Parkett, auf dem die westdeutschen Autoren virtuos ihren Reigen tanzen. Die Masken fallen, die Nachtmahre werden Wirklichkeit und die Wirklichkeit zu Nachtmahren. Das Leben spielt sich nicht länger auf der Beletage ab, wo man Schlaghosen trägt und an den Pickeln puhlt, es trägt sich weiter unten zu, in den Kellern, im Unbewußten, in den Verliesen und Totenkammern der Existenz. Da, wo unserem »Quatschocento« der Hahn abgedreht wird. Da, wo »Das Andere« haust, das, was »hinter den Masken verborgen liegt«. Da, wo alle Menschen nackt, wo sie auf »das Uralte, auf den Schmerz zurückgeworfen« sind. Wer sich diesem Abstieg in die Unterwelt, »der Tiefe des Kontrastes Tod«, verweigert, kommt mit Sicherheit aus dem Land der totalen Todesvergessenheit, ergo aus dem Westen.

Und weil jemand wie Reinhard Jirgl nun alles andere

als todesvergessen genannt werden kann, blutopfert und zerstückelt und erniedrigt und verbrennt und zermalmt und tranchiert und präpariert der Mensch den Menschen in diesem Roman, daß es manchmal nicht mehr mit anzulesen ist. Das eben, heißt es, sei das »Kennzeichen dieses=ganzen letzten Jahrhunderts am Rand zu seinem Abgrund ins nächste Jahrtausend: das Zerreißen, das Zerstückeln: in all seinen Variationen & Verschiedenheiten«, zu Lande, zu Papier und zu allen Zeiten. Denn nicht nur die Masken und die Knochen splittern, auch die Rechtschreibung, der Satzbau und die Semantik werden in dieser Prosa zerfetzt, um dem Leben, dem Schreiben auf den Grund zu kommen. Mehr noch: Die gesamte Menschheitsgeschichte wird in dieses große Zerstörungswerk einbezogen, alles ist Teil eines gigantischen Untergangstaumels, der von der Guillotine auf der Place de la Concorde bis zur jüngsten Totgeburt, dem »Giftgebräu Vereinigtes Europa«, reicht, vom Römischen zum katholischen zum germanischen zum kommunistischen Reich, auf daß die Urgeschichte und die Geschichte im großen Katastrophenbrei verrührt und ununterscheidbar werden.

So wiederholen sich im Augenblick die Bilder und Figuren eines alten Konfliktes. Es gibt in Ostdeutschland eine neue tragische Literatur, die sich von dem melancholischen Minimalismus des Westens weit entfernt hat. Einen poetischen Vitalismus (und sei es ein Vitalismus zum Tode), der antritt gegen den Beschreibungsfetischismus der früh gealterten jungen Westliteratur. Ganz so wie sintemal zu Zeiten der konservativen Revolution die »tragische Essenz« gegen die westliche »Dekadenz«.

Reinhard Jirgl ist der radikalste, der wildeste Apologet dieses »Anderen«, das im »zentralbeheizten Neandertal« des Status quo immerzu verdrängt wird und in den schwarzen Alpträumen der Literatur blutig wiederkehrt. Der einzige ist er nicht. Wolfgang Hilbig ist auf dem Todesstreifen zwischen Ost und West ein bereits routinierter Leichensammler. Ulrich Zieger entwirft in seinem vollkommen unbeachteten Roman »Der Kasten« eine geheimdienstliche Wahnwelt, in welcher der verlorene Lebensgrund, die abgestorbene Erinnerung als ein totenstarres Gespenst, ein unauflösbares Rätsel herumspukt. Und auch Ingo Schramm trägt den letzten Menschen in seinem Roman »Aprilmechanik« als Automaten der Arbeitslosenwelt, als »Grießkörnchen im süßen Brei einer verkochten Moderne« zu Grabe.

Sie alle sind in einem beinahe vergessenen Sinn »gesellschaftskritisch«. Sie alle erinnern an etwas, das der Literatur, jenseits politischer Zuschreibungen, nur um den Preis der Langeweile, der Plauderei und der Verharmlosung ausgetrieben werden kann – an ein authentisches Leben in der Warenrepublik Deutschland. Ihre Endzeitgesänge sind Einspruch ohne Trost, Abrechnung ohne Rezept. Ihre aufgebrachten Bilder, ihre wütende Todeslust haben mit der fürsorglichen und gestelzten Tristesse, der aufgekratzten Munterkeit der alten DDR-Literatur genausowenig zu tun wie mit der nekrophilen Kärntner Ministrantenprosa oder dem juvenilen, stillen Leid der literarischen Zierpflänzchen aus dem Westen.

Welcher deutsche Satz ist auf eine literarische Weise gut? Wohl der, der das Herz trifft, seine Einsamkeit, seine Verletzlichkeit und die naßkalten Winde, in denen es stehengelassen wurde. Noch immer ist ein guter Satz eher eine Axt im gefrorenen Meer als eine Kuchengabel in der Schlagsahne des Zeitgeistes. Er schleppt vielleicht noch allzu schwer an dem Moder und Ruinenstaub, der schwarzen Galle in den Ostberliner Seelen. Er ist vielleicht noch viel zu schrill, viel zu häßlich, viel zu traurig, viel zu kompliziert, viel zu fanatisch und viel zu blutig. Und doch ist die westliche Comédie humaine aus Stöckelschuh und Straßenschlacht gegen einen solchen Satz ein literarisches Leichtgewicht. Genügsam, gekonnt, glatt, mehr oder weniger gelungen – und morgen vergessen.

Noch zwei Jahre, zwei Monate und vierzehn Tage. Die Katze trägt den Spatz das Dach hinauf. Der Wind weht kalt. Die Literatur träumt ihre Alpträume. Keine schlechte Bilanz.

ANDREA KÖHLER

Seasons in the sun

Matthias Polityckis »Weiberroman« und die junge deutsche Literatur

Er trägt Nickelbrille, Ringelpullunder, Lee-Jeans mit Schlag und eine Mackermiene zur Schau; der Kampf gegen die Pickel ist mit Hilfe von »Clearasil« in sein vorletztes Stadium getreten. Sein Zimmer ist ausgestattet mit Apfelsinenkisten und schwarz bemalten Eierkartons, sein Seelenhaushalt mit Titeln wie »Stairway to Heaven« und »Whole Lotta Love«. – Sie trägt Mustang-Jeans, Joan-Baez-Mittelscheitel und gebatikte T-Shirts, im Jung-Mädchen-Zimmer (Flokati-Teppich und Räucherstäbchen) prangt überm Setzkasten ein lebensgroßes Plakat von Leonard Cohen; neben der Klassik-LP lagern Neil Young, Cat Stevens und – der Abschuß! – »Seasons in the sun«. Sie heißt Kristina, ist die Neue in der Photo-AG und sozusagen das ideelle Gesamt-Bravo-Girl. So waren sie, die siebziger Jahre in Lengerich, Westfalen, und anderswo – »während Willy für das Gute kämpfte in der Welt«.

In Wien dann, der Held ist Teilzeitstudent mit Dauerabo im »Popclub«, hat sich die Nickelbrille »an den Bügelscharnieren grünspanmäßig stark verbessert«. Aber sonst ist es in Wien eher nicht so, wie's war in den späteren siebziger Jahren – in Marburg zum Beispiel, in Göttingen oder anderswo. Oder »ist es etwa normal«, daß es 1. an der Uni gar keine Roten Zellen gab, 2. sich niemand im Germanistik-Proseminar auf die Frankfurter Schule berief, 3. niemals und nirgends ein *Happening* oder *Sit-in* stattfand und 4. die »schönen Wienerinnen« weder Latzhosen trugen noch Birkenstock-Clogs, sondern Schuhe mit hohen Absätzen? So kommt der Held auf der Flucht vor der Bundeswehr in den Genuß eines Wiener Vollbluts – und das in der Ära Schwarzer. Sie heißt Tania, trägt Kleider mit

Bauchnabel-Guckloch und ist das »Playmate« des Monats Dezember. Waren sie so, die späten siebziger Jahre in Wien – während die RAF gegen das Böse mordete in der Welt?

Und dann Stuttgart. Der Held steht kurz vorm Studienabschluß und dem Kauf einer Brille von Kenzo, die passende Frau dazu ist Chef-Stewardeß mit Krizia-Kostüm, morgendlich frisch angesetzter Kefir-Kultur und feierabendlichem Kuschelbedürfnis; tagsüber trägt sie Fogal-Strümpfe, nachts Frotteesocken im Bett. In der Musikbox herrscht »Ein bißchen Frieden«, in der gemeinsamen Poggenpool-Küche der Vorehekrieg. Sie heißt Katharina und entstammt den Hochglanz-Gazetten von »Brigitte« bis »Vogue«. So war sie, die hedonistische Zeit bis zum Mauerfall – und keiner kümmerte sich um das Gute in der Welt.

Triptychon einer Generation

Kristina, Tania, Katharina heißt das weibliche Triptychon eines Männerromans, Lengerich, Wien, Stuttgart sind die Kulissen auf dem Altarbild der siebziger und achtziger Jahre. Und »Weiberroman« nennt sich das gefeierte Sittengemälde einer Generation, die nun endlich in Amt, Recht und Würden gesetzt werden soll – und das nicht zuletzt *in aestheticis*. Matthias Politycki, ihr Apologet, nennt sie »die 78er«.

Die deutsche Literatur hat einen neuen Helden. Er heißt Gregor Schattschneider und ist kraft seines Schöpfers der Phänotyp jenes Jahrgangs, der bisher als »Generation ohne Eigenschaften« durchging, nun aber als »Missing link zwischen 68ern und 89ern« firmieren soll. Der Soziologe Reinhard Mohr hat die »Generation, die nach der Revolte kam« schon 1992 auf den Begriff gebracht. »Zaungäste« nannte er das Porträt einer »historisch überflüssigen Zwischengeneration«, die von den alten Kämpen der außerparlamentarischen Opposition die eroberten Privilegien, nicht aber die ideologische Ausrüstung erbte. »Eingeklemmt zwischen verlorenen Illusionen und bedrohlichen Aussichten«, war diese Schicksalsgemeinschaft der heute etwa Vierzigjährigen für die marxistisch gestählte Selbstgewißheit der Achtundsechziger zu jung und für das markengepolsterte Feeling der Schampus-und-Cashmere-Generation zu alt – jener Altersgruppe mithin, der die Gnade der späten Geburt und der Epochenbruch zum 89er-Etikett verhalfen. In Christian Krachts Yuppie-Roman »Faserland« kam sie zu ersten literarischen Ehren.

»Wie? 78er Generation? Was soll 1978 denn gewesen sein?« In einer von ihm selbst zum Erscheinen des »Weiberromans« lancierten – und weitgehend auch von ihm selbst bestrittenen – Debatte im deutschen Feuilleton hat Matthias Politycki die pseudotheoretische Garnitur zu seiner Generationen-Epopöe geliefert. Was zeichnet sie aus, die Generation ohne Credo und Eigenschaften? »Nichts, das ist ja gerade das Schöne!« Nichts und niemand außer dem »Betroffenheitsfachmann« und der »WG-Gleichstellungsbeauftragten in Sachen Geschirrspülen«, nichts außer dem »Latzhosenzorro für einen politisch korrekten Orgasmus« und einer ausgewachsenen Antipathie gegen die junge deutsche Edition-Suhrkamp-Literatur. Ja, so sind sie, die 78er: »Einzelindividuen ohne Anspruch an generationenübergreifende Gesellschafts- oder wenigstens Literaturentwürfe«, aber trotzdem nicht weniger als »Wegbereiter der Postmoderne«, hoch zu Roß in unsrer »epochalen Sattelzeit« und voller Ressentiments gegen »die langwierige Erkundung von Bleistiften« und die Niemandsbucht der »Aftermoderne«. Unverbesserliche Individualisten sind sie, aber trotzdem »pragmatische Kultur-Realos« im »Schnittpunkt zwischen Moderne und Postmoderne«, ohne theoretischen Anspruch, aber mit einer ausführlichen Aversion gegen alles »Avantgardistische« oder gar »Experimentelle«.

Nein, »abgesehen von ihrer Fähigkeit, jeden gleich niederzuduzen und sich in Männerselbsthilfegruppen mal so richtig auszuhäkeln«, haben die heute 35- bis 45jährigen offensichtlich nicht viel zu bieten – nur einen gut gefüllten Plattenschrank. »Literatur muß sein wie Rock-Musik« – darum betet Politycki in seinen poetologischen Proklamationen die Top ten der Siebziger rauf und runter wie einen Rosenkranz. Darum enthält seine sogenannte Ästhetik keine andren Kriterien als »Kraft« und *ein unheimlich gutes Gefühl.* »Literatur muß sein wie Led Zeppelin«, lautet – nur unmaßgeblich verkürzt – die Conclusio von Polityckis Münchner Poetikvorlesungen, und die passende Frage dazu heißt: »Weißt du noch, wie es damals war?« (Howard Carpendale). Damit hat die ewige Diskussion um den anämischen Zustand der deutschen Gegenwartsliteratur ihren vorläufigen Tiefpunkt erreicht.

Sittenbild mit Zaungästen

»Sie müssen von Generation zu Generation immer wieder neu erzählt werden, die Liebesgeschichten, und zwar dringend«, mahnt der Klappentext von Polityckis hochgelobtem Sittenbild mit Zaungästen. Der »Weiberroman« also, der Roman einer verschlafenen, zu spät gekommenen Generation. Unter der großmäuligen Überschrift steht »Historisch kritische Ausgabe«.

Nun ist die Herausgebermasche mittlerweile ein probates Mittel, den eigenen Unernst als postmoderne Schäkerei zu verkaufen – kaum ein Buch der jüngsten deutschen Gegenwartsliteratur kommt ohne Fußnoten oder Anmerkungsapparat, ohne mittelalterliche Handschriften oder Nachlaßpapiere aus uralten Zeiten aus. Die spannende Frage dabei ist natürlich, was sich da im ironischen Design deutscher Gelehrsamkeit kostümiert: die wohlstandsgesättigte Erfahrungsarmut oder die schiere Angst vor der unheimlichen Gegenwart. Und nun gar die Liebe?

Der vorlaute Titel gibt schon vorsorglich Auskunft über die erotische Konstitution eines Helden, der sich bestenfalls als »Dampfplauderer« (Lengerich) oder »Spassettelmacher« (Wien) zum schwierigsten aller Gefühle verhält.

Der »Weiberroman« ist, wen wundert's, ein Männerroman, und Frauen kommen darin höchstens als Weichbild der Wünsche und Scherenschnitte der Sehnsucht vor. Und vielleicht ist das sogar das Gelungenste an dem Buch: daß es so artistisch beflissen und kunstreich komisch um jede Anstrengung des Gefühls herumsurft. Sein ironisch abgedichteter Positivismus aus den Konsumtempeln des westdeutschen Wohlfahrtsstaats ist jedenfalls von einer geradezu gebieterischen Munterkeit.

An ihren Labeln sollt ihr sie erkennen. Die »Generation, die nach der Revolte kam«, hat keine Meinungen, sondern Lebensstile, ihre Identität gründet nicht in der Zugehörigkeit zu einer sozialen Gruppe, sondern in der richtigen Jeansmarke. Von »After eight« bis »Omo«, von »Prickel-Pit« über »Charlie« zur Bifi-Wurst durchs WG-Klo zurück zum Futon-Hochbett, von »Dalli Dalli« bis »Nights in white Satin« wird das Inventar der siebziger und achtziger Jahre heruntergespult. Politycki setzt auf die Wiedersehensfreude, auf das schunkelnde »Weißt-du-noch«. Und das Kalkül geht auf: Der »Weiberroman« ist für seine fetischistische Katalogisierung der alten Republik heftig gelobt worden.

Sein Impuls ist rückwärtsgewandt, und das Programm heißt »restromantische« Ironie. Die 78er, das sind offenbar die, die von einer bildungs- und anekdotengesättigten Nostalgie noch immer nicht lassen können. Daß diese Ironie zugleich pedantisch, selbstgefällig und geschwätzig daherkommt, ist womöglich ihr generationsspezifisches Markenzeichen – pedantisch wie das endlose Beziehungsgeschwafel, geschwätzig wie das haltlose Wohngemeinschaftsgebrabbel, selbstgefällig wie die von keinem Ernst des Lebens angekränkelte Blauäugigkeit häkelnder Latzhosenträger. Geschichtslosigkeit als Programm – das bleibt auch stilistisch nicht ohne Folgen.

Denn das egalitäre Prinzip des »restromantischen Realidealismus«, sprich: der Blödelei, macht alles gleich. So werden die Morde der RAF in der gleichen Fußnote abgehandelt wie ein Rezept für Altbierbowle, so sind der Radikalenerlaß oder Watergate gleichermaßen Anlaß zu albernen »Anmerkungen« wie »die Schmach von Cordoba« (Krankls 3:2) und der Tod eines lila gefärbten Meerferkels in einem Bierstiefel. Das ist lustig, gewiß, schon weil die detailergebene Nivellierung von Rang und Sinn in den Fußnoten selbst noch einmal tadelnd vermerkt wird. Aber wo alles lustig ist, ist eben manches auch blöde.

Nun will Politycki den Sound einer Generation ohne Credo kreieren, und da kommt es – wie in der Popmusik – weniger auf den Text an als auf Rhythmus und Melodie. Der Autor beherrscht ohne Zweifel die hohe Kunst, schnittige Dialoge zu bosseln, er spielt mit Neologismen und Dialekten, mit Refrain, Ellipse und retardierenden Intervallen und feiert den Rhythmus der männlichen Großmannssucht in immer neuen Einsätzen – ein stilistisches Verfahren, das musikalisch genannt werden darf. Erklärtes Ziel dabei ist, dem Leser jenen »Glanz in die Augen zu zaubern«, den bei ihm selbst bestenfalls Fleetwood Mac, Wishbone Ash und Ten Years after hinkriegen. Ja, die junge deutsche Literatur »muß sein wie Led Zeppelin«, ihr Vorbild sind »die Amerikaner«, und ihre vornehmste literarische Kategorie heißt *Drive*.

Wahr ist, daß der Ruf nach einer lebenstüchtigen, ja »volksnahen« (Politycki) deutschen Literatur nicht mehr verstummt. Die junge deutsche Literatur, lautet die ewige Litanei, sei sterbenslangweilig, und vielleicht ist da – von der Verallgemeinerung einmal abgesehen – sogar etwas dran. Doch ist sie, wenn schon, nicht langweilig, weil sie nicht »unterhaltsam« oder sonstwie amerikanisch ist, sondern weil sie so ironisch abgefeimt tut und in Wahrheit nostalgisch und selbstverliebt ist – geschlagen mit einer unbeugsamen Abneigung gegen alles, was das Bücherregal noch vom Disc-Player und das Leben vom Supermarkt unterscheidet. Wenn »die Literatur wieder raus muß aus dem Homeland für Bildungseliten« (Politycki), dann reicht es nicht aus, in Lengerich Platten zu stapeln und Pickel zu zählen.

Polityckis prästabiliertes Panoptikum der Vorwendezeit ist zwar besser als seine kurzbeinige »Poetik«. Doch wird auch im Warenhaus seiner Heiterkeit mit Kredit auf verlorene Schatten bezahlt. Der taghellen pubertären Provinz des »Weiberromans« fehlt der Schlaf der Vernunft ebenso wie der inkriminierten Kopfliteratur das Gewicht der Welt. Die »innere Notwendigkeit« eines Textes, die Politycki so lauthals beschwört, entsteht nicht aus dem Rock des Faktischen, sondern aus dem Blues des Verdrängten – anders gesagt: aus der Evidenz einer Perspektive, in der die sattsam bekannte Welt – und sei es der Kosmos der Accessoires – etwas fremder zurückschaut. Auch Liebesgeschichten, ob die einer Generation oder die eines Menschen, müssen mehr aufbieten als das Design einer abgelebten Epoche. Der »warme Nebel« (Michael Rutschky) der siebziger Jahre hat sich verzogen, es herrscht der kalte Glanz der Gegenwart. Wer jetzt noch einmal die Räucherstäbchen anzündet und die Nickelbrille der »restromantischen« Naivität aufsetzt, muß wissen, um welchen Preis.

THOMAS HETTCHE

Vaporetto (Linie 52)

Auf dem kleinen Platz vor der Backsteinfront der Kirche MADONNA DELL'ORTO überlegte ich einen Moment, ob ich durch die engen Gassen hinter dem Ghetto zurück zum Bahnhof gehen sollte oder die *Strada Nova* in Richtung Rialto. Tat beides nicht. Hatte mir lange die Maria Tintorettos angesehen und dabei zugleich immer wieder an jene Szene denken müssen, die ich am Vortag unter den Arkaden im Café Florian belauscht hatte. Wie einer auf deutsch ausführlich die Geschichte der Bettelorden im frühen 17. Jahrhundert referiert, dann aber ein anderer ihn unterbrochen und von gewissen Dokumenten erzählt hatte, die er im *Archivo di Stato* eingesehen habe. Woraufhin das Gespräch etwas durchaus Gereiztes bekam. Wohl auch, weil die junge Frau überhaupt nichts sagte, sich statt dessen nur ohne Unterlaß durch die Haare strich und auf den Platz hinaus sah. Muß noch immer daran denken, wie sie ihre Haare zwischen den Fingern der einen Hand wie mit einem Kamm auffächert, als sollten sie in der Sonne, die an jenem Mittag für einen Dezembertag ganz erstaunlich wärmte, bleichen.

Direkt hinter der Kirche beginnt ein kleines Viertel mit Neubauten. Dorthin ging ich, und schon nach wenigen Metern erschien blauer, leerer Himmel im Bildausschnitt der Gasse. Davor ein Strommast mit Lampe über dem Landungssteg der Vaporetto-Station, die hier im offenen Wasser der Lagune viel stärker mit dem Wellengang schwankt als diejenigen im *Canale*. Im späten, aber ungewohnt klaren Nachmittagslicht konnte man nicht nur bis zum Festland hinübersehen, sondern dort auch noch die fernen Berge erkennen als milchig kalten Schein. Leider, hatte die Agentin gesagt, leider gehören Autoren nicht zu den knappen Ressourcen. Andererseits, dachte ich und lehnte mich wartend an die Brüstung, ist aber das, was als knapp gilt und was nicht, durchaus Veränderungen unterworfen. Nur diese riesigen Altbauwohnungen waren einst zu genau dem geringen Mietzins zu haben, den sie noch immer kosten. Ich war auf den Balkon hinausgetreten und hatte hinuntergeblickt auf den sommerlichen Dämmer der Mommsenstraße. Alles eine Frage der Optik, hatte ich gedacht und Espresso und Mandelgebäck ebenso dankbar angenommen wie das Angebot der Agentin abgelehnt. Das Vaporetto, das eigentlich ein *motoscafo* war, legte an. Ich stieg ein und durchquerte die Kabine hin zu den Sitzen am Heck des Bootes. Im Winter ist man hier, im Freien und dicht über der Wasserlinie, zumeist allein. Ich bin an den Dollar gekoppelt. Realismus in diesem Sinn ist tatsächlich eine Frage des Überlebens, dachte ich. Nachdem die Trosse vom Kreuzpoller neben dem Einstieg gelöst war, stampfte das Boot einige Meter zurück, wobei es stark vibrierte, schwenkte dann mit dem Bug ein wenig von der Anlegestelle weg und nahm langsam Fahrt auf. Als teilte es sich in schwere, bestickte Vorhänge, wurde das Wasser am Heck voller Gischt aufgeschlagen.

Dort über die Saumpfade und über den Paß, dann erreicht man die Karawanken, hatte der Mann gesagt, dabei geblinzelt und mit einer Hand immer wieder hoch in die Bergkette gedeutet. *Die Pässe sind das ganze Jahr offen. Eine Woche geht man bis nach Slowenien und herüber.* Besonders genau erinnere ich mich daran, wie er ständig blinzelte. *Hin und her kamen und gingen die Säumlinge, die windischen, die wendischen, die windischen Säumlinge.* Am ehesten noch ähneln solche Wörter Farben oder Düften. *Windische Säumlinge.* Ihr Geruch oder ihre Farbe ist es, die eine Geschichte ausmachen. Die Wörter fallen bei jedem Anfang wieder in den Stand der Unschuld. Die Wahrheit bleibt frisch dabei wie am ersten Tag. So einfach ist das. *Repraesentatio enim naturaliter homini delectabilis est,* befand Thomas von Aquin. *Die Darstellung nämlich ist dem Menschen von Natur aus erfreulich.* Nymphenzeugung des Realismus. Clara von Assisi (1194–1253), eine Jungfrau aus vornehmer Familie, trug stets einen Gürtel mit Schweineborsten, die ihr so sehr ins Fleisch stachen, daß ihr Körper von eiternden Schwären bedeckt gewesen sein soll. Kurz vor ihrem Tod, so wird berichtet, habe Clara auf dem Krankenbett die wundersam *klare* Vision einer Christmette gehabt. Deshalb wohl erklärte Papst Pius XII. sie zur Schutzheiligen des Fernsehens. Wundertätig hilft sie vor allem gegen Augenleiden, Blindheit und Fieber.

Ein Satz Pietro Aretinos geht mir nicht aus dem Kopf, bei dem ich längst vergessen habe, wo ich ihn las: *Die Einfalt der Natur, deren Sekretär ich bin, diktiert mir, was ich schreibe.* Winter 1513. Francesco Vettori, florentinischer Botschafter in Rom, an Machiavelli: *Ich kenne keine Sache, an die zu denken und die zu tun mehr erfreut, als zu ficken. Mögen die Leute philosophieren, soviel sie wollen; das ist die reine Wahrheit, die viele denken, aber nur wenige aussprechen.* Und Machiavelli antwortet seinem alten Freund aus Florenz: *Wer unsere Briefe sehen könnte, verehrter Freund, würde sich über ihre Widersprüchlichkeit wundern, denn zunächst würde ihm scheinen, daß wir ernsthafte Männer sind, ganz den großen Dingen zugewandt […]. Dann aber, nachdem er das Blatt umgedreht hat, würden ihm die gleichen Männer leichtfertig, unbeständig, lüstern und leeren Dingen zugewandt erscheinen. […] Diese Vorgehensweise, die einigen unwürdig scheinen mag, erscheint mir lobenswert, weil wir die Natur nachahmen, die vielfältig ist, und wer diese zum Vorbild nimmt, kann nicht getadelt werden.* Der Gedanke, daß Denken möglicherweise doch etwas mit dem eigenen Leben zu tun haben könnte, geht mir nicht aus dem Kopf. *Gib du mir deinen Saft / ich geb dir meinen.* DIE FANTASTISCHEN VIER. Weiter also. Langsam ging das Boot an den FONDAMENTE NOUVE längsseits so, als schwebte es heran, und die Haltestelle entglitt meinem Blickfeld.

Ich hörte das Schaltgestänge beim Gangwechsel, das Wasser vor mir brodelte auf. Dann schrammte der Rumpf am metallenen Schwimmkörper der Station entlang, die Leinen zogen an, und ich registrierte, daß der Bug noch einmal am Tau wegdrehte, bevor er sich so vorsichtig anlegte wie nur je ein Körper einem andern. Das Gitter wurde geöffnet. Das Boot schwankte beim Aus- und Einsteigen der Passagiere. Natürlich klingt in Machiavellis *die Natur nachahmen* wie ein Echo das *Ars imitatur naturam* des Aristoteles nach. Wie auch bei Ludovico Dolces Brief anläßlich einer Venus Tizians: *Ich schwöre Euch, mein Herr, daß es keinen Menschen von so scharfen Blicken und Geschmacke gibt, der bei ihrem Anblicke sie nicht für lebendig hielte; keinen, welcher von den Jahren so kalt geworden oder von so harter Natur wäre, daß er nicht alles Blut in den Adern erwärmen und wallen fühlte.* Hokuspokus. Von diesem Zauber zehrt, unaufhebbar, Literatur bis heute. Aber was ist es, was dies Geflecht von Erfindung und Findung, von Beobachtung und Traum, Lüge und Recherche, das Literatur nun einmal ist, nachahmt, dies Prisma und spiegelnde Ding.

Früher trug die Linie, die Venedig nördlich umrundet, die Nummer 5, heute heißt sie No. 52. Daß man in dieser Stadt seltsam zählt und an die Hausnummern dachte ich und überlegte gerade, ob die 5 auch schon nach Murano hinüberfuhr, als das Wasser plötzlich aufkochte, das Boot bugwärts herumschwenkte, beschleunigte und mit angestrengtem Zittern der Maschine Kurs auf das offene Wasser nahm. Der Lärm flatterte wie eine Rauchfahne um mich. Nun gab es auch Möwen. Und Wellentäler, in die das Vaporetto hineinstampfte. Schwankend kreuzte es die Bugwellen größerer Fährschiffe. Kam nah an einer kleinen, buschbestandenen Sandbank vorüber, bei der ein Schifferboot dümpelte. Und einmal geriet eine Gondel ins Kielwasser, von zwei Männern mit großen, weit ausholenden und völlig synchronen Bewegungen ganz dicht an mir vorüber in Richtung Festland gestakt.

Noch immer, als wäre die Schrift gerade erfunden, liest man alles, was man sieht. Und so kam mir ein Aufkleber in den Sinn, den ich einmal an der Ladebordwand eines LKW gesehen hatte. *Damen aufgepaßt! Meiner ist 18 Meter lang.* Unverkennbar klingt nach *obacht* und *stillgestanden* verklemmte Zotigkeit, die von *Damen* spricht. Da droht einer und dienert zugleich. Sprache ist klüger als ihre Benutzer, dachte ich, und daß ich vor Jahren einmal gelesen hatte, es sollten Schriftsteller sich *an jene dirty places begeben,* an denen *Bisse und Küsse so schwer zu unterscheiden sind.* Realismus nannte man das. *Da haben wir das Wort,* fügte der Autor an. *Der pißt klares Wasser,* urteilt Flaubert irgendwo in seinen Briefen. Doch ist Realismus tatsächlich längst zum Argument fernsehbildgerechter Abkehr von erzählerischer Virtuosität verkommen. *Wir,* verkünden die Lektoren, *machen keine Höhenkamm-Literatur mehr.* Und die Agentinnen prosten ihnen zu. Die Mauer der Friedhofsinsel San Michele glitt vorüber. Ästhetisches *roll-back.* Nichts weiter. Anlegestelle CIMITERO. Niemand stieg ein oder aus. Ich bin an den Dollar gekoppelt. Mir war kalt. Ganz kurz sah ich durch ein vergittertes Portal in den Kreuzgang der Kirche hinein. Achtzehn Meter bezeichnet exakt jene Mauerhöhe, die man einst mit Leitern nicht übersteigen konnte. *Sturmfreiheit* nannte man das. Als *sturmfreie Bude* sickerte der Begriff aus dem Festungsbau direkt ins nachkriegsdeutsche Liebesleben. Gefangene werden keine gemacht.

Unter den Bäumen auf der Straße dämmerte es. Und bläulich stand der Frühlingsabend weit in die Flure hinein, begann ich einmal die Beschreibung eines Besuchs im Verlag. *Ob es recht sei, daß er nun gehe, fragte der Pförtner. Der Verleger nickte. Ob er abschließen solle. Nein, jetzt sei er ja da. Der Pförtner zog die Glastür von außen zu. Dann war es still. Der Aufzug ist nachts außer Betrieb.* Die Schilderung hatte einen realen Anlaß. Man befürchtete, mein letztes Buch könnte als Pornographie verboten werden. Anwälte wurden herangezogen, Gutachten eingeholt, und nun traf ich auf dem Weg zum entscheidenden Gespräch den Verleger an der Pforte. *Mit jedem Schritt verloren sich die Gänge mehr im Dunkeln. Doch in den Glasbausteinen des Treppenhauses hatte sich das Licht des Tages gesammelt und schimmerte. Wir stiegen langsam die milchig leuchtenden Stufen hinauf, die aus dem Dämmer auftauchten, als erfände er sie beim Gehen. Er erzählte in das flirrende Dunkel hinein. Blieb stehen und beugte sich redend nah zu mir heran. Ging weiter. Blieb wieder stehen. Atmete laut. Der metallene Handlauf kühl.* So war es. Nun kam die Fabrikarchitektur von Murano in den Blick, die Glasmanufakturen, der Leuchtturm. Langsam lief das Schiff in den *Canale Grande die Murano* ein. COLONNA, FARO, NAVAGERO, MUSEO, VENIER heißen die Stationen. Eine Schule für Gondoliere nah am Ufer. Dann machte das Boot sich los und kehrte zurück nach SAN MICHELE. *Als wir in sein Büro kamen, war es Nacht vor den Fenstern.*

Tatsächlich aber warteten bereits die Lektoren des Verlages und begannen unverzüglich, mich mit Einwänden gegen meinen Roman zu bombardieren. Erfolglos versuchte ich alle möglichen Finten und Manöver. Ich bilde mir ein, daß es schließlich ganz still wurde. Ob ich nicht einfach aufstehen und gehen sollte, überlegte ich gerade, da erklärte der Verleger plötzlich alle Einwände für nichtig. Der Scholastik war Realismus jede Bewegung hin zu den Realien, also zur Idee. Für Flaubert die *Salammbô* ebenso realistisch wie *Madame Bovary*. Gern wüßte ich, welche Bedeutung van Eyck der täuschenden Nachbildung der Lichtbrechung in einem Glas tatsächlich beilegte. Jede Literatur Selektion von Wirklichkeit. Also jeder Realismus Interpretation und Sprachkritik. Daß die Welt so nicht sei. Was ich aber schrieb, war: *Ich nahm das Manuskript aus der Tasche und legte es auf den Tisch. Nun war es das Papier, das leuchtete. So weiß, als wäre es unbeschrieben. Einen Moment lang denke ich, er kann im Dunkeln sehen. Dann schaltete er die Lampe ein.*

Byron Nelson, den die Presse Lord Byron nannte, gewann 1945 elf Golfturniere der amerikanischen Profitour in Folge. Er blieb dabei von seinem ersten Sieg in Miami am 11. März bis zu den Canadian Open am 4. August, als gerade die Atombomben gefallen waren, ungeschlagen. Insgesamt 320 Schläge unter Par, stellte er mit 68,33 Schlägen pro Runde einen Rekord der US-Tour auf. Doch fand das größte Turnier, die US-Open, im letzten Kriegsjahr nicht statt, und als Nelson ein Jahr später versuchte, sie zu gewinnen, trat sein Caddy versehentlich auf einen

Ball, er erhielt einen Strafschlag, mußte ins Stechen und verlor. Nelson beendete daraufhin seine Karriere und zog sich auf eine Rinderfarm bei Dallas zurück.

Auf der Karte des Iganzio Danti aus dem 16. Jahrhundert, die sich in der *Galleria delle carte geografiche* im Vatikan befindet, erkennt man noch eine kleine Insel dort, wo heute die *Fondamente Nuove* sind und das OSPEDALE CIVILE, an dessen Station das Boot nun festmachte. Wie seltsam, vom Krankenhaus direkt zum Friedhof hinüber zu sehen, dachte ich noch, da fuhr das Boot schon an der hohen Ziegelmauer des Arsenals entlang. Die einstmals größte Werft Europas, lange Zeit so geheim wie die Glasbläsereien Muranos, ist noch heute militärisches Sperrgebiet und nicht zu besichtigen. Außer auf der Durchfahrt mit dem Vaporetto, das nun, nachdem es noch einmal an der Station CELESTIA gehalten hatte, zu einem weiten Bogen ausschwenkte, um die kleine Pforte ins Arsenal passieren zu können. Bei Danti erkennt man nur ein großes Becken, das *Darsena Arsenale Vecchio*, im Norden Gärten, im Süden wie noch heute den *Rio dell'Arsenale*, westlich und östlich die Fertigungshallen der Schiffe. Die *Darsena Grande* und der *Canale di Porta Nuova* wurden später erbaut, und auch den *Canale delle Galeazze*, den wir nun durchfuhren, gab es im 16. Jahrhundert noch nicht.

Langsam glitt das Boot an den riesigen Fertigungshallen der Schiffe vorüber, deren offene Kopfseiten sich in die Becken zu neigen scheinen. In den Backsteinruinen Bunkeranlagen, Büros und Wohnungen der italienischen Kriegsmarine wie Spielzeug in der alten Architektur. Dann passierte das Vaporetto das eigentliche und Prunktor des Arsenals wie eine fertige Galeere. Eine ganze Sammlung von Löwen, Fund- und Beutestücken aus Byzanz, aus Griechenland, aus Rom, bewacht das Tor in so vielfältiger Gestalt, als handelte es sich bei ihnen um eine Übung in nominalistischer Demut. Nie sind in dieser Stadt die Oberflächen glaubhaft. Jede Erkenntnis wiederum unhintergehbar Schrift. Wahrheit überhaupt nur als mediale Strategie. An der Haltestelle TANA stieg ich aus. Schlenderte vor zur Lagune und dann in Richtung San Marco die *Riva degli Schiavoni* entlang. Jacob Burckhardt konnte Pietro Aretino nicht ausstehen. Deutlich hört man das Zähneknirschen, wenn er bemerkt, es sei *leider Aretino zu nennen als derjenige, welcher vielleicht zuerst einen prachtvollen abendlichen Licht- und Wolkeneffekt* von eben jener Stelle aus beschrieb, an der ich jetzt stand.

Es war nun fast dunkel, hell erleuchtet schon die Hotels hinter mir, fast menschenleer der Kai. Obwohl man das Grab des Pietro Aretino nicht kennt, überliefert die Legende seinen Epitaph: QUI GIACE L'ARETIN, POETA TOSCO / CHE DISSE MAL D'OGNUN FUORCHÈ DI CHRISTO / SCUSANDOSI COL DIR: NON LO CONOSCO. *Hier ruht der toskanische Dichter Aretino, der alle verspottete außer Christus. Den, sagte er zur Entschuldigung, kenne ich nicht.* Vor einigen Jahren, bei einem Altmeistertreffen vor dem Turnier in Augusta, hat man Nelson photographiert. Ich blieb in der Nähe einer Laterne stehen und holte das Zeitungsphoto aus meiner Brieftasche. Kaum erkennt man im grob gerasterten Schwarz-Weiß die etwas dicklichen Gesichtszüge und die hängenden Wangen des über Achtzigjährigen, den weißen Hut und die ausladende Hornbrille. 1955, als Byron Nelson Urlaub in Europa machte, fuhr er von Venedig aus nach Frankreich und nahm dort zum Spaß an den French-Open teil. Er selbst war am meisten entsetzt, als er gewann.

BURKHARD SPINNEN

Große Auswahl!

Poetik-Vorlesung in Duisburg[1]

Meine sehr verehrten Damen und Herren,
eigentlich ist es schon ein Unding, als Autor auch nur sagen zu *wollen*, WAS, WIE und gar: WARUM oder WOFÜR man schreibt. Und erst recht ist es ein Unding, dies, dazu in persona und ex cathedra, auch noch wirklich zu *tun*. Denn alle Selbstauskunft des Schreibenden kann gar nicht anders als seine literarischen Werke herabsetzen. Oder, etwas genauer formuliert: Literatur entsteht und erscheint mit dem Anspruch, die im Vergleich zu allen anderen Redeweisen wesentlichere Art der Darstellung von Welt und Leben und Denken zu sein. Wozu auch mühte sich sonst einer tagelang um eine einzige Wendung, um einen einzigen Vers, wenn er alles, was er »zu sagen« hat, genausogut in der Art vortragen könnte, in dem die Nachrichten verlesen oder in dem persönliche Mitteilungen gemacht werden. Literatur ist keine »Verundeutlichung« oder »Verrätselung« oder gar bloße »Ausschmückung« von etwas, das man auch einfacher oder deutlicher sagen könnte; sie ist vielmehr ein Sprechen, das zumindest die Tendenz hat, seine Komplexität zu reflektieren.

Dazu nur ein Beispiel. Während etwa ein Kanon von Moralanweisungen den Satz »Du sollst nicht töten!« als Aufforderungssatz führen (und bei Nichtbeachtung mit Sanktionen drohen) kann, arbeiten sich seit Jahrhunderten literarische Texte an der Problematik ab, den Wert und die Tragweite eines solchen Satzes in ganz konkreten

1 Eine Vorstufe dieses Textes (entstanden 1992) ist veröffentlicht in: Der Autor im Dialog. Hrsg. von Felix Philipp Ingold und Werner Wunderlich. St. Gallen 1995. Parallel erscheint: Experiment Wirklichkeit. Hrsg. von Gerd Herholz. Essen 1998.

Situationen menschlichen Lebens darzustellen. Und dabei gibt jedes Werk ein und genau ein Exempel, aus dessen Individualität kein gerader Weg zurück zur Allgemeinheit des moralischen Satzes führt. Jedes Beispiel gelingender Literatur läßt uns als Leser vielmehr mit seiner ebenso großartigen wie traurigen Einzigartigkeit zurück. – Das freilich ist sein Sinn. Und keinem Lesenden ist daher zu wünschen, er könne die Irritationen der Lektüre anschließend durch ein Interview mit dem Autor beruhigen.

Andererseits besitzt der Leser gewisse Rechte am lebenden Autor. So ist es etwa erlaubt, ja fast schon gefordert, den Autor permanent einzuvernehmen: sei es zum Problem einer Minderheit im mittleren Osten, zur Frage der doppelten Staatsbürgerschaft oder zum Phänomen der Gewalt im Alltag. Doch wohlgemerkt, der Leser darf keine Meinung und erst recht keinen »Rat« im landläufigen Sinne erwarten! Damit wäre der Autor allzu peinlich unterfordert und mißverstanden. Und wer die einschlägigen Antworten des Autors als »Rat« versteht, der ist selber schuld.

Vielmehr sollte jede Anfrage an den Autor für den eine neue Herausforderung sein, die ganze Kraft aufzubringen, die es braucht, um der Versuchung zur Phrase und zum Small talk zu widerstehen. Der Autor hat vielmehr, wenn er um Auskunft angegangen wird, die Pflicht, über nicht weniger als die Bedingungen der Möglichkeit allen Auskunftgebens zu sprechen; ja, mehr noch: er hat die Voraussetzungen zu klären, unter denen das, was etwa der Journalismus ein »Thema« nennt, überhaupt zur Sprache kommen kann. Er hat zu klären, *wie* möglicherweise zu sprechen wäre, damit eine Erkenntnis entstehen kann. Oder, um den Anspruch nicht allzu weit oben in den Sternen festzumachen: er hat anzugeben, wie *auf keinen Fall* gesprochen werden sollte.

Und damit zu unserem »Thema«: zur Literatur, zur deutschen zumal und ganz besonders zur heutigen. Auch darüber Auskunft einzufordern ist ein legitimes Unterfangen. Aber wie oder gar wohin momentan der deutsche Literatur-Hase läuft, kann ich Ihnen hier und jetzt ebenso präzise erklären wie ein Spitzentrainer den Sportreportern das Angriffssystem seiner Truppe – sprich: gar nicht. Ich kann allerdings etwas anderes tun. Ich kann hier vor Ihnen versuchsweise einen kleinen *Schriftsteller-Roman* skizzieren, den Entwicklungsgang eines Autors, der heute um die 40 ist. Nehmen Sie nun bitte von diesem Entwurf so wenig wie möglich, aber auch so viel wie nötig persönlich. Denn ob der Held ein Exempel für *den* Autor des ausgehenden Jahrhunderts sein kann, vermag ich nicht zu beurteilen. Allenfalls kann ich für eine gewisse Allgemeingültigkeit dessen einstehen, womit er sich herumzuschlagen hat. –

Also einmal vorgestellt:

Erstes Kapitel: Eine wesentliche Begegnung

Wir schreiben die späten 70er Jahre. Unseren Helden, er ist 21 Jahre alt, treffen wir zum ersten Mal in der Redaktion einer mittelgroßen Tageszeitung im Rheinischen.

Was er dort tut? – Er schreibt. Seit ein paar Jahren schon will er Schriftsteller werden. Einiges ist auch bereits entstanden, das er u. a. seinem Deutschlehrer und seiner Freundin gezeigt hat. Außerdem hat er, freilich ohne Erfolg, ein kurzes Manuskript an den Suhrkamp Verlag geschickt. Aber da er, ein einziges Kind, vor seinen Eltern (und in einem gewissen Sinne auch vor sich selbst) seine Absichten bislang nicht laut auszusprechen gewagt hat und da ›Schriftsteller‹ überdies kein Ausbildungsberuf ist, studiert er mit dem vagen Berufsziel ›Journalist‹ seit vier Semestern Publizistik mit den Nebenfächern Soziologie und Germanistik, sagen wir, der Anschaulichkeit halber: in Münster.

Dies hier ist seine dritte Hospitanz bei einer Tageszeitung. Er sollte eigentlich eine Runde durch die verschiedenen Ressorts machen, ist aber gleich bei der Redaktion

Funk und Fernsehen hängengeblieben, denn dort bietet sich überraschenderweise die Möglichkeit zur schreibenden Mitarbeit (und also zu einem gewissen Verdienst). Grund dafür ist der Ressortleiter, ein gewisser J. Der schreibt nämlich selbst keine Zeile mehr, hingegen führt er mit Renaissancefürstlichem Gehabe ein Heer freier Mitarbeiter. Und als sich unser Hospitant in Wurfweite eines Papierballs von ihm entfernt an einem Katzentisch des Großraumbüros plaziert, wird er umgehend dankbarer Adressat für allerlei einschlägige Aufträge. Er verfaßt kurze Filmkritiken (für die Samstagsausgabe manchmal mehrere unter verschiedenen Namenskürzeln), Rezensionen zu Fernseh- und Spielshows, die er am Sendeabend per Telephon an die Redaktion durchgibt, oder er richtet Pressemeldungen auf die Länge einer Bildunterschrift ein. Man muß sich den Hospitanten dabei als einen glücklichen Menschen denken.

Allerdings wird dieses Glück bald irritiert, wenn nicht zerstört werden. Denn nachdem J. ein gewisses Zutrauen zu dem Hospitanten gefaßt hat, beginnt er ganz offen über den Grund seiner journalistischen Passivität zu sprechen. Er sei vor Jahren, sagt er, damals noch hochengagierter Reporter bei einer kleineren, leicht linkslastigen Tageszeitung, auf das Werk des Schriftstellers und Kritikers *Karl Kraus* gestoßen; darin habe er sich nach anfänglichem Widerwillen festgelesen; und über dieser Lektüre sei ihm, total und endgültig, jeder Glaube an Sinn und Zweck seines journalistischen Schreibens verlorengegangen. Er habe also gekündigt, sich diesen ruhigen Posten gesucht, sei zum Buddhismus übergetreten – und (dabei zeigt er lächelnd das Photo eines kleinen weißen Hauses vor Palmen) jetzt spare er jede Mark, um sich so bald wie möglich ganz auf eine Kanarische Insel zurückziehen zu können.

Für unseren Hospitanten ist das eine nicht unerhebliche Irritation. Er sucht sie einstweilen zu verdrängen, doch wie im Märchen holt ihn, was ihm bestimmt ist, genau dort ab, wohin er sich flüchtet. Als nämlich die Hospitanz zu Ende geht, geht auch eine Liebe zu Ende; alles Rheinische ist unserem Helden vorerst vergällt. Und kaum hat das Semester in Münster wieder begonnen, begegnet er nun selbst, angeregt durch einen akademischen Lehrer im Nebenfach Germanistik, den Werken von Karl Kraus. Und mit denen hat er, ebenso wie vor ihm der Ressortleiter J., sein eigenes Damaskus-Erlebnis. Er wechselt, unter Aufgabe jeder sogenannten Berufs-Perspektive, das Hauptfach, gibt seine journalistischen Versuche auf und studiert fortan im Grunde nur noch Germanistik. Er hat, glaubt er, den Kollegen J. verstanden.

Zunächst einmal bis hierhin. Wer aber ist, oder anders gefragt: wofür steht Karl Kraus?

In unserem Kontext steht er für einen bezeichnenden Irrtum des Helden. Der hatte nämlich, als er die Spalten einer Zeitungsseite (und sich in ihr) einzurichten begann, die plausible Vorstellung, das journalistische Schreiben sei die der Schriftstellerei gewissermaßen nächstliegende Tätigkeit. Und diese Vorstellung wird ihm bei der Lektüre der »Fackel«, Karl Kraus' satirischer Zeitschrift, gründlich ausgetrieben.

Ich muß nun nicht ausführlich die schrecklichen Urteile referieren, die Kraus über die Journalisten und Zeitungen seiner Epoche gesprochen hat. Soviel aber sei noch einmal erinnert: Kraus' ständige Kritik galt nicht einzelnen ›Auswüchsen‹ des Journalismus, also etwa schlampiger Recherche, Sensationshascherei oder ähnlichem. Kraus verdammte vielmehr das Phänomen Presse als ganzes. Seine Warnungen galten der Gefahr, daß die erfahrbare Welt hinter engbedruckten Zeitungsseiten verschwinden könne, daß der gewohnheitsmäßige Zeitungsleser, statt eigene Wahrnehmungen zu machen, durch die Überfütterung mit den immergleichen Phrasen blind und taub für seine Umwelt werde. Den schrecklichsten Beweis dieser Abstumpfung sah Kraus im Ausbruch des Ersten Weltkriegs, mehr noch, in der allgemeinen Bereitschaft zum Krieg. Diese Bereitschaft, so wurde Kraus nicht müde zu wiederholen, sei das Resultat jener Vorstellungsarmut, die durch die tägliche Verwandlung der Welt in die journalistische Phrase ausgebrochen sei.

Überdies sah Kraus in der Omnipräsenz des Zeitungssprechens eine Gefahr für die Literatur. Die nämlich werde in der Fülle des Veröffentlichten zunehmend überhört oder als ›Mitteilung‹ im journalistischen Sinne mißverstanden. Und am Beispiel der Lyrik Heinrich Heines versuchte Kraus zu zeigen, daß die Antwort der Literatur auf die Geltungsansprüche des Journalismus seit dem 19. Jahrhundert weniger in einer expliziten Gegenrede und vielmehr in ihrer Anpassung ans Journalistische gelegen habe.

Soviel vielleicht. Unserem Helden nun scheinen alle Krausschen Befunde äußerst akut; ja mehr noch: hat sich die Lage nicht sogar dramatisch verschärft? So ist die bloße Quantität des journalistischen Sprechens durch das Hinzukommen neuer Medien vervielfacht, zugleich ist es liquidiert, d.h. flüssig, ungreifbar gemacht worden; das wenigste hat man noch schwarz auf weiß zur zweiten Probe auf seine sprachliche Gestalt, das meiste rauscht und flimmert bloß vorbei. Schneller Verzehr von Sprache ist ›angesagt‹, Kontemplation in und über Texten scheint eine antiquierte Übung zu werden; bald wird man das Ende des Gutenberg-Zeitalters verkünden. Und wenn überhaupt literarische Texte noch Aufmerksamkeit finden, so werden sie (zur Erinnerung: wir sind in den späten 70er Jahren) in beiden weltanschaulichen Lagern vielfach einer Gesinnungsethik unterworfen, die auch dem komplexesten Werk rasch und schmerzhaft eine ›Tendenz‹ oder eine ›Meinung‹ abzieht (z.B. eine politische), um dann einzig die zu beurteilen.

Doch als deprimierend erfährt der Münsteraner Student nicht nur Kraus' Befunde über die allgemeine Journalisierung. Noch viel entmutigender ist für ihn, der er den Wunsch, selbst zu schreiben, ja immer noch nicht aufgegeben hat, wie wenig Hoffnung Kraus in die Literatur seiner Zeit setzte. Ein genaueres Studium der »Fackel«

zeigt es. Zwar findet sich dort auch Anerkennung, ja Verehrung. Kraus schätzte Shakespeare, Goethe und Nestroy, aber auch Autoren, die man oft abschätzig zur Lesebuch-Kultur des 19. Jahrhunderts schlägt. Er unterstützte überdies Zeitgenossen wie Georg Trakl, Else Lasker-Schüler und Peter Altenberg. Doch es ist ein kleiner Kanon, auf den sich Kraus beruft, und letztlich wird der Student bei der Lektüre der »Fackel« das Gefühl nicht los, kaum etwas unter der zeitgenössischen Literatur (und so gut wie nichts unter ihrer erzählenden Prosa!) habe Kraus' Sorge zerstreuen können, daß *alles* Literarisch-Fiktionale längst »schlechte[s] Ornament« und »Beschönigung« geworden sei, verglichen mit der »ungestalte[n] Sache«,[2] auf deren Darstellung er ziele.

Diese »ungestalte Sache« ist freilich bei Kraus nicht irgend etwas »Unmittelbares«, »Spontanes«, nicht »das Leben selbst« oder wie immer genannt wird, wofür einem gerade die Wort fehlen. Eine solch emphatische (oder besser: naive) Formulierung seiner Ziele ist ihm fremd. Vielmehr sieht er seine Aufgabe darin, Beispiele dafür zu sammeln, daß zu allem Wesentlichen gar nicht mehr vorzudringen ist, weil das Mediensprechen längst viel zu hohe Mauern davor aufgebaut hat und weil das Lexikon des öffentlichen Sprechens zum Phrasenkatalog verkommen ist. Folgerichtig stellt Kraus in der »Fackel« nurmehr das »ungestalte« *Zeitungszitat* als Dokument der Zerstörung des Lebens durch die Phrase aus. In Tausenden von Glossen und Satiren auf aktuelle journalistische Texte zielt er nicht mehr auf eine Wahrheit, die *hinter* den »manipulierten« Berichten existiere, sondern auf das Sprechen dieser Manipulation als den Zustand des aktuellen Bewußtseins. Auf den Aphorismus gebracht, lautet sein Credo: »Die Verzerrung der Realität im Be-

2 Adorno, Theodor W.: Sittlichkeit und Kriminalität. Zum elften Band der Werke von Karl Kraus. In: Th. W. A., Gesammelte Schriften. Bd. 11: Noten zur Literatur. Hrsg. von Rolf Tiedemann. Frankfurt a. M. 1974, S. 367–387, hier S. 372f.

richt ist der wahrheitsgetreue Bericht über die Realität.«[3] –

Und damit zurück zu unserer Geschichte.

Zweites Kapitel: Zeit der Inkubation

Die 80er Jahre wird unser Held in einem Zustand verbringen, den er später, allerdings mit dem schlechtesten Gewissen, seine »Innere Emigration« nennen wird. Er studiert unbehelligt (und – zumindest mit seinen Texten – kaum jemanden behelligend) sein langwieriges Studium, er richtet sich mental und mit kleinen Anstellungen an der Universität ein. Er schreibt seine Magisterarbeit über einen der von Kraus geschätzten Dichter der Jahrhundertwende. Und als Thema seiner viel zu breit angelegten Promotion wählt er schließlich unter anderem die Glossen von Karl Kraus, die er als Versuchsräume zu beschreiben sucht, in denen eine literarische Prosa sich unter dauernder Reflexion der allgemeinen, weitgehend vom Medialen beherrschten Sprachbedingungen neu zu entwickeln sucht.

Sein eigenes, will sagen: sein literarisches Schreiben steckt freilich (und kaum daß es bisher überhaupt nennenswerte Werke hervorgebracht hätte) tief in der Krise. Der Student ist gewissermaßen zwischen die Fronten geraten. Einerseits gibt es, davon ist er überzeugt, kein Zurück in eine »naive« literarische Haltung, also etwa in ein auf die Kraft seiner Fiktionen vertrauendes Erzählen. Eine Literatur ohne explizite Reflexion ihrer Bedingtheit im Kontext des öffentlichen Sprechens kann, so sein Credo, nichts anderes sein als bestenfalls Unterhaltungsware. Das lehren neben der »Fackel« auch weitere Pflichtlektüren; Nietzsches und Mauthners sprachkritische Arbeiten etwa, Hofmannsthals *Chandos-Brief* und die

3 Karl Kraus: Schriften. Hrsg. von Christian Wagenknecht. Bd. 8: Aphorismen. Frankfurt a. M. 1986, S. 229.

Sprachexperimente der Moderne hängen als Damoklesschwert über allen Texten, die sich naiv ans Mimetische oder gar ans Aufklärerische hielten.

Doch andererseits kann sich unser Held, sosehr er die Befunde der Sprachskeptiker und der Kritiker des öffentlichen Sprachgebrauchs akzeptiert, nicht in der literarischen Avantgarde heimisch fühlen. Denn die mag ohne Zweifel ihre historische Berechtigung als Widerrede gegen die allgemeine Journalisierung gehabt haben. Doch heute, beinahe ein Jahrhundert nach ihrem Entstehen, scheint sie nurmehr ein immer kleiner werdender Schutzraum der Literatur zu sein, in den sie sich vor der Verseuchung der äußeren Sprech- und Lebenswelt flüchtet. Doch freilich, so denkt der Student, mauert sie sich mit Dogmen wie: »nach Stramm« könne man keinen Vers mehr schreiben und »nach Joyce« keine Geschichten mehr erzählen, lebendig ein. Und er befürchtet: der fortgesetzte Versuch der literarischen Avantgarde, so zu sprechen, daß möglichst wenig Ähnlichkeit zwischen einem ihrer Sätze und der journalistisch stereotypisierten Alltagsrede bestehe, hat längst die schlimmste Folge gezeitigt: die Literatur überläßt alles zeitgenössische Leben und Denken nurmehr angewidert den Medien zur Ausschlachtung, worauf sie, nicht ganz zu Unrecht, von den Lesern mit Mißachtung gestraft wird.

Bleibt demnach als einzige Möglichkeit zur literarischen Artikulation die *Satire* aufs Mediensprechen und die Medienwirklichkeit!? Immerhin ist unser Promovend doch gerade dabei, recht elaboriert darzulegen, wie Kraus in seinen Glossen und satirischen Essays eine Engführung von literarischem Anspruch auf der einen und Reflex gegenwärtigen Sprechens auf der anderen Seite nicht nur beschworen, sondern auch vorgeführt hatte. Sollte also damit nicht ein Weg gewiesen sein?

Leider nein. Jedenfalls nicht für unseren Helden. Denn er hält nicht nur seine eigenen satirischen Versuche allzu oft für bloß epigonal; darüber hinaus glaubt er bald, es sei mittlerweile überhaupt unmöglich, wie Kraus zu verfahren. Dazu fehle (ihm) nicht nur die in Jahren gewachsene sprachkritische Autorität der »Fackel«; auch die Verhältnisse haben sich wesentlich geändert. So ist etwa kein einzelnes Medium oder eines seiner Produkte mehr als exemplarischer Gegner aufzubauen, wie Kraus dies mit der bedeutendsten Wiener Tageszeitung, der »Neuen Freien Presse«, tat. Die gegenwärtige Medienerfahrung ist hingegen auf kein bestimmtes Sprechen, also zum Beispiel auf eine bestimmte Sendung oder einen bestimmten Moderator, mehr zu konzentrieren, so daß deren satirische Kommentierung oder laut-schweigende Zurschaustellung *literarisch* – und das heißt auch: mit einer gewissen Hoffnung auf breiteres Verständnis – glücken könnte. Rasch werden vielmehr die Programme und die Protagonisten ausgetauscht; die heute den Ton angeben, sind morgen vergessen. Statt dessen herrschen diffuse (und nicht weniger flüchtige) Strukturen: das sogenannte Infotainment, also die Vermischung von Nachrichten- und Unterhaltungssendungen, die permanente Konfrontation mit Werbebotschaften oder das Zapping, die Zerhackung des Programms durch die Fernbedienung. Eine literarische Satire auf die Medien und ihr Sprechen, wie Kraus sie noch betreiben konnte, zielt daher wahrscheinlich ganz ins Leere. Und das sagt gegen Ende der 80er Jahre mit Eckhard Henscheid sogar einer der bekanntesten zeitgenössischen Satiriker:

> Satirische ist wesentlich Sprachkritik – und deshalb umso ohnmächtiger; der Gegner längst übermächtig. Noch ein jeder tagtäglich und unentwegt aus zehn Fernsehprogrammen dringende Sportreporter- oder -moderatorensatz prangt inhaltlich-grammatikalisch-stilistisch falsch oder dumm […] und führt virtuell schnurstracks zur Verelendung, ja Verzweiflung; jede der nicht enden wollenden, ja sich immerzu gewürmhaft vermehrenden meist rundfunkmedialen Psycho- und Emanzipations- und Lebenshilfequark-Anmeiereien eines ebendem offenbar hingegebenen (und freilich immer partikulareren) Publikums ist für den, der nicht

schon gänzlich unempfindlich geworden ist fürs adornoisch »falsche Leben«, als suizidales Verdachtsmoment sehr in Betracht zu ziehen; macht als stetig-stündlicher kleiner Weltuntergang – über die Leidenserfahrungen Karl Kraus' oder Kurt Tucholskys weit hinaus – satirische Anstrengung strukturell lächerlich.[4]

Hinzu kommt, daß die Medien das Geschäft ihrer Parodie oder Travestie längst selbst übernommen haben – und manchmal sogar mit recht überzeugenden Ergebnissen. Schon in den 60er Jahren produzierte etwa die englische Komiker-Truppe »Monty Pythons Flying Circus« Fernseh-Satiren, die so avantgardistisch waren, daß sie im deutschen Fernsehen der 90er Jahre vom »RTL-Samstag-Nacht«-Team mit überwältigendem Erfolg plagiiert werden konnten. Jedenfalls hält es unser Held für ausgeschlossen, daß ernsthafte Literatur sich mit Aussicht auf Gewinn daran versuchen könnte, an den Verschraubungen des Stofflichen oder des Strukturellen der Medien noch weiter zu drehen.

Schließlich ist ein besonders bedeutender Bereich des zeitgenössisch dominanten Sprechens der literarischen Satire ebenfalls weitgehend entrückt: es ist das Sprechen der Werbung, das einen Großteil des Veröffentlichten ausmacht und mittlerweile beinahe omnipräsent ist. Auch hier tut sich die Satire schwer. Denn Produktnamen (und mit ihnen die meisten Slogans) gehören nicht der natürlichen Sprache an und verlieren in der Regel jenseits des Verfallsdatums oder der Marktkarriere der Waren alle sprachliche Qualität – und damit auch die satirische. Wenn es daher eine satirisch tendierende Literatur in die zeitgenössische Warenwelt zieht, die ja längst eine Art dritter Natur geworden ist, so beweist sie zwar ein richtiges Gespür, doch es droht ihr dort (und vom Leser!) die

4 Eckhard Henscheid: Nachwort zu: Wie man eine Dame verräumt. Zürich 1990, S. 237.

Gefahr der Banalisierung. Manche Erfahrung zeigt, daß es manchmal schon genügt, bloß Partikel der Werbesprache zu zitieren – und schon muß man erleben, wie der Text aus jeder Reputation geworfen wird. Tatsächlich hat sich ja die Parodie des Werbesprechens weitgehend ins mittelklassige Kabarett zurückgezogen.

An dieser Stelle nun könnte mein Schriftsteller-Roman ein mehr oder minder trauriges Ende nehmen, scheint es doch, daß sein Held, vielfach zwischen Baum und Borke geraten, seinen Schreibimpetus wird aufgeben müssen. Vielleicht aber nähme er auch ein mehr oder minder glückliches Ende: der Held konzentrierte sich auf die Wissenschaft, er reichte seine Promotion ein, ergatterte eine Assistentenstelle, baute die Promotion zur Habilitation aus, übernähme später ein paar Schwangerschaftsvertretungen an kleineren Unis und erhielte endlich eine C3-Professur für Neuere Deutsche Literatur – von deren Katheder herunter er dann über die Visionen und die Aporien der Avantgarde dozieren könnte.

Aber mein Roman nimmt eine andere Wendung. Allerdings folgt noch nicht das dritte Kapitel, sondern zunächst ein

Intermezzo

Dieses Intermezzo spielt sehr spät abends in den mittleren 80er Jahren. Unser Held, unterdessen Ende 20 und verheiratet, liegt im Bett. Seine Frau schläft schon. Auch er selbst ist unterwegs in diesen Zustand. Da plötzlich – hat er einen Einfall. Zugegeben, es ist ein ausgesprochen stofflicher Einfall. Genauer, es ist eine Szene, eine plötzliche Begegnung zweier sehr verschiedener Männer: der eine ist Versicherungsagent, der andere Zirkusdirektor; und ohne es auszusprechen, fordern die beiden einander zum Duell. Was ich sagen will: keineswegs ist unserem Helden die große Idee gekommen, wie und wohin der Aufbruch der zeitgenössischen Literatur aus dem Dilemma zu erfolgen hätte. Nein, er hat nur eine kleine Idee, die vielleicht eine kleine Geschichte tragen könnte.

Und unser Held, er schämt sich. Erstens schämt er sich dafür, daß ihn, der er doch still und ernsthaft mit dem Zentralproblem der zeitgenössischen Literatur ringt, spätabends kleine Ideen für kleine Geschichten ankommen. Und zweitens schämt er sich dafür, daß er jetzt im warmen Bett liegenbleiben und nicht aufstehen und die kleine Idee aufschreiben wird. Doch dann geschieht *es*. Statt daß die beiden Beschämungen einander gegenseitig trösteten und den Beschämten ruhig einschlafen ließen, steht der auf und schreibt, quasi mit zusammengebissenen Zähnen, die ersten vier Seiten einer kleinen Geschichte.

Vier Seiten nur, aber es sind vier Seiten Orgie, vier Seiten Hingabe an den Stoff, vier Seiten Schwelgen in der Naivität eines skurrilen Einfalls und schließlich auch: vier Seiten lang gepfiffen auf alle ›großen‹ literaturtheoretischen Erwägungen, auf alle Skrupel und Bedenken, auf alle Mahner und Vorbilder. Vier Seiten! Und sehr beschwingt legt er sich wieder zu Bett.

Leider, nein: Gott sei Dank, ist dies noch nicht das Ende des Intermezzos. Am nächsten Morgen nämlich läßt unser Held besagte vier Seiten von seinem Computer ausdrucken – und das Entsetzen ist groß! Von der Orgie der letzten Nacht scheint nicht mehr übriggeblieben zu sein als ein paar unansehnliche stoffliche Überreste. Sprich, beim zweiten Durchlesen schon hält nichts der Kritik stand, keiner der vom Stoff so leicht vorwärts getragenen Sätze erträgt genauere Kontrolle und Befragung.

Aber, ein großes ABER: da ist immer noch die Idee. Der Messmer, wenn Sie mir diese alpine Allegorie gestatten, der Messmer ist quicklebendig und voller Energie, es gilt nur, eine andere Route zum Gipfel zu finden. Und bei dieser Arbeit, die keine leichte Arbeit ist, macht unser Held die wunderbarste Erfahrung seines ganzen Schreiberlebens! Sie lautet, arg verkürzt: Alles Wesentliche geschieht vor Ort! Will sagen, keiner der theoretischen Befunde zur modernen Literatur ist obsolet, keine der diskursiven Erwägungen über ihre Möglichkeiten und Unmöglichkeiten ist überflüssig! – Aber zum Fortschritt, und das meint hier: zum schieren Weitergehen der Literatur bedarf es neben allem anderen insbesondere einer gewaltigen Portion Chuzpe. Und die zieht man wahrscheinlich nicht aus Diskurs und Reflexion, sondern nur aus den unaufgeräumtesten Hinterzimmern des Bewußtseins: aus den unausgesprochenen Obsessionen, aus dem niemals vergehenden Kindertraum von Allmacht und Größe, aus der niemals vergehenden Kinderangst vor Schmach und Tod und Nichtigkeit und schließlich aus einem halb manischen und halb panischen Mitteilungsdrang.

Alles weitere, sprich die lausigen 99%, die jetzt noch fehlen, ist, wie gesagt, Arbeit am Text. – Doch bei der sehen wir unserem Helden nicht über die Schulter. Denn mit ziemlicher Macht kündigt sich nun endlich an:

Kapitel drei: Die Wende

Nicht allzu lange nach diesem Intermezzo ist unser Held wie von ungefähr 32 Jahre alt, er hat einen Roman und einen Band mit kurzen Novellen geschrieben, für die er einen Verlag suchen will, Nachwuchs kündigt sich an, als pünktlich am 9. November 1989 infolge eines Volksaufstandes sowie einer Übermittlungspanne unter den Regierenden die Mauer zwischen der Bundesrepublik Deutschland und der Deutschen Demokratischen Republik geöffnet wird. Der angehende Vater und Autor erfährt davon zeitgleich aus dem Fernseher; er sieht spät in der Nacht authentische Bilder von authentischen Schauplätzen; wirkliche Menschen weinen ehrliche Tränen; und alle Kommentatoren machen immer wieder mit Nachdruck darauf aufmerksam, daß es sich hierbei um ein historisches Ereignis handle. Erst gegen Morgen schaltet unser Held, durchaus bewegt, den Fernseher aus.

Was er da noch nicht weiß: schon bald wird er ein von

den Ereignissen doppelt Betroffener sein. Einerseits als Deutscher (gleich ob Ost oder West); andererseits, und stärker noch, als angehender Schriftsteller. Denn wenige Monate nach der Vereinigung der beiden deutschen Staaten erscheint tatsächlich (vielleicht ebenfalls durch eine kuriose Verkettung glücklicher Umstände) sein Novellen-Band. Und kaum findet er die Zeit, sich darüber angemessen zu freuen, gerät er auch schon in eine Art Generalabrechnung, die nun über die gesamte deutsche Nachkriegsliteratur hereinbricht.

Sie kennen diese Abrechnung wahrscheinlich. Sie vollzog sich zunächst in der vom Feuilleton initiierten »Was bleibt«-Debatte über den literarischen Stellenwert der weiland in der alten Bundesrepublik so hoch geschätzten dissidentischen oder oppositionellen DDR-Literatur. Und sie setzte sich fort im Streit unter einigen Verlagslektoren über den (mangelhaften) Unterhaltungswert der jüngeren deutschen Literatur insgesamt. Dabei, so unser Held in seinen kühneren Gedanken, speiste sich diese Abrechnung aus der im deutschen Literaturbetrieb der frühen 90er Jahre vorherrschenden Empfindung: aus dem schlechten Gewissen. Unter dem leiden nach 89 die politisch Denkenden und Schreibenden, von denen nun viele befürchten müssen, lange – sei es offen oder insgeheim – auf der falschen Seite gestanden zu haben. Es leiden darunter aber auch die unpolitisch Schreibenden, zumal die Vertreter einer literarischen Avantgarde, die nun, da man die Intellektuellen wieder drängend nach Konzepten und Rezepten befragt, eine denkbar schlechte Figur abzugeben fürchten, haben sie ihre Texte der Verpflichtung zur Referenz und Welthaltigkeit in langen Jahren praktischer Dekonstruktion weitgehend entzogen.

Besonders die zweite Debatte nimmt nun unseren Helden, der sich, kaum veröffentlicht, eigentlich schon am Ziel aller Wünsche sah, heftig in die Pflicht. Alsbald sieht er sich ins Forum öffentlicher Lesungen und Podiumsdiskussionen gestellt, in denen es nicht selten darum geht, daß er seine so angenehm unerhört restaurative (oder reaktionäre) Literatur gegen die Vorhaltungen der gestandenen Moderne und Post-Moderne verteidigen soll. Denn für das schlechte Gewissen der Zeit sind seine Texte wie geschaffen. Man kann sie (ich sage das einmal ganz vorsichtig!) zunächst recht gut, also mit einigem Unterhaltungswert lesen. Und danach kann man sie sehr demonstrativ in allerlei Probeläufe um ihre Geltung als zeitgenössische Literatur schicken. Denn einerseits: wie wird sich das so konventionell Narrative, ja bisweilen Rhetorische, vor den Ansprüchen der Avantgarde rechtfertigen? Und andererseits: wie rechtfertigt sich eine kleine Geschichte, in der ein Versicherungsagent und ein Zirkusdirektor ihr Alltagsduell austragen, wie rechtfertigt sich eine solche Petitesse vor den gewaltigen Ansprüchen der aktuellen Geschichte?

Nun kann man ja alle Podiumsdiskussionen, alle Autorensymposien und Poetikvorlesungen als bloße Alimentierungsveranstaltungen enttarnen, die keinerlei literarische Relevanz haben und in denen bloß das schiere Geschwätz zelebriert werde. Doch den Literaturbetrieb zu verdammen ist eine leichte kulturkritische Fingerübung; nicht selten wird sie von denen absolviert, die dafür vom Betrieb bezahlt werden, oder von denen, die es sich leisten können, dem Betrieb fernzubleiben – wenn nicht gar von denen, die sich vom Betrieb ausgeschlossen fühlen. Und unserem Debütanten, der gar nicht die Wahl hat, ob und wem er sich stellen soll, setzt dieser Betrieb immerhin ganz ordentlich und wesentlich zu. Nicht, daß er ihm übel gesonnen wäre – das nicht. Aber nun, dauernd mit anderer Literatur und mit anderem Sprechen über Literatur konfrontiert, spürt er trotz allen Lobes und aller Ermunterung den Rechtfertigungsdruck wachsen, der seit jener Nacht auf ihm lastet, da er sich gegen den Schlaf des unglücklichen Bewußtseins und für die orgiastische Produktion der besagten vier Seiten entschlossen hat.

Oft genug versucht daher der Schriftsteller, ich nenne ihn jetzt so, zum Beispiel am Morgen danach im Zug von Berlin oder München oder schon spätabends, bei der

Heimfahrt aus Lüdenscheid oder Datteln, versucht er also, einigermaßen in Form zu bringen, was er sich auf einem Podium oder im Anschluß an eine Lesung wieder einmal halb chaotisch, halb rabulistisch als sein poetologisches Konzept zurechtgesponnen hat. Wird es dabei sehr spät, oder ist es noch sehr früh, dann sitzt bei diesen Bemühungen in der Regel jemand auf dem Nebensitz, der gar nicht viel sagt – und der gerade deshalb der Adressat, besser: das Korrektiv all seiner Überlegungen ist. Der Mann heißt Karl Kraus. Denn wie, so lautet für den Schriftsteller die Frage schlechthin, wie in aller Welt kann er darauf plädieren, daß seine eigenen Texte zumindest den Anspruch anmelden dürfen, in der Tradition des Krausschen Denkens zu stehen und damit, etwas pathetisch gesprochen, die Legitimität literarischer Zeitgenossenschaft zu besitzen.

Ein ohne Zweifel schwieriges Plädoyer. Und noch schwieriger, es hier und jetzt vor Ihnen in aller Ausführlichkeit wiederzugeben. Aber ich habe ja auch keinen Roman, sondern nur einen Entwurf versprochen. Und für diesen Entwurf will ich nun alle Entstellungen in Kauf nehmen, die bei einer so drastischen Verknappung nicht ausbleiben können, und Ihnen nur den *einen* Versuch schildern, bei dem unser Schriftsteller (zumindest nach eigenem Dafürhalten) vor seinem Übervater Kraus die beste Figur gemacht hat.

Dieser Versuch beginnt damit, daß er Kraus an ein Gespräch erinnert, das der gegen Ende der 20er Jahre mit dem Berliner Juristen und Schriftsteller Sigismund von Radecki geführt hat. »Sollte ich«, so sagte Kraus damals, »jemals einen Roman schreiben, so würde er in zwei anliegenden Kaffeehaus-Zimmern spielen und einen Zeitraum von zwanzig Jahren umspannen.« – »Und die Handlung?« wurde er von Radecki gefragt. – »Die Handlung würde darin bestehen, daß sich ein Kaffeehausgast aus einem Zimmer ins andere setzt.«[5]

5 Zit. nach: Sigismund von Radecki: Erinnerungen an Karl Kraus. In: S. v. R., Wie ich glaube. Köln/Olten 1953, S. 21–45, hier S. 25.

Diese Anekdote hat der Schriftsteller als Student, also zur Zeit seiner intensivsten Kraus-Jüngerschaft, als eine ironische Absage an die fiktional-narrative Literatur gelesen. Doch im Laufe der Zeit, und zunächst vielleicht bloß aus Mutwillen, hat er begonnen, das Kraussche Romanprojekt einmal versuchsweise ernst zu nehmen. Und dabei hat sich ergeben, was vielleicht nicht als schierer Unfug abzutun ist.

Denn erstens: wäre nicht der von Kraus so knapp skizzierte Roman, in dem bloß einer das Zimmer wechselt, *ein Buch über nichts*, also »un livre sur rien«, wie einmal – von Flaubert? – das Ideal der modernen Literatur schlechthin definiert worden ist. Sprich, ein Buch, das nicht vordringlich ›über‹ etwas spricht, das nicht Mitteilung oder gar Botschaft im landläufigen Sinne sein will. Ein Buch vielmehr, das ganz wesentlich Sprache, also Stil, Rhythmus und Klang sein will.

Doch zweitens – und andererseits: Kraus läßt dieses höchstmoderne Buch ausgerechnet im Kaffeehaus spielen; das heißt in einem Raum, in dem ganz verschiedene Sprachwelten einander durchdringen. Im Kaffeehaus – und nicht nur in dem des zeitgenössischen Wien – rivalisieren und amalgamieren Privatheit und Öffentlichkeit der Rede. Es ist, mehr als jede ›Wohnung‹, Schutzraum für das Individuelle und zugleich der Ort seiner Aufhebung. Hier liegen die Zeitungen nicht nur zur stillen Lektüre aus; hier werden sie gesprochen und geschrieben. »Kaffeehaus«, das ist die Metapher für ein Ausgeliefertsein ans Gerede ebenso wie für den öffentlichen Widerstand dagegen.

Und also ist vielleicht das Kraussche Romanprojekt nicht bloß ein ironisches Aperçu – vielmehr ein sehr sphinxhaftes, wenngleich ungebrochen aktuelles Rätselbild für das Ideal der zeitgenössischen Literatur. Keineswegs sagte es ja deutlich, was genau zu schreiben sei. Aber es vermittelt eine Vorstellung davon, daß die *eine* Literatur, die sich zeitlos und nach innen gewandt gibt, als Spiel mit den Möglichkeiten des individuellen Ausdrucks, und die *an-*

dere Literatur, die auf die öffentlichen Zustände zielt, als erzählende Darstellung zeitgenössischer Exempel – daß diese beiden Literaturen keine Gegensätze sein müssen – daß sie vielmehr die beiden Seiten desselben sind, solange sie ihren Gegenstand, Individualität und Öffentlichkeit, als sprachlichen begreifen. Will sagen: es ist nicht die Aufgabe der Gegenwartsliteratur, den Entwurf des ganz und gar gelingenden Großen-Ganzen ausmalen; das tut schon täglich jeder Funktionär, und so verlöre sie die Sprache. Aber sie darf auch nicht bloß einen immer kleiner werdenden Restbestand des noch ungeschändeten Wortmaterials konservieren, denn damit verlöre sie die Welt. Literatur – so jedenfalls denkt einer im Krausschen Sinne – muß vielmehr eine möglichst kraftvolle Antwort auf das Gerede der Gegenwart sein. Sie muß auf den Sprachzustand der Epoche zielen; sie muß aus dem Sprachmaterial der Gegenwart schöpfen; sie muß die dominanten sprachlichen Strukturen darzustellen suchen. Und dazu ist ihr jedes Mittel recht, solange es nicht selbstgenügsame Manier wird! Ob dann einer erzählt oder ob er das Erzählen offenkundig verweigert, ob er sich an ›kleine Leute‹ oder an ›schwere Worte‹ hält – das macht längst nicht mehr die wesentliche Differenz. Der Streit zwischen Avantgarde und Tradition ist nicht entschieden, vielmehr ist die Opposition historisch geworden. Selbst das Denken in »U« und »E« gilt nicht mehr, es hat sich ebenso wie der Fortschritts-Gedanke als untauglich bei der literarischen Arbeit erwiesen. Vor der zeitgenössischen Literatur liegt vielmehr, soviel kann vielleicht noch gesagt werden, das weite Feld aller zuvor sorgsam ausgeschlossenen Dritten.

Mehr freilich, und damit zum Schluß, weiß unser Schriftsteller momentan nicht zu sagen. Und wahrscheinlich wird er auch in Zukunft nicht zu aller Zufriedenheit – ja nicht einmal zu seiner eigenen – erläutern können, *was* und warum es ausgerechnet *so* zu schreiben ist. Das mag quälend sein, doch es ist kein Mangel. Denn gelingende Literatur führt niemals aus, was sie sich vorgenommen hat. Vielmehr rüstet sie sich mit tausend Erwägungen, so wie zum Beispiel ich es hier vor Ihnen getan habe – doch nur, um besser den rechten Moment erkennen zu können, an dem sie alles abwerfen und sich mitnehmen lassen wird, wohin auch immer. Ein letztes Mal Karl Kraus: »Was bog dort um die Ecke? Noch nicht ersehen und schon geliebt! Ich stürze mich in dieses Abenteuer.«[6]

Ich danke Ihnen für Ihre Aufmerksamkeit.

6 Karl Kraus: Schriften, a. a. O., Bd. 4. Untergang der Welt durch schwarze Magie. Frankfurt a. M. 1989, S. 210.

JOCHEN HÖRISCH

Die Vorzüge der Gegenwartsliteratur

Das Spiel ist altbekannt, nicht sonderlich originell und doch immer von neuem Reiz: Ein junger Schriftsteller erhält sein Manuskript mit wenig schmeichelhaften Worten vom Lektor eines bedeutenden Verlages zurück. Er ist empört und will die Inkompetenz des Lektorats beweisen. Und also schickt er unter neuem Namen die leicht überarbeiteten Seiten eines kanonischen Romans an den Verlag zurück – und erhält die Leseprobe aus dem »Mann ohne Eigenschaften« (S. 1111 ff.), aus der »Strudlhofstiege« (S. 381 ff.) oder auch aus den »Wanderjahren« (Rahmenhandlung, nicht die eingestreuten Novellen) mit gleichermaßen unfreundlichem Lektorenkommentar zurück.

Wer blamiert sich in dieser Standard-Geschichte? Nach Wunsch des jungen Schriftstellers der inkompetente, ungebildete und blamabel ver-urteilende Lektor und sein Verlag; in den Augen des Lektors der Autor, dem statt besserer Texte nichts Besseres einfällt, als sich so unoriginell zu rächen; oder – auffallend selten bedachte Möglichkeit – die eingereichten (neo-)klassischen Texte? Die letzte Antwort ist so abstrus nicht, wie sie dem ersten Anschein nach zu sein scheint. Wüßten wir nicht, daß sie aus Goethes Feder stammen – könnte man anders als kopfschüttelnd auf Wendungen wie diese reagieren? »Nach diesem heitersten Anschauen schritten sie wieder zu ihrer gewöhnlichen, obgleich mannigfaltigeren Abendunterhaltung.«[1] Ach so, welch überraschende Wendung des Geschehens. Worum ging's denn in dieser mannigfacheren

1 Johann Wolfgang Goethe: Wilhelm Meisters Wanderjahre, hg. von G. Neumann, H.-G. Dewitz. Sämtliche Werke I/10. Frankfurt/Main 1989, S. 470.

(seltsamer Komparativ) Abendunterhaltung? Zum Beispiel um die Erziehungsprinzipien in der pädagogischen Provinz, die ihr Leiter dem pädagogisch interessierten Vater Wilhelm Meister mit folgenden denkwürdigen Worten umreißt: »Eben dieser treffliche Mann gab ihm nun eine allgemeine Übersicht ihrer inneren Zustände und äußern Verbindungen, so wie Kenntnis von der Wechselwirkung aller verschiedenen Regionen [die würde der Leser gewiß auch gerne kennen; J. H.]; nicht weniger ward klar, wie aus einer in die andre, nach längerer oder kürzerer Zeit, ein Zögling versetzt werden könne [ein wenig mehr dürfte durchaus klarwerden, ohne daß der Leser Gefahr liefe, vor Spannung nicht weiterlesen zu können; J. H.]. Genug, mit dem bisher Vernommenen stimmte alles völlig überein [eine zweifellos angemessene Selbstcharakterisierung des Textes; J. H.].«[2] Wer dergleichen heute einem Verlag zur Publikation anböte, wäre mutig. Der Lektor hätte sich jedenfalls nicht blamiert, wenn er das Manuskript, für den Einsender portopflichtig, retournierte. Es sei denn, es handele sich um das Originalmanuskript (das es, da Goethe diktierte, nicht eigentlich gibt).

Wenn Goethes »Wanderjahren« nicht kluge Interpreten beisprängen, die z. B. darauf aufmerksam machen, daß in diesem Roman genrewidrig nicht gestorben wird (und zwar offenbar deshalb, weil unablässig kommuniziert und genauer: geschrieben wird), wäre er wohl kaum zu retten. Goethes später Roman ist ein auffallend schlechtes Buch (voll wunderbarer Novellen). Und eben deshalb eine Herausforderung an professionelle Interpreten. Aber noch die gescheiteste Deutung (z. B. des Motivs, daß Wilhelm und Natalie, die doch am Ende der »Lehrjahre« geheiratet haben, auf den gut 500 Seiten der »Wanderjahre« sich nie treffen und also ausschließlich schriftlich miteinander verkehren) stände erst einmal vor der Frage, ob sie sich ernsthaft mit Prosapassagen wie dieser auseinandersetzen soll: »Unsere Freunde haben einen

2 Ebd., S. 531.

Roman in die Hand genommen, und wenn dieser hier und da schon mehr als billig didaktisch geworden, so finden wir doch geraten, die Geduld unserer Wohlwollenden nicht noch weiter auf die Probe zu stellen. Die Papiere, die uns vorliegen, gedenken wir an einem andern Ort abdrucken zu lassen und fahren diesmal im Geschichtlichen ohne weiteres fort.«[3] Man las schon besser formulierte und spannendere Geschichten als die, die in Goethes »Wanderjahren« nun folgen.

Wer die schlechte Qualität der deutschsprachigen Gegenwartsliteratur beklagt und dies gar unter Hinweis auf die unsterblichen Werke der Klassik, der Romantik und des Realismus tut, erhält fast obligatorisch Beifall. Zu Unrecht: die deutschsprachige Gegenwartsliteratur ist Klassen besser als ihr Ruf; und viele klassische Werke haben bemerkenswert deutliche Schwachstellen (um nur einige Beispiele zu nennen: der vierte Akt von »Faust II«, Schillers schematische Gedichte, Novalis' Lyrik, Schlegels »Lucinde«). Literarische Qualität läßt sich nicht messen wie Höchstgeschwindigkeiten, Bremswege und Beschleunigungswerte. Beim Autotest steht gewissermaßen a priori fest, daß der Kleinwagen von 1997 die Luxuskarosse von 1950 in vielfacher Hinsicht übertrumpft. Beim Autortest scheint das umgekehrt zu sein. Goethe, Hölderlin, Kleist, Fontane, Trakl, Thomas Mann: heute wirklich unerreicht und unerreichbar? Wer den Vorwurf, Kulturbanause zu sein, nicht scheut und vom Auto- zum Autorvergleichstest umschaltet, darf wohl häufiger mit spannenden Testergebnissen rechnen als erwartet.

Um die Vergleichsebene von olympischen auf menschliche Dimensionen zu bringen: Wer wunderbare kanonische Texte wie Eichendorffs »Marmorbild« mit Handkes »In einer dunklen Nacht ging ich aus meinem stillen Haus«, wer Conrad Ferdinand Meyers »Amulett« mit Süskinds »Parfum«, wer Arnims (unterschätzte!) »Kronenwächter« mit Jirgls »Abschied von den Feinden« und

3 Ebd., S. 382.

wer Heines Gedichte mit denen von Robert Gernhardt vergleicht, wird schnell bereit sein, sich allzu apodiktische Negativurteile über die Gegenwartsliteratur zu verkneifen. Und wer »Potztausend« nicht für das beste literaturkritische Urteil hält, sondern dafür plädiert, daß auch literaturkritische Urteile begründet sein müssen, wird alsbald merken, wie reizvoll die genannten neueren und neusten Texte klassische Anforderungen an geglückte Literatur erfüllen. Als da u. a. wären: (1.) Geglückte Werke vertrauen stärker ihrer internen Stimmigkeit als ihrer sachlichen Angemessenheit; deshalb geht von ihnen (2.) ein sanfter Sog aus, intellektuell fremdzugehen und vertraute Wahrnehmungs- und Denkmuster in der schönen Fremde zu verlassen; welcher Sog geradezu systemisch (3.) zu einer Allusionstechnik führt, die nicht willkürlich ist, sondern weiß, daß das Spiel der schönen Literatur sich den irreversiblen Mehrdeutigkeiten der Sprache verdankt; und diese Mehrdeutigkeiten begreift große Literatur (4.) nicht als Bedrohung semantischer Verläßlichkeit, sondern als Befreiung von Sinn-Diktaten aller Art. Große Literatur ist bedeutsam, weil sie vertraute Realitätsversionen mit einem semantischen Alternativhorizont versieht.

Viele Werke der Gegenwartsliteratur erfüllen diese und weitere Kriterien in erstaunlichem Maße. Um nur sechs weitere Namen zu nennen, über die unter allen, die noch lesen können und wollen, bei aller kritischen Urteils- und Differenzierungslust schnell Einigkeit herstellbar sein dürfte: die Prosa von Ransmayr, Sebald, Menasse und Wühr oder die Lyrik von Grünbein oder Rühmkorf brauchen keinen Vergleich mit kanonischen Werken zu scheuen. Von einer qualitativen Krise der Gegenwartsliteratur kann nicht ernsthaft die Rede sein. Wohl aber von einer quantitativen: es gibt zuviel des Guten. Und das Gute ist der Feind des Besten. Die deutschsprachige Gegenwartsliteratur leidet nicht an zuwenig exzellenten, sondern an zuviel guten Veröffentlichungen. So wie, um einen naheliegenden Vergleich zu bringen, die Geisteswissenschaften im Hinblick auf die Qualität ihrer Forschungen gegenwärtig gewiß nicht schlechter dastehen also vor dreißig Jahren. Wer nicht etwa die germanistische Durchschnittsdissertation des Jahres 1930 oder 1950, sondern die Dissertationen bekannter Germanisten der 50er bis 70er Jahre mit einer Durchschnittsdissertation von heute vergleicht, wird zugeben müssen, daß die Arbeiten der letzten Zeit mit bemerkenswerter Regelmäßigkeit besser (methodisch komplexer, argumentativer, editorisch verläßlicher, philologisch aufgeklärter etc.) sind als die der meisten hervorstehenden Vertreter der vorhergehenden Generationen. Um vom Stand der Überblicksdarstellungen, Sammelwerke, Lexika und kritischen Editionen zu schweigen. Auch hier aber gilt die Regel: Krisengeschüttelt sind die sog. Geisteswissenschaften nicht etwa wegen ihrer mangelhaften Qualität oder Produktivität, sondern wegen ihrer Überproduktivität und also Unübersichtlichkeit.

Ob es sinnvoll ist, erneut eine »querelle des anciens (resp. modernes) et des modernes (resp. postmodernes)« anzuzetteln, ist überaus fraglich. Produktiver dürfte es sein, die Probleme zu benennen, die den Blick auf die hervorragende Verfassung der Gegenwartsliteratur so hartnäckig verstellen. Neben der bereits angeführten Ursache (Überproduktion des Guten und Überproduktion des Schlechten sowieso, dadurch bedingte Unübersichtlichkeit) sind zumindest drei weitere Aspekte zu nennen:

1. Buchstäblich in die Augen sticht, daß die Gegenwartsliteratur wie die Literatur nach 1945 überhaupt zwar hervorragende Lyrik- und Prosa-, nicht aber Dramentexte freigesetzt hat. Die eine Ausnahme ist schnell genannt. Das Marat-Drama von Peter Weiss hat unter den deutschsprachigen Dramentexten nach 1945 wohl allein Aussicht, kanonisch zu werden. Die Stücke aber von Dürrenmatt, Frisch, Strauß und Handke sind in spezifischer Weise schwächer als ihre z. T. vorzügliche Prosa. Die weitere vermeintliche Ausnahme, nämlich das ungemein dichte und tiefschwarz glänzende Dra-

menwerk Heiner Müllers, besteht aus klugen Vampyrtexten. Sie leben in einem wirklich gespenstischen Maße von dem Dramenblut, das sie tradierten Texten aussaugen. Und so machen sie darauf aufmerksam, daß das Theater anders als die lyrische und prosaische Gattung auf Recycling von Texten aus heroischeren Zeiten angewiesen ist. Warum? Weil

2. gerade dem Theater in Form der AV-Medien die schärfste Konkurrenz erwachsen ist. Auch hier besteht das Problem gerade nicht darin, daß das Schlechte die Aufmerksamkeit fürs Gute verdrängt. Daß es im Kino und auf TV-Monitoren unerträglich viel Schwachsinniges zu sehen gibt, ist ja für Theatertexte keine Bedrohung, sondern eine Chance. Fürs Theater bedrohlicher ist die vorzügliche Qualität vieler klassischer Filme (von »Casablanca« bis »Letztes Jahr in Marienbad«) und eben auch von aktuellen Filmproduktionen. »Night on earth«, »Smoke«, »Piano«, »Heimat«, »Paris, Texas«, Literaturverfilmungen wie »Age of Innocence« und durchaus auch so intelligente und hellwache Unterhaltungsfilme wie »Rossini« oder TV-Serien wie »Liebling Kreuzberg« oder »Kir Royal« machen es dem Theater schwer. Denn beide, das Theater wie der Film, danken ihre Attraktivität dem Umstand, daß sie Wahrnehmung nicht (wie Lyrik oder Prosa) in Kommunikation verwandeln müssen – was eine hochheikle, weil Systemgrenzen zwischen Wahrnehmung und Kommunikation systematisch erodierende Angelegenheit ist. Theater- wie Filmereignisse sind anders als der Sinn von Texten schlicht wahrnehmbar; sie kommen ohne die Beschreibungen aus, an denen sich die Qualität von Prosa bewährt. Daß die Filmtechnik dergleichen medial souveräner kann als das Theater, ist einsichtig. Uneinsichtig ist, warum viele Theaterabende zögern, angesichts dieser starken und klugen Medienkonkurrenz mit ihrem Pfund zu wuchern: eine feudale, verausgabende, anachronistische, körperreale, in Echtzeit statthabende Veranstaltung zu sein. Der Zauber von Frank-Castorf- oder

Leander-Haussmann-Inszenierungen liegt wohl auch darin, militant auf den Anachronismus des Theaters zu setzen. Dennoch: die elektronischen Medien machen es dem Theater schwer. Fast so schwer, wie es die schöne Literatur insgesamt

3. angesichts einer Literaturkritik hat, die nun wirklich in bedenklicher Verfassung ist. Zwar gibt es auch heute Literaturkritiker, die an Lessing, Schlegel, Benjamin, Freud, Adorno und Derrida geschult sind und sich auf die Kunst aufmerksamster Lektüre verstehen. Aber sie haben es naturgemäß schwer, ihre Lektürevorschläge massenmedial vorzustellen. Nicht umsonst ist der einflußreichste deutsche Literaturkritiker ein wunderbarer TV-Entertainer und ein sensationell schlechter Literaturkritiker. Und damit weniger ein persönlich interessanter Fall als vielmehr ein Symptom. Wofür? Für den Verfall eben nicht der literarischen Kunst, sondern der Kunst des Lesens. Reich-Ranicki versteht sich zu Recht offensiv als Anwalt der dummen Leser. Die Trivialität, daß es nicht nur schlechte Bücher, sondern auch dumme Lektüren gibt, ist in Vergessenheit geraten. Wenn ein Buch und ein Kopf zusammenstoßen und dieses Treffen einen hohlen Klang erzeugt, ist immer noch klärungsbedürftig, worauf dieser hohle Klang zurückzuführen ist. Häufig genug auf die hohlen Leser-Köpfe, die z. B. die Hölderlin-Anspielung im Titel von Christa Wolfs Erzählung »Was bleibt« oder die Modulation des Fontane-Motivs vom verwunschenen Haus im Roman »Ein weites Feld« von Günter Grass nicht erkennen. Die oben angeführten Beispiele problematisch-schwacher »Klassik« mit dem Modellfall der »Wanderjahre« können selbstredend gerettet werden – durch kluge Lektüre. Aber die hat es heute schwer, sich rezensierend oder gar TV-rhetorisch Gehör zu verschaffen.

Eine vertrackte Lage. Fast alle kommen sich gescheit vor, wenn sie rufen, daß der König, der auf seine neuen Kleider so stolz ist, doch nackt dastehe. Vieles spricht dafür, daß im Hinblick auf die Qualität der Gegenwartsliteratur das kritische Motiv von des Kaisers neuen Kleidern umzudrehen ist. Die Kleider der Fürsten auf dem Fest der Literatur sind prächtig. Sie werfen Falten, in denen zu lesen lohnt. Nichts an aber haben die medienwirksamen Literaturkritiker, die der Literatur etwas anhaben, wenn sie ihr ernsthaft vorwerfen, daß sie nackt und bloß dastehe. Die unbegreifliche Borniertheit, dumpfe Reflexhaftigkeit und stumpfe Unaufmerksamkeit auch für das Handgreiflichste, mit der etwa die Schreisendung »Das Literarische Quartett« ein Ungenügen an der literarischen Gegenwartskultur der Literatur und nicht etwa ihrer eigenen Form der Literaturkritik zurechnet, ist das Grundproblem der Gegenwartsliteratur.

Ihm wäre vergleichsweise einfach abzuhelfen. Ein pragmatischer Vorschlag also zum Schluß: die Gründung eines Jahrbuchs für Literatur-, Medien- und Theoriekritik, das die dreißig bis vierzig diskussionswerten belletristischen und theoretischen Bücher (plus einiger weniger Ausstellungen, Inszenierungen und Filme) mit der Aufmerksamkeit zu besprechen, zu begreifen und verbindlich zu machen versucht, die sie verdienen. Der Titel wäre schnell gefunden. Vom reizvollen profanen Zeitschriftenprojekt »Lektu:ren« müßte sich schon der Titel des Jahrbuchs, das ernsthaft beglaubigt, daß wir in kanonfähigen Zeiten leben, programmatisch unterscheiden: »Legenden«.

BRIGITTE KRONAUER

Wie aber steht's mit den Zähnen?

1. Die ja keineswegs abstruse Frage, ob Literatur überhaupt noch, jenseits eines harten Kerns von Interessierten, eine ausschlaggebende Rolle spielt im Gemüts- und Geistesleben der Nation, einmal beiseite. Fast beiseite, denn mit einiger Wahrscheinlichkeit läßt sich vorhersagen, daß gerade diejenigen Bücher, die den Untergang der Belletristik verhindern sollen (also kosmopolitisch designte Potpourriimporte nach dem Rezept: von allem ein elegantes oder scharfes bißchen, Exotik, Sex – gut zu bebildern für TV-Sendungen –, eine Prise Politik als eingekleidete Aufgabe, Krimilabyrinthisches, versteckte und offene Zitate aus der gesamten Weltliteratur – gut zu bequasseln), demnächst von bequemeren Darreichungsformen als ausgerechnet den spröden schwarzen Buchstaben auf weißem Papier abgelöst werden. Oder als einzige übrigbleiben?

2. Dem Gerücht von einer permanent schwachen deutschsprachigen Gegenwartsliteratur gehorsam Glauben zu schenken ist noch törichter als die Unterstellung, das Ganze sei ausschließlich Fiktion und Problem der Literaturkritik. Letzteres etwa dergestalt: Was verwundert, ist der Umstand, daß zu jeder Büchersaison die Werbung der Verlage emphatische und prominente Kritikerstimmen für die Neuerscheinungen zeitgenössischer deutscher Literatur anführt, andererseits das Gejammer von der Misere sich begeistert perpetuiert. 1996 erklärte in Lissabon auf einem Symposion zur zeitgenössischen Literatur der BRD ein offenbar wichtiger portugiesischer Verleger, der sich über den deutschen Büchermarkt ausschließlich, wie er freimütig mitteilte, durch die Rezensionen in »Le Monde« informierte, wenn er, zur Gegenprobe quasi, die Frankfurter Buchmesse besuche, werde ihm von seinen deutschen Kollegen versichert: Im Ver-

trauen, die Inlandliteratur tauge leider nicht viel. Jubel im Saal.

Wenn sie schon die deutschen Autoren für provinziell halten, müssen wenigstens die sie Kritisierenden sich zu Weltbürgern deklarieren. Die deutsche Literaturkritik führt sich bei ihren Nörgeleien auf, als hielte sie sich für eine hungrige Tigerin, die den richtigen Stoff (Weltbestseller?) zwischen den Zähnen vermißt. Wie aber steht's mit dem Gebiß?

Etwas flotter als die literaturwissenschaftlichen Etikettierer neigen Kritiker dazu, jetzt mal zurückpauschalisiert, den Fabrikationen der Schriftsteller, um souveränen Überblick, wer hat ihn schon, wenigstens zu markieren, schnöde drei bis fünf verschiedene Uniformen zu verpassen. Die Bücher können sich nicht wehren gegen solch ökonomisches Verstauen auf Biegen und Brechen. Die Autoren selbst machen sich, müßig, das zu wiederholen, falls sie auf zu kurze Ärmel hinweisen, lächerlich. Nur der Kritiker hat den unbestechlichen Schneiderblick. Das reicht hin bis zu eher harmlosen Details. Ein Epiker bemüht sich, die differenzierten Kontakte zwischen einem Mann und einer Frau möglichst nuancenreich gegen Klischee und Schlagwort darzustellen, die Inhaltsangabe der Kritik erkennt unerschrocken sogleich die alte »Beziehungskiste«. Maßarbeit!

Zitate, die Vorstellungen vom Sprachgestus eines Autors vermitteln könnten innerhalb einer Besprechung, spart man aus, oder es wird – Tendenz zunehmend – schlampig, mit entstellenden Verkürzungen und teilweise hanebüchen falsch zitiert. Auf daß zumindest die Kritik schmissig ausfalle, wenn's schon ihr Gegenstand nicht ist.

Ambivalenz, eins der wesentlichen, auch erotisierenden Mittel moderner Literatur, unterschlägt man oder nimmt sie gar nicht erst wahr. Zweideutigkeit hält bloß auf beim Überfliegen. Bemerkt wird entweder der »hohe Ton« *oder* die Alltagssprache, Beschäftigung mit erhabenen Gegenständen *oder* mit Banalitäten, »penible« Genauigkeit *oder* etwa Mystifikation, assoziativ-impressionistisches Arbeiten *oder* »stures« Konstruieren. Nicht weniger faul ist natürlich die Absicherung für alle Fälle durch Abklappern von Antinomien: »leicht und doch tiefgründig«, »ernst und doch komisch«, »einfach und doch kompliziert« usf. Am verdächtigsten ist »kunstvoll komponiert«, dieses allergutwilligste Kompliment, das nichts kostet. Denn wo folgt einmal, präzise belegt und konkret ausgeführt, wie die Argumentation eines Romanwerks durch gezielte Formung und Organisation des Stoffs vor sich geht? Vermutlich lassen sich mit derlei Analysen, die einem Urteil vorauszugehen oder aber es zu begründen hätten, zur Zeit kaum Kritikerlorbeeren gewinnen.

Ist es ganz abwegig zu vermuten, daß sich Kritiken oben geschilderter Art, in bester lauer Absicht verfaßt, als verschwiemelte Aura um die Werke breiten und mit ihnen verwechselt werden?

3. Eine Lektorin für deutsche Sprache und Literatur in Kairo erzählte mir, den ägyptischen Studenten erschließe sich der Zugang zur deutschen Literatur über drei Gesichtspunkte: a) die möglichst spektakuläre und öffentliche Biografie des Autors; b) das Reizwort »Trümmerliteratur« (das ist die Nachkriegsliteratur bis 1980!); c) Symbolik/Metaphorik in Gleichungen: Baum gleich Leben usw.

Die Sprache also, das für einen Schriftsteller ausschlaggebende Element, spielt hier eine äußerst untergeordnete Rolle. Man kann das getrost hochrechnen. Die Werke der Autoren, die das eigentümlich Literarische betonen, eben Wörter und ihre Schattierungen (bei Lyrikern ist die Erwartung wohl von vornherein anders als bei Prosaisten), die Überredungen und Winkelzüge der Grammatik, das Unternehmen, Sprache aus Realität erstehen zu lassen und wieder auf Realität zu zielen und doch selbst etwas ganz anderes herzustellen, interessieren wenig. Berühmtheit im Zeichen immer dringlicher geforderter Internationalität erlangt statt dessen das leicht Übersetzbare (und daraufhin, der entscheidende Nebeneffekt, gewinnt es auch nationale Repräsentanz, in der Rückkopplung), das Nicht-Spezifische: Handlung, Ambiente, herkömmliche Symbolik, politische Illustration. Böll, Grass, Christa Wolf werden da automatisch zu bedeutenderen Schriftstellern als Reiniger und Erfrischer der Sprache wie Arno Schmidt, Helmut Heißenbüttel, Ror Wolf. Auch im eigenen Land, wo man internationales Reüssieren als Garantie für künstlerisches Format mehr und mehr mißversteht. Die Kritiker aber verlassen sich, in devot angeglichenem Maßstab, auf das, was sich beim ausländischen Publikum und den Kollegen bereits durchgesetzt hat: Werke amerikanischer, australischer, englischer, skandinavischer, französischer usf. Provenienz. In ihren Besprechungen weisen sie einschüchternd darauf hin.

Das hat Folgen für das Anspruchsniveau und den Geschmack der inländischen Leserschaft, die mit einer bestimmten, nach Erfolg schon selektierten ausländischen Literatur konfrontiert wird. Mag sein, daß Übersetzer manchmal die besseren Dichter sind, aber sie sind nie die Architekten des Romans, diejenigen also, die eine Verbindung zwischen Entwurf der Gesamtkonzeption und Entscheidung für den einzelnen Ausdruck bestimmen. Natürlich ist ein internationales Angebot übersetzter Bücher ein Segen. Keine Frage! Nur muß man die grundsätzliche Einschätzung nicht insofern übertreiben, daß eine dezidiert aus den Besonderheiten der eigenen Sprache erwachsende Prosawelt zwangsläufig zum angeblich hinterwäldlerischen Nest wird, zu glanzloser Gegenwartstrivialität, nicht »welthaltig«, da nicht tropenerprobt, ohne Plot und Flair, ohne wiedererkennbaren Helden und das gewisse Etwas. Wenn es ans große Bilanzieren geht, kassiert eine Literatur, deren Verfasser Sprache als *das* – zwiespältige – Mittel zur Beschäftigung mit einer in ihren Hierarchien nicht vordiktierten Wirklichkeit handhaben, nur Minuspunkte.

Sie kassiert sie von Leuten, deren Geist und Sinne, muß vermutet werden, nicht stimulierbar sind durch die winzigen, erhellenden elektrischen Schläge, die ein Wort gegen das nächste plaziert, versetzen kann, ein Satz in Opposition oder Nachschwingen zum vorausgegangenen, ein Handlungsgroßbogen parallel oder in Polarität zu einem anderen; von Leuten, die unempfindlich sind gegenüber dem einzigartigen Zauber, den allein Literatur bewirkt: die Verbindung des Gelesenen mit einem fernen, verborgenen Hintergrund des eigenen, resonierenden Zeitgenossen-Ichs, die Vermischung mit dem von einem Fremden, dem Schriftsteller, erstellten Universum und der eigenen, bisher unformulierten Erinnerung zu einem kurzfristig weltumspannenden Wortklang.

4. Entschieden und allen Ernstes vorzuwerfen ist der Kritik, daß sie den charakteristischen Impetus deutscher Prosa uneingeschränkt zum Defizit erklärt, anstatt ihn einer naturgemäß auf Action und superbe Helden fixierten Leserschaft nahezubringen. Wahrscheinlich treibt sie das so lange, bis dieses Spezielle (also ein Geschehen aus der Innenwelt, und aus einer durch die Zweifel der Moderne gegangenen Sprache, in die Außenwelt wachsen zu lassen, im Gegensatz zur Story als Hauptsache) wieder mal Mode wird. Sie leistet dem Zeitgeschmack nicht Widerstand, sondern rennt ihm hinterher. Macht ja nichts, macht eigentlich überhaupt nichts. Nur soll sie sich dann weder »Kritik« noch »literarisch«, noch, bitteschön, »zuständig« nennen.

5. Hat beispielsweise das deutsche Feuilleton begriffen, was die Literatur in dem 1941 geborenen Eckhard Henscheid besitzt, der, angefangen mit seiner Trilogie »Die Vollidioten« (1973), »Geht in Ordnung – sowieso – – genau – – –« (1977) und »Die Mätresse des Bischofs« (1978) über »Maria Schnee« (1988) bis – stetig fortgesetzt – zu »Welche Tiere und warum das Himmelreich erlangen können« (1995) in der Fülle aller denkbaren sprachlichen Konsequenzen (Jargon, Dialekt, romantische Sprache, Wissenschaftsparodie) vielleicht *das* große Thema des ausgehenden Jahrhunderts sarkastisch und zartfühlend in Angriff nimmt? Gemeint ist unser komisches, rührendes, gelegentlich wohl sehr lächerliches und ehrenwertes Bemühen, eine längst nicht mehr verständliche Welt in unserem Bewußtsein irgendwie und auf Teufel komm

raus auf menschliche Dimension zu bringen, ihr ein heimatlich-erdenbürgerliches Weltbild, einen noch so kuriosen anthropozentrischen Horizont abzutrotzen und abzuschmeicheln.

Zum anderen gibt es den 1996 erschienenen Roman »Morgen oder Abend« der 1966 geborenen, 1997 verstorbenen Katrin Seebacher, in dem sie eine minutiöse und erfinderische Kenntnis der alltäglichen Dinge strukturiert und umwandelt in die Perspektive einer alten Frau, der sich die Organisationen der Erwachsenenwelt auflösen, so daß sie sich von Seite zu Seite in eine nach beiden Richtungen undurchdringliche Fremde begibt. Für den Leser ist es nicht allein ein bewegender, es ist auch ein literarisch aufregender Prozeß durch die schritt- und bausteinweise Umordnung und Errichtung eines Kosmos als Diffusion, in der sich die Greisenkindlichkeit als neuer, zentrierender Schwerpunkt human verbirgt.

Selbst im lachhaft unwahrscheinlichen Fall, daß »die« deutsche zeitgenössische Prosa lediglich den Romancier Henscheid und die nachgewachsene Katrin Seebacher aufzuweisen hätte, diese beiden Autoren wären Grund genug, sie, die deutsche Gegenwartsliteratur, hochzuschätzen, »die« Kritik merke sich das!

6. Eine Nachbemerkung: Deutsch und deutschsprachig gerät, wie gewöhnlich bei derartigen Erörterungen, auch hier etwas durcheinander. Ich beziehe mich auf deutsche Verhältnisse (obschon mich das Nationale in dieser Hinsicht nicht besonders interessiert), da nach meinem Eindruck die österreichische und schweizerische Kritik sehr viel selbstbewußter zu ihren eigenen Autoren steht als die hiesige.

RAINER MORITZ

Plädoyer für die Langeweile

»Geistreich gelangweilt ist auch unterhalten.«

Franz Grillparzer

Darüber scheint bei allem Streit kein Zweifel zu bestehen: Die Literatur darf fast alles: im Paris der Aufklärung, im Vorarlberg des Biedermeier oder im Stuttgart der Postmoderne spielen, aus vielen oder gar keiner Perspektive erzählen, den Feminismus und den Ästhetizismus propagieren, renitente Opernballbesucher, engelsgleiche Luftgängerinnen und langsame Seefahrer in den Mittelpunkt stellen – eines freilich ist ihr streng untersagt: Literatur darf nicht langweilig sein. Nichts vernichtet einen Gegenwartstext umfassender, als mit dem Vorwurf der Langeweile belegt zu werden, nichts eint die Kritiker aus allen Himmelsrichtungen stärker. »Jede Art von Literatur ist erlaubt, außer der langweiligen«, stellt Uwe Wittstock apodiktisch fest,[1] und wo immer es etwas zu loben und zu verteidigen gibt, heißt es zuallererst, den Verdacht der Langeweile auszuräumen: »Denn die deutschsprachige Gegenwartsliteratur ist überhaupt nicht langweilig!« exklamiert Martin Hielscher,[2] und Jörg Magenau notiert freudig in einer Rezension: »Deutsche Gegenwartsliteratur muß kein bißchen langweilig sein«[3]. Der Feind ist klar benannt – »Daß man sich langweilt, ist eine Kultqualität

1 Siehe Seite 102 in diesem Band.

2 Martin Hielscher: Der Kritiker als Platzhirsch. Dürfen sich Lektoren öffentlich über Literatur äußern? In: Süddeutsche Zeitung, 28. 2. 1996.

3 Jörg Magenau: Epocheninventar. Ignorieren, wiederholen, abbrechen: Matthias Politycki s »Weiberroman« über die Vergeblichkeit männlichen Erwachsenwerdens in den 70ern. In: die tageszeitung, 15. 8. 1997.

moderner Literatur«[4] –, doch trägt das Langeweileverdikt wirklich zur Klärung eines Sachverhalts bei?

»Langweilig« ist, trotz der inflationären Verwendung des Wortes in Rezensionen und Essays,[5] keine ästhetische Kategorie. Etwas als langweilig zu charakterisieren sagt nichts über die künstlerische Qualität des Gegenstandes aus; wer einem Drama oder Roman das Stigma der Langeweile aufdrückt, äußert ein Geschmacksurteil, das inhaltlich auf völlig konträre Weise gefüllt werden kann. Anders gesagt: Die Einschätzung »Dieses Buch ist langweilig« sagt sprachanalytisch gesehen kaum mehr aus als »Ich finde dieses Buch schlecht, mißlungen o. ä.«.

»Langeweile ist ein Zustand der Erlebnisarmut« (Immanuel Kant) – wer nach der Lektüre eines Buches zu Protokoll gibt, er habe sich gelangweilt, teilt nicht mehr mit, als daß ihm das Lesen wenig Erlebnisse beschert habe. Was freilich beim Menschen Erlebnisreichtum bewirkt, ist unbestimmt. Ob am Billardtisch, im Konzertsaal, im Museum oder im Stadion, die Möglichkeiten, sich nicht zu langweilen, sind ausgesprochen vielfältig. Langeweile indes hat Konjunktur, weil der Begriff in Opposition zu zentralen Forderungen steht, die in den letzten Jahren vor allem an die deutschsprachige Gegenwartsliteratur gerichtet wurden. Diese müsse spannend, müsse endlich unterhaltsam sein – so die häufigsten (auch in diesem Band dokumentierten) Ratschläge. Was im Detail jedoch zur Unterhaltung eines Menschen beiträgt, läßt sich bedauerli-

4 So Norbert Bolz in diesem Band, Seite 251. Wann das mit der langweiligen Schriftstellerei genau anfing, ist schwer zu sagen; vgl. etwa Hans Erich Nossacks Tagebuchnotiz vom 22. 1. 1960: »Es wird über die Langweiligkeit der zeitgenössischen Literatur geklagt. Mit Recht, das meiste ist völlig überflüssig und läßt sich nicht zweimal lesen.« (H. E. N.: Die Tagebücher 1943–1977. Herausgegeben von Gabriele Söhling. Bd. 1. Frankfurt/Main: Suhrkamp, 1997, S. 409.)

5 Bezeichnend, daß auch TV-Kritiker Marcel Reich-Ranicki permanent in dieses Horn stößt: »Ich habe mich bei der Lektüre gelangweilt«, und der Fall ist erledigt.

cherweise schwer fixieren. Hören wir zum Beispiel die eigenwilligen Unterhaltungsbedürfnisse des Josef Haslinger:

> Ich kann mich über die Streitereien um den Begriff Unterhaltungsliteratur nicht genug wundern. Ich weiß nämlich nicht, was darunter zu verstehen ist. Ich lese nur Unterhaltungsliteratur. In letzter Zeit waren dies Werke von Paul Auster, Theodor W. Adorno, Franz Kafka, Peter Handke, Jacques Derrida, Harold Bloom, Hans-Jörg [!] Schertenleib, Richard Shusterman, Ernst Jandl, Uwe Wittstock, Immanuel Kant, Allen Ginsberg, Ingeborg Bachmann, Flann O'Brien und die Antrittsvorlesung des Wiener Ästhetikprofessors Rudolf Burger, bei deren Lektüre ich mich köstlicher unterhalten habe als bei jeder anderen der genannten Autoren. Hinzu kamen noch Artikel aus Zeitschriften und Magazinen sowie ein Handbuch über die Anwendung einer speziellen Software. Letzteres fand ich stinklangweilig.[6]

Es ist so banal wie evident: Lesererwartungen sind auf erschütternde Weise unterschiedlich, und es steht zu vermuten, daß auch Hervorbringungen innerhalb der Edition Suhrkamp, dieser Reihe, die zum Synonym für schwerblütige Langweilerliteratur wurde, bei manchem Zeitgenossen schenkelklopfende Heiterkeit oder bebende Spannung erzeugen. Zumindest läßt sich dergleichen nicht ausschließen.

Noch einmal: Es mag demoskopische Erhebungen darüber geben, daß sich mehr Menschen bei Formel-1-Rennen als beim Synchrontauchen unterhalten fühlen und mehr Menschen Botho Strauß fader als John Grisham finden – ästhetische Argumente für die Kategorie »langweilig« sind davon nicht abzuleiten. Ja, vermutlich charakterisiert die Vokabel weniger einen Gegenstand als diejenigen, die sie im Munde führen. Das Kompositum »Langeweile«, das ohnehin erst im 18. Jahrhundert auf-

6 Josef Haslinger: Hausdurchsuchung im Elfenbeinturm. Essay. Frankfurt/Main: S. Fischer, 1996, S. 69.

scheint, ist von Anfang an fast ausschließlich pejorativ besetzt. Theologisch-philosophisch inspirierte Deutungen des Phänomens weisen darauf hin, daß das Empfinden von Langeweile sich ausbreitet, sobald die metaphysische Verankerung des Menschen brüchig wird. Langeweile entsteht demnach, wenn religiöse Gewißheiten verlorengehen; sie ist ein »Offenbarwerden der Leere« (E. M. Cioran), sie ist die »Leere des durch die Begegnung mit dem Nichts angerührten Geistes« (Helmut Kuhn). Wackere Zeit- und Kulturkritiker begnügen sich deshalb nicht damit, diese Erscheinung zu beschreiben; sie bemängelten schon Anfang der fünfziger Jahre, daß die Langeweile das »Lebens- und Zeitgefühl des heutigen Menschen«[7] sei und mit dem fatalen Bedürfnis nach Zerstreuung und Unterhaltung korrespondiere. Bereits das 19. Jahrhundert beklagte den sich ausbreitenden Ennui lautstark: »Ich mag mich nicht einmal umbringen: es ist zu langweilig«, heißt es in Georg Büchners »Lenz«, und Friedrich Hebbels Tagebuch notiert am 10. Februar 1842: »Wem die reine Lebensluft versagt ist, der wird in Laster und Ausschweifungen hinabgedrückt. Warum sollte ein Mensch nicht einen Mord verüben können, bloß um der Langeweile zu entgehen!«[8]

Überspitzt gesagt: Wer erwägt, Mord und Totschlag auf sich zu nehmen, um sich von seiner existentiellen Langeweile[9] zu befreien, benötigt auch als Leser kräftige Reize, um aus dem Dämmerzustand gerissen zu werden. Noch

7 Gerhard Jacobi: Langeweile, Muße und Humor und ihre pastoral-theologische Bedeutung. Berlin: Lettner, 1952, S. 41.
8 Friedrich Hebbel: Tagebücher 1835–1843. München: Deutscher Taschenbuch Verlag, 1984, S. 469.
9 Vgl. zu verschiedenen Ausprägungen der Langeweile Martin Doehlemann: Langeweile? Deutung eines verbreiteten Phänomens. Frankfurt/Main: Suhrkamp, 1991. Erschienen ist diese Studie übrigens in der Edition Suhrkamp ... – Zum geistesgeschichtlichen Hintergrund ist immer noch sehr lesenswert Walther Rehm: Gontscharow und Jacobsen oder Langeweile und Schwermut. Göttingen: Vandenhoeck & Ruprecht, 1963.

überspitzter gesagt: Das Bedürfnis der heutigen Literaturkritik (und der Leserschaft) nach Unterhaltung und Spannung hat damit zu tun, daß viele Kritiker und Leser bereits als Gelangweilte an ein Buch herantreten – eine unendliche Spirale zunehmenden Mißvergnügens: »Wer überall Vergnügen und Spaß sucht und unterhalten werden will, wird vieles langweilig finden.«[10] Die sich zu Tode amüsierende Spaßgesellschaft besteht auch aus Kritikern, Verlegern und Lektoren; ihr Befürworten einer Literatur, die nicht zu langweilen habe, entspricht zum einen den Erwartungen des Marktes (und natürlich nicht nur des Buch-Marktes), der mehr und mehr nach Zerstreuung verlangt. Zum anderen jedoch resultiert diese Haltung aus einer wachsenden Unfähigkeit, Dinge zu rezipieren, die nicht vordergründig auf Unterhaltungsstrukturen basieren – eine Mangelerscheinung, die auch die genannten »Kulturträger« befällt. Auch für diese gilt vielleicht: »Dem Beklagen der Langeweile korrespondiert ein Anklagen aus Langeweile.«[11]

Die Folgen sind unübersehbar: Eine Kritik, die einseitig danach verlangt, unterhalten zu werden, nimmt letztlich der Literatur, was sie ausmacht: das Widerständige. Eine Literaturkritik als Kompagnonne der Unterhaltungs- und Freizeitindustrie verlöre ihre letzte Daseinsberechtigung. Der Vorwurf, ein Buch sei langweilig, ist kein ernst zu nehmender Vorwurf, denn er fordert von Literatur, was sie, zum Glück, nicht zu geben braucht. Die Autoren selbst haben Langeweile durchaus als schöpferisch anregenden Zustand begriffen: Nietzsche bekannte, daß Künstler »viel Langeweile« benötigten, »wenn ihnen ihre Arbeit gelingen soll«, und die »Verwirrungen des Zöglings Törleß« wurden, einem Wort ihres Verfassers zufolge, »buchstäblich aus Langeweile« geschrieben. Was auf der produktiven Seite gilt, hat auch auf der rezeptiven Sinn:

10 Doehlemann: Langeweile (Anm. 10), S. 105.

11 Roland Lambrecht: Melancholie. Vom Leiden an der Welt und den Schmerzen der Reflexion. Reinbek: Rowohlt, 1994, S. 228.

Literatur, die dem unterhaltungsdeformierten Leser langweilig erscheint, läßt sich vom professionellen Marktdenken nicht vereinnahmen; sie eifert nicht der Mainstreamware nach, die andere Medien konsequenter zu liefern in der Lage sind.

Langeweile macht das Verstreichen bzw. das Nicht-Verstreichen von Zeit deutlich und reißt deshalb aus den alltäglichen Mechanismen eingespielten Verstehens und Wahrnehmens. »Langweilige« Literatur nötigt dazu, die Blickwinkel zu wechseln und die Dinge in neuem Licht zu sehen. Sie gestattet in ihrer retardierenden Wirkung, sich in die dargestellte Welt zu versenken und die oberflächlichen Attraktionen zu durchdringen. »Große« Literatur, die vor »großen« Fragen nicht haltmacht, will auch erarbeitet werden, strengt mitunter an. Ein Beispiel: Adalbert Stifters Bücher, vor allem »Der Nachsommer« und »Witiko«, gelten als handlungsarme, beschreibungssüchtige Exerzitien, die heutzutage vielen als unlesbar erscheinen. Schon Friedrich Hebbel – der potentielle »Mörder aus Langeweile«, wir erinnern uns – versprach demjenigen, der die »Nachsommer«-Lektüre aus freien Stücken durchhalte, die (nichtexistente) Krone von Polen. Stifter zu lesen, das heißt, sich auf ein ästhetisches Abenteuer einzulassen, dem mit Begriffen wie Langeweile, Spannung oder Unterhaltung nicht beizukommen ist. Auf die Gegenwart gemünzt: Wer die Bücher von – sagen wir – Brigitte Kronauer, Gerhard Meier, Herta Müller, Hermann Lenz oder Peter Handke – ob ihrer »Verweigerung von Erzählung, Geschichte, Identifikation und Emotion«[12] tadelt, rügt nicht zu Rügendes. Daß der Literaturstreit der letzten Jahre darum gehe, »warum *die* Autoren und Autorinnen, die wirklich ›langweilig‹ schreiben, d. h. desinteressiert an der Welt und den Lesern, [...] als die eigentlichen Repräsentanten der deutschsprachigen Gegenwartsliteratur gelten«,[13] ist eine Einschätzung, die von falschen Prämissen ausgeht. »Wirk-

12 Martin Hielscher in diesem Band, S. 153.
13 Ebd.

lich langweilig«, das mag ein Kriterium sein, ein Kaffeekränzchen im Seniorenstift oder ein torloses Fußballmatch zwischen Uerdingen und Zwickau zu schmähen – mehr jedoch nicht. »Unterredungen, die wenig Wechsel der Vorstellungen enthalten, heißen langweilig«, definierte einst Immanuel Kant in seiner »Anthropologie in pragmatischer Hinsicht«; davon die mangelnde Qualität einer Unterredung, also auch eines literarischen Textes, abzuleiten ist irrig. Vielleicht ist heute eine Literatur nötiger denn je, die dem Zeitgeschmack trotzt und »wenig Wechsel der Vorstellungen« bietet. Fällt es nicht schwer genug, *eine* Vorstellung zu erfassen?

NORBERT BOLZ

Literarisches Kultmarketing

»It is difficult to remain the critic of a society that is entertained by blame as well as praise.«
C. W. Mills

Am besten nähern wir uns unserem Thema wohl mit einer ganz einfachen Frage: Für welche Schriftsteller gilt, daß die bloße Ankündigung eines neuen Buches im geneigten Leser eine freudige Erwartung auslöst? Was mich betrifft: immer noch Hans Magnus Enzensberger und John le Carré. Enzensberger schreibt seit Jahr und Tag Gedichte, die sich vor Gottfried Benn nicht schämen müssen, und er ist der unangefochtene Champion des alltagspolitischen Essays. Er erspart sich die intellektuelle Dummheit, seiner Vergangenheit treu zu bleiben, und bleibt mit ironischer Distanz dem Zeitgeist auf der Spur. Will sagen, er ist kein Sklave des Zeitgeistes, aber auch kein Sklave der Furcht vor dem Zeitgeist. An dem, was alle sehen, bringen seine taufrischen Beobachtungen ohne akademische Magie genau die Differenz an, die in philosophischen Oberseminaren als Dekonstruktion angebetet wird. Vielleicht könnte man sagen, Enzensberger ist die literarische Verkörperung dessen, was deutsche Nachkriegsintelligenz hätte sein können. Er beweist, daß man ein 68er sein kann, ohne zu verblöden. Und das macht ihn untypisch. Wer ihn noch nicht kennt, wird nach der Lektüre verblüfft hören, wie alt dieser jugendliche Autor schon ist. Gibt es ein größeres Lob? Gibt es noch mehr Lust am Text? Ich meine: ja. Wer zum Beispiel »The Tailor of Panama« von John le Carré gelesen hat, wird mir zustimmen: Das gibt es also doch – einen hochpolitischen Spannungsroman von gewaltiger Sprachkraft und höchster intellektueller Raffinesse, der doch in aller Komplexität *insanely readable* ist.

Nach diesem klappentextartigen Lob meiner Lieblingsautoren, eines alten, eigensinnigen Deutschen und eines alten, englischen Dieners der Intelligenz, will ich mich nun aber gerade nicht auf die Seite derer stellen, die die gegenwärtige deutsche Literatur auf dem Tiefpunkt ihrer Bedeutsamkeit sehen, sondern nur ihre Leistungsgrenze markieren: Derartiges sollte man nicht von ihr erwarten. Und ich werde gleich erklären: warum. Man überfordert die heutige deutsche Literatur aber auch dann, wenn man den Konvertibilitätsmaßstab der Weltkultur anlegt. Es ist ja ohnehin fraglich, ob es so etwas wie einen Kulturmaßstab überhaupt geben kann, denn jede Kultur hat einen eigenen Begriff von Kultur.

Vielleicht haben uns die Goethe-Institute, die Pina Bausch, Günter Grass und Jürgen Habermas als Exportschlager der deutschen Kultur um die Welt schickten, ja schon seit Jahrzehnten in eine wohltätige Illusion gehüllt – daß man sich nämlich auch außerhalb Mitteleuropas für deutsches Denken und Dichten interessiere. In Zeiten knapper Kassen fallen dann die Hüllen. Was die Leute in Sofia und Litauen an deutscher Kultur interessiert, ist nicht Sprachkunst, sondern Wirtschaftsdeutsch. Wir sind als Handelspartner attraktiv, nicht als Kulturnation.

Martin Heidegger durfte noch glauben, daß man, um zu verstehen, was die Welt im Innersten zusammenhält, Griechisch und Deutsch können muß. Heute würden wir wohl sagen: Englisch und Computerchinesisch. Und wenn die Amerikaner, die die Weltsprache Englisch durchgesetzt haben, heute verstärkt Spanisch lernen, dann nicht, um Cervantes im Original zu lesen, sondern um die hispanischen Eigenkulturen der amerikanischen Metropolen in Schach zu halten und das Idiom der *emerging markets* zwischen Mexiko City und Buenos Aires zu verstehen.

Doch noch einmal zurück zum Ausgangspunkt. Das war ja die Frage: Welche Texte machen Lust, welche Autoren gönnen uns Spaß am Lesen? Doch Lust wird immer mehr zum Zeitproblem. Ich bin ein Berufsleser – wie wohl die meisten Leser dieser Zeilen. Wir kultivieren einen Ausnahmezustand. Und das macht uns betriebsblind. Normal ist aber, daß Menschen mit Büchern gerade dann konfrontiert werden, wenn sie erschöpft sind. Am Abend im Bett, am Wochenende nach dem Rasenmähen, zwischen brüllenden Kindern. Und man wird fragen dürfen: Ist das, was unter solchen Umständen möglich ist, überhaupt noch lesen? Wer hat noch Zeit zum Lesen, wer kann noch lesen? Hinzu kommt das Problem: Wer kann noch mithalten mit dem, was angesagt ist? Jochen Hörisch hat dieses Problem schon vor Jahren in einem Band über das schnelle Altern der neuesten Literatur exponiert. Zentral steht dabei die Erfahrung, daß, was veraltet ist, nicht alt sein muß. Die Beschleunigung des Veraltens heißt für unsereins vor allem: Man sieht mit den eigenen literarischen Erfahrungen schnell alt aus!

Uninteressant für unser Thema sind die ungelesenen Bücher, die aus Prestigegründen in den Ikea-Regalen gesammelt werden. Viel aufschlußreicher sind die Bücher, deren erste Seiten gelesen wurden – aber eben: nur die ersten Seiten. Der Leser war zwar geneigt, aber dann mußte er doch vor der Arbeit des Lesens kapitulieren. »Der Mann ohne Eigenschaften«, Johnsons »Jahrestage«, von »Ulysses« ganz zu schweigen – einmal aufgebrochen und dann für alle Zeiten geschlossen. So schmücken sie als weithin sichtbare Zeichen kultureller Resignation unsere Wohnzimmer. Deshalb können uns die Statistiken der Marktforschung und die Verkaufszahlen der Verlage nichts über die Lage der deutschen Literatur sagen. Man kann zwar feststellen, was gekauft wird, aber nicht, was gelesen wird. Mit dem Kauf signalisiert man vor allem die kulturelle Wertschätzung des Mediums Buch. Man denke auch an die Bücherstapel auf den Schreibtischen der Berufsleser; was man eigentlich alles lesen müßte – aber natürlich dann doch nicht liest. Die »Niemandsbucht« zum Beispiel.

Was wir alle also dringend brauchen, ist Orientierungshilfe. Und hier spielt jene Marktforschung nun doch eine entscheidende Rolle. Denn wenn niemand weiß, was wirklich zählt, zählen die Zahlen. Das ist zutiefst demokratisch. Die Bestsellerlisten sind gerade auch für denjenigen wichtig, der gar nicht liest. Er weiß dann immerhin, was man lesen müßte. Man kann das entsprechende Buch mit großer Verhaltenssicherheit kaufen und verschenken. »Das Parfum« etwa, oder »Sofies Welt«. Kurzum: Bestseller entlasten die Urteilskraft. Und wir können an dieser Stelle schon festhalten, daß die heutige Klage über den Niedergang der deutschen Literatur im Klartext lautet: Die Bestseller schreiben die anderen.

Daß es Bestseller und Buchmessen gibt; daß wir jeden Herbst mit der Überraschung des literarischen Herbstes rechnen dürfen; daß seriöse Feuilletons von Kultbüchern berichten; daß es alle Jahre wieder zur Peinlichkeit des Literaturnobelpreises kommt; daß Kulturfunktionäre humanistische Literaturpolitik zu betreiben glauben, indem sie dem durch nichts mehr zu erschütternden Publikum Lyrik aus den Anden verschreiben – das alles sind deutliche Hinweise darauf, daß Literatur nicht auf dem Schauplatz der Kunst erscheint. George Steiners hellsichtiges Wort von der *Suhrkamp Culture* hat ja schon vor Jahrzehnten prägnant einen Sachverhalt bezeichnet, den man mit Begriffen des Marketing besser fassen kann als mit denen der Poetik: Deutsche Literatur war die Corporate Culture des Suhrkamp Verlags.

Auch wenn das heute anders sein mag – deutlich erkennbar sind doch nach wie vor die Grundlinien dessen, was man literarisches Kultmarketing nennen könnte, nämlich:
- Autorschaft ist Marketing;
- Bestsellerautoren sind Kultmarken.

Für literarische Kultmarken gilt wie für andere Marken auch, daß sie kaufbare Sicherheit präsentieren. Man kann nicht falsch liegen, wenn man einen Grünbein oder Goetz kauft. Und wie andere Kultmarken auch bilden Bestsellerautoren um sich herum Kommunikationswelten – vom sensiblen Hintergrundinterview in der »Zeit« bis zum skandalösen Auftritt in der Talkshow.

Nun wird man sich fragen müssen, wie ein Schriftsteller heute Kultstatus erreicht, wenn denn zutrifft, daß die Leute nicht mehr lesen können? Wenn die gesellschaftliche Anerkennung als Kulturheros nicht mehr über das Lesen läuft, muß man – das legt die Logik der Massenmedien nahe – provozieren. Mit einem Bocksgesang zum Beispiel oder einem Lob der Serben. Nun haben aber Provokationen in der Postmoderne das prinzipielle Problem, durchgespielt zu sein, also nicht mehr zu provozieren. Deshalb sind die gerade genannten Texte für Handke und Strauß nicht paradigmatisch. Sie sind naiv provokativ und damit präpostmodern. Man könnte allenfalls sagen, daß sie das Bedeutsamkeitspotential des Reaktionären ausschöpfen. Wahrhaft zeitgemäß ist demgegenüber ihre Selbststilisierung: der Autor als Held der selbstgewählten Einsamkeit. Von der Publikumsbeschimpfung führte ihr Weg zur kultivierten Öffentlichkeitsscheu. Handke und Strauß sind die Medienpräparate des »Unzeitgemäßen« – und nichts ist einem Kultursystem, das die Massenflucht vor dem Mainstream inszeniert, zeitgemäßer.

Wer schreibt, möchte einen Bestseller schreiben, und die meisten, fast alle, müssen sich dann fragen, warum es nicht geklappt hat. Man kann sich zu Recht damit trösten, daß der Literaturmarkt Qualität und Erfolg entkoppelt hat – obwohl natürlich Erfolglosigkeit auch hier kein Qualitätssiegel ist. Doch wer besiegelt den Erfolg? Wer herrscht im Reich der deutschen Literatur? Um einen prägnanten Satz Carl Schmitts zu mißbrauchen: Souverän ist, wer über den Bestseller entscheidet. Und das ist zum Beispiel Marcel Reich-Ranicki, der Kritiker als Star. Und wenn Kritik in einem parasitären Verhältnis zur Literatur steht, dann muß man vom sichtbaren Wohlbefinden des Kritikers auf einen guten Gesundheitszustand der deutschen Literatur schließen dürfen.

Die kulturelle Funktion des Großkritikers besteht schlicht darin, gangbare Wege im Dschungel der Buchmessen, Frühjahrskataloge und Literaturbeilagen zu bahnen. In der Sintflut des Sinns, den die deutsche Literatur über uns ergießt, zeigt uns der Großkritiker die rettende Arche Noah:

Das ist Prosa! Das literarische Urteil fasziniert, weil es unvorhersehbar ist und mit einem Zauberschlag Ordnung schafft. Hilflos wären wir geneigten, aber überforderten Leser vor der Lyrik Ulla Hahns ohne das Orakel aus dem Fernsehen.

Das Werturteil ist die argumentative Form einer Illusion, und mit ihr zaubert der Dezisionismus des Kritikers: Das ist ein schlechtes Gedicht! Es geht hier nicht um Kompetenz, sondern um Performanz. So gewinnt die wunderbare Inszenierung des »Literarischen Quartetts« ihren dezisionistischen Reiz vor allem auch daraus, daß mit Frau Löffler und Herrn Karasek abwägende, ponderierende Leser mit in der Runde sitzen, die die erstrebte Klarheit des Urteils kunstvoll unterdrücken – bis Reich-Ranicki zum apodiktischen Rundumschlag ausholt. Hier kann man in Sekundenschnelle berühmt werden. Und auch wer durchfällt, trägt seinen Teil zum Gelingen der großen Literaturshow bei. Wie Kandidaten für Gameshows rekrutiert das Fernsehen deutsche Dichter als Crash Test Dummies fürs »Literarische Quartett«.

Das funktioniert offenbar deshalb so reibungslos, weil Kritik wichtiger ist als Literatur. So sind die Rezensionen von Jochen Hörisch in der »NZZ« oder Manfred Schneider in der »Zeit« meistens besser als die Bücher, die sie besprechen. Und so war es auch schon in der Frühromantik oder zu Walter Benjamins seligen Zeiten. Um es auf eine einfache Formel zu bringen: Literatur ist der Eigenwert der Literaturkritik.

Dem »Literarischen Quartett« verdanken wir eine Art Reindarstellung dieser Autopoiesis der Literaturkritik. Das Werk dient hier nur noch als okkasionalistisches Auslöseereignis, zur erfrischenden Irritation einer völlig selbstbezüglichen Rede. Bei Gelegenheit von … wird die Dezision des Kritikers zum Ereignis. Reich-Ranickis Runde verwirklicht das unendliche Gespräch des Novalis. Und auch ein zweites Grundelement des literarischen Kultmarketing ist frühromantischen Ursprungs. Was Friedrich Schlegel »objective Willkühr« des Kunstwerks genannt hat, ist jetzt das Betriebsgeheimnis der Literaturkritik: beliebiger Anfang und Selbstkonditionierung.

Heute ist wohl unstrittig, daß die moderne deutsche Literatur in der Frühromantik begann. Moderne heißt aber, daß die Poesie entweder prosaisch (Roman) oder zum Selbstverhältnis der Sprache (Lyrik) und die Wirklichkeit poetisch (Performance) wurde. Seither steckte in jedem literarischen Kunstwerk eine Neudefinition von Kunst (– diesen Führungsvorsprung in der Kunst hat die Literatur allerdings nach dem Zweiten Weltkrieg verloren). Und komplementär dazu wurde die Kritik souverän: Ästhetik deklarierte Kunstwerke. Heute hat der Großkritiker diese Funktion übernommen: In den Massenmedien verschreibt er Literatur! Und am nächsten Morgen geht man in die Buchhandlung wie in eine Apotheke, um das einzig wirksame Medikament gegen »Sinnlosigkeit« zu kaufen.

Natürlich gibt es Menschen, die verstehen, was sie lesen, und ein intellektuelles Interesse an literarischer Kunst als Steuerung von Beobachtungen und Sonde der Wirklichkeitserforschung kultivieren. Doch hohe Literatur wirkt auch, wenn man nicht versteht – zumindest beruhigend. Man kann weitgehend Verstehen durch Kaufen ersetzen und sich die Namen merken. Wie andere Formen der Kunst auch ist hohe Literatur ein Placebo, das bekanntlich auch dann wirkt, wenn man weiß, daß es sich um ein Placebo handelt. Erkennbar ist sie für einen nichtprofessionellen Leser daran, daß sie keinen Spaß macht – wer hätte je seinen Spaß an »Finnegan's Wake« gehabt? – und daß das Lesen Arbeitscharakter annimmt. Das läßt sich natürlich auch einfacher sagen: Daß man sich langweilt, ist eine Kultqualität moderner Literatur. Wir schließen dann von Unverständlichkeit auf Tiefe und von Langeweile auf Bedeutsamkeit.

Daraus kann man auch einen Beruf machen. Moderne Literatur ist nämlich auf einen impliziten Berufsleser angelegt. Seine charakteristische Leistung besteht darin, das, was dem naiven Leser als graue Unverständlichkeit erscheint, in die Spektralfarben der Polysemie auszufalten. Die theoretische Apparatur der deutschen Literatur, die Germanistik, ist natürlich schon alt. Aber erst in den letzten Jahrzehnten hat sie in einer Art semantischem Historismus und Interpretationspluralismus die gegenständliche Unbestimmtheit erreicht, die ihr nicht nur vollkommene Autonomie, sondern auch Unabhängigkeit von der deutschen Literatur ermöglicht. Bei Gelegenheit von Celangedichten macht man dann »Dekonstruktion«; und Goethes »Meister« ist ein guter Anlaß, um Mediengeschichte zu schreiben. Der theoretische Apparat ist selbst das Ereignis.

Das erklärt auch, warum viele Germanisten heute vor der deutschen Literatur fliehen und lieber Literaturwissenschaftler, oder besser gleich: Komparatisten, oder noch besser: Medienwissenschaftler sein wollen. In dieser Fluchtbewegung reflektiert sich die Notwendigkeit einer radikalen Theoriesanierung der Germanistik: Auch in der Theorie der Literatur muß man endlich von Kreativität auf Evolution umstellen. Und zwar auf Medienevolution. Die Selektionsleistungen der Evolution bieten mehr an Vielfalt als jede Phantasie; deshalb übrigens sind Utopien reizärmer als Geschichten. In diesem Theorierahmen erscheint dann Kreativität als das elitäre Element der Evolution.

Für unser Thema heißt das: Die Klagen über den Niedergang der deutschen Literatur sind nur das Symptom dafür, daß wir in eine neue Etappe der Medienevolution eingetreten sind. Den massivsten Beleg für diese These sehe ich darin, daß die Klagen über den Verfall als Medienereignis inszeniert werden (– auf kleiner Flamme: in diesem Buch!). Und über den Tod des Romans kann man viel Aufregenderes schreiben und sagen als über untote Romane. Vor allem wird es dann möglich, die Totsagung unter Hinweis auf die putzmunteren Autoren des eigenen Verlags zu leugnen. Nicht die Romane belegen dann diese Gegenthese, sondern der Auftritt ihrer Autoren in einem anderen Medium. Gerade auch für den Autor gilt: Medienpräsenz ersetzt den Ruhm. Die Massenmedien ermöglichen dem Schriftsteller den Auftritt als »unerschrockener Intellektueller« (Grass) oder als Dichter gegen den Strom der Zeit (Strauß), als Selbst- (Sloterdijk) oder doch wengistens als Querdenker (Alt). Und gerade dort geben sie oft ihr Bestes. Nicht nur pro domo, sondern auch zu Recht hat Marcel Reich-Ranicki das Fernsehen als rhetorische Schule der prägnanten Formulierung gewürdigt.

Das Medium ist die Botschaft, und der Inhalt eines Mediums ist immer ein anderes Medium – diese Kernsätze Marshall McLuhans finden hier eine einfache Anwendung. Literatur im Fernsehen ist nur die auffälligste Form eines neuen kulturindustriellen Angebots: Literatur im Medienverbund. Und gerade deshalb – nämlich um das eben dadurch provozierte *reproduction antique feel* zu bedienen – kann man dann auch die Geschichte des Bleistifts schreiben. Die Bedeutung eines Mediums wird nur aus seinem Zusammenspiel mit anderen Medien verständlich. Und was in der Frühromantik noch Reflexionskontinuum hieß, findet heute sein technisches Gegenstück im Medienverbund.

Wenn es überhaupt einmal eine bürgerliche Öffentlichkeit mit dem Anspruch gesellschaftlicher Allgemeinheit gab, so ist sie unter Bedingungen des neuen Medienverbunds längst in »kulturelle Kasten« (Enzensberger) zerfallen. Das ermöglicht ein Parallelprozessieren von Hochkultur, Popkultur und dem unterhaltsamen White Trash zwischen Glücksspirale und Musikantenstadl. Die Hochkultur hält sich dabei durch eine geschickte Ausbeutung unseres schlechten Gewissens am Leben. Hochkultur ist das, was mich eigentlich interessieren sollte; und als eine Art Ablaß für die Sünden der Trivialität zahle ich dann gerne die Steuern, mit denen die Schiller-Theater und Goethe-Institute dieser Welt subventioniert werden.

Daß es bei den vielen zum schlechten Gewissen kommt, hängt mit dem zusammen, was Soziologen *pluralistic ignorance* nennen: »die Mehrheit täuscht sich über die Mehrheit« (Noelle-Neumann). Und dafür sorgen die Massenmedien. Der Code der öffentlichen Meinung operiert mit den beiden Wertstellen: Dafür- oder Dagegensein. In Sachen Rechtschreibreform zum Beispiel. Und das Feuilleton macht uns dann klar, welches die positive Seite ist. Öffentlich heißt die Meinung, die man ohne Isolationsangst aussprechen kann. Das absorbiert Unsicherheit und entlastet die Urteilskraft. Mit anderen Worten: Öffentliche Meinung ist der Eigenwert der Massenmedien – etwa die, daß die deutsche Literatur in einer »Krise« sei.

Der geneigte Leser dieser Zeilen wird schon bemerkt haben, daß ihrem Autor ein literarisches Urteil über das Niveau der gegenwärtigen deutschen Literatur nicht zusteht. Deshalb muß die Möglichkeit immerhin gestreift werden, daß die, die schwarz sehen, richtig sehen. Ich meine nur: Und wenn die Klagen recht haben – vielleicht ist es ja ein gutes Zeichen. Das Volk der Dichter und Denker hat doch immer nur kompensiert, daß Politisches mangelte. Vielleicht brauchen wir heute den Trost aus dem Hochtiefbauamt des Geistes nicht mehr, weil wir modern, besser noch: europäisch, besser noch: normal geworden sind.

MANFRED SCHNEIDER

Einen Neckermann für unsere Dichter?

I

Früher waren einmal schlechte Zeiten gute Zeiten für Dichter. Hölderlin, Nietzsche oder Gottfried Benn sahen den Dichter aus den Völkerkatastrophen hervorspringen wie Athene aus dem Haupte des Zeus. Diderot und Chateaubriand hielten Schreckensepochen für die Blütezeiten der epischen Dichtung. Heiner Müller erspürte in Diktaturen ein besonders günstiges Klima für das Drama. Victor Hugo glaubte, daß »die größten Dichter der Welt nach großen öffentlichen Desastern« auftreten. Im deutschen Biedermeier wollte man die Poesie auch aus privaten Desastern hervorlocken. Charlotte Stieglitz, die Ehefrau des Lyrikers Heinrich Stieglitz, stieß sich am 29. Dezember 1834 einen Dolch ins Herz,um durch diese Erschütterung ihren im Eheglück verstummten Dichtergatten der Verskunst zurückzuschenken. Das Beispiel – wenn auch zum Teil erfolgreich – machte gottlob keine Schule. Außerdem wäre heute – die Welt ist voranmarschiert – endlich einmal ein Dichterinnengatte dran.

Aber heute scheint sowieso alles ganz anders zu sein. Vielleicht sind wir aber auch nur nicht mehr unglücklich genug, um unsern Dichtern aller Geschlechter zu tun zu geben. Oder ist es ein apartes Dilemma der deutschen Dichterzungen? Denn wenn wir über unsere Grenze blicken, dann sehen wir auch in den prosperierenden Ländern, zumal in den USA, die Romane nur so aus dem Boden sprießen. In diesem überglücklichen Kontinent sitzt beinahe hinter jedem Präriehügel ein dichtender Naturbursche. Nur unsere Genies hocken unbeachtet und unverstanden auf ihren Stadtschreiber-Stühlchen und meißeln mutlos an ihrer Unsterblichkeit. Inzwischen importieren die Verleger

Bestseller auf Bestseller vom anderen Ufer des Atlantik. Amerika, du hast bessere Romane. Der Profit würgt unsere Talente, die doch behutsam an große Aufgaben herangeführt sein wollen und international miterzählen möchten. Es ist nicht zu leugnen: Der deutsche Roman hat den Anschluß an die Weltspitze verloren. Unseren jungen Erzähltalenten ergeht es wie unseren begabten Eishockeyspielern: In der Bundesliga der Romane spielen die Amerikaner, sie sahnen ab, sie verfügen über internationale Erfahrung, sie haben die Schmerzen aller Kontinente erlitten, sie sprechen die Sprache der Lesefans, und wenn sie die Lippen fürs Erzählen spitzen, dann öffnen sich die Ohren der Welt. Wie können wir nur helfen? Wir brauchen eine Deutsche Erzählstiftung, wir brauchen einen Josef Neckermann des Erzählsports, denn wer international miterzählen will, der muß ohne finanzielle Sorgen täglich ein größeres Pensum schreiben, zwei Stunden Kurzgeschichte, drei Stunden Novelle, vier Stunden Roman. Sonst wird es keinen epischen Ironman aus deutschem Geist geben.

Nicht nur die deutschen Dichter verlieren alle Motivation, sich für das Spitzenerzählen zu quälen, wenn in der Bundesliga der Romane immer nur Ausländer aufgestellt werden; auch unsere Kritiker leiden, denn sie haben unter ihren Textbausteinen reichlich Lob gespeichert, so viele gute schöne Worte für den Dichtermessias, der einmal wieder einen deutschen Namen ganz groß auf einen Weltbestseller schriebe. So bleibt ihnen nichts anderes übrig, als immer wieder den Textbaustein aufzurufen, der die Krise beklagt. Wir sind in der Krise, der Roman ist in der Krise. Das Erzählen, von den Amerikanern und Engländern und Spaniern und Italienern längst vom Kritikerbann des Zuendeseins gelöst, will hier nicht blühen, nicht am Rhein und nicht an der Elbe, allenfalls an der Weichsel, die uns nicht mehr gehört. Unsere ganze Literatur ist in der Krise, seitdem Lord Chandos stellvertretend für alle Meister deutscher Zunge die Worte nicht mehr schmecken. Und seit sich ein lautes Lamento über die zerfallende Wirklichkeit in den Büchern breitmacht, will kein richtiges Erzählen mehr von den Lippen. Die Krise selbst ist in der Krise. Krieg, Inflation, Diktatur, Exil beflügelten die Dichter nicht, sondern brachen den starken Erzähltalenten das Rückgrat. Was blieb, das quälte sich mit Fragmenten wie Kafka, mit Unmöglichem wie Musil, mit Wahnsinn wie Canetti, mit Verstörung wie Thomas Bernhard. Was hätte nicht eine Stiftung bereits in diesem Jahrhundert Gutes bewirken können! Ein Amerika-Stipendium hätte Kafka die Chance gegeben, für seinen abgebrochenen Roman sorgfältiger zu recherchieren und dem Irrtum eines Naturtheaters von Oklahoma abzuschwören. Robert Musil hätte ohne Geldsorgen mehr reisen und seinem Ulrich, dem sonst ja alle Eigenschaften abgehen, wenigstens einen Hauch Karibik-Bräune auflegen können. Ein paar knackige Beachgirls statt Schwester Agathe, dann wäre Ulrichs anderer Zustand gewiß sinnlicher ausgefallen. Musils Roman könnte heute gut und gerne fünf Bände umfassen und den schmachvollen Abstand zu Prousts *Suche nach der verlorenen Zeit* verringern. Und ist Robert Walsers Werk dem internationalen Ruhm und den Leseaugen der Weltöffentlichkeit denn nicht nur darum entzogen, weil der Dichter zu wenig herumkam? Etwas mehr Geld, und er hätte zuletzt in größerer Schrift über bedeutsamere Themen und über wichtigere Leute schreiben können. Er wäre vielleicht der Mann für den großen internationalen Max-Schmeling-Roman gewesen. Was aber sollen ein Börsenmakler in New York, ein McDonald's-Koch in Chicago mit *Jakob van Gunten* anfangen? Es könnte viel besser um die deutschsprachige Literatur stehen, hätte eine gute Hand früher eingegriffen. Warum gibt es keine Fußballgedichte von Rilke, keine deftige Auschwitz-Komödie von Celan?

II

Ehe aber der Neckermann der Literaturförderung an die Türen der Mäzene klopft, sollten rasch ein paar Begriffe geklärt und richtiggestellt werden. Haben die Literaturagenten und Meisterkritiker nicht begonnen, Literatur mit Romanen zu verwechseln? Und Romane mit Unterhaltung? Nichts gegen Unterhaltung, aber unter wessen Niveau? Die halbe Welt ist bereits erlöst durch Amusement. Doch bieten auch Lichtenbergs *Hogarth-Kommentare*, Nietzsches *Zarathustra*, Kafkas *Tagebücher*, Jüngers *Subtile Jagden* ein Entertainment. Nur würde kein Literaturagent für die Rechte daran je einen Pfennig herausrücken, kein Redakteur opferte dafür eine TV-Sendeminute. Doch wer ein Autor deutscher Sprache werden will, der muß durch solche (und hundert andere) Texte gegangen sein, in denen Gedanken und Worte ihre größten Feste feierten. Die Veränderung des Literatursystems in den vergangenen zwanzig Jahren – immer mehr Bücher, immer weniger Leser – hat die Literatur allzu hart mit neuen Bedingungen konfrontiert: Sie verkauft sich auf einem Markt, aber sie lebt im Gedächtnis der Kultur. Diese Literatur gehört zum Luxus, den eigentlich niemand braucht, ebensowenig wie Träume und Gedanken. Die Masse der Bücher wird verschenkt und dient als Schmückedeinheim. Diese wahre Wirklichkeit, wo Bücher als Ornamente des Alltags verstauben, brachte kürzlich das Magazin der *Süddeuschen Zeitung* ans Licht. Sie identifizierte auf Werbephotos die Autoren und Titel solcher Bücher, die Einrichtungshäuser zur Dekoration ihrer Wohnzimmerregale aufstellen. Vom Zufall zusammengewehte Literatur, Lebenshilfe, Bestseller, Unterhaltung. Ähnliche Buchstabensorten werden diese Schränke auch füllen, wenn sie ihren schweren Weg in die Gemütlichkeit der Konsumenten angetreten haben. Die Bibliotheken der Profis, der Autoren, Verlagsleute, Kritiker, Professoren und Lehrer sehen freilich anders aus. Sie gehören zum Literaturbetrieb oder, feiner ausgedrückt, zum Literatursystem. Das System wächst zwar nach wie vor, und es gleicht durch seine Expansion offensichtlich den Verlust der Leserschaften aus. Nur, wie funktioniert dieses System? Es wird über Bücher geredet. Die kleine Unbequemlichkeit, daß – anders als der Konsum von

Kunst – das Lesen von Büchern und das Nachdenken über sie genau die Zeit kostet, die niemand hat, wird durch professionelle Transferleistungen und Subinformationen ausgeglichen. Ein paar Kritiker unterziehen sich der Mühe, die neuen Bücher wenigstens kursorisch zu lesen, und sie sondern jene kritische Masse an Urteilen ab, die den übrigen genügen, um über die Bücher zu reden. Die Autoren wiederum verlassen ihre stillen Dichterstuben, sie reisen durch die Buchhandlungen und Volkshochschulen, um dem interessierten Publikum ihre Erscheinung zuzuwenden und ihre Zungen schlagen zu lassen. Dichter und Bücher verfügen über wenig Leser, aber viel Autorität. In Volkshochschulen blüht das Gespräch über Bücher. Denn worin sonst besteht das Literaturgespräch als im Austausch von Meinungen, die man nicht hat. Und zu diesen Meinungen gehört die Rede von der Krise.

Was ist eine Krise? Das Wort Krise zeigt jeweils an, daß die Dinge nicht so laufen, wie es derjenige gerne hätte, der die Diagnose stellt. Das Leben ist der Güter höchstes nicht, der Übel größtes aber ist die Krise. Die Krisendiagnose zu stellen, ist ein Spiel des Diskurses, eine Finte des Alltagsgemurmels, nämlich ein Thema ganz schwarz zu rahmen, um statt Kennerschaft Sorge zu tragen. Die Krisendiagnose gibt der Sache einen Index höchster Dringlichkeit. Darüber muß gesprochen werden! Hier muß eine Lösung her! Das Krisenlabel kann sich an unterschiedliche Seiten des Themas Literatur heften. »Die Literatur ist schlecht«, »die deutschen Autoren sind schlecht«, »dieses Jahr hat es wieder keinen großen Roman gegeben«, »die Leute kaufen keine Bücher mehr«, »die Buchhandlungen verschwinden«, »die Schüler und Studenten lesen zu wenig«, »das Fernsehen ist des Buches Tod« etc. Krise ist überall, man muß ihr nur einen apokalyptischen Namen geben.

III

Der Übel größtes ist die Krise nicht. Denn da das Literatursystem aus Sprechen von und aus Schreiben über Literatur besteht, sollte man ihm wie auch allen anderen Systemen (Politik, Wirtschaft, Wissenschaft etc.) das Krisenwort nicht entziehen. Aber es gehört ein Wort gesprochen, aus welcher Krise bisweilen die (deutsche) Literatur kommt. Zum Beispiel ein so vollkommenes Gedankenwerk wie Lichtenbergs *Sudelbücher*. Oder Hölderlins späte Hymnen. Oder Friedrich Hebbels *Tagebücher*. Oder Kafkas Erzählung von *Josephine der Sängerin*. Oder Benjamins *Berliner Kindheit um 1900*. Oder Günter Eichs *Maulwürfe*. Sie kommen aus der Ungelesenheit der Zeitgenossen und ziehen ein in die Ungelesenheit der Nachwelt. An einer Nahtstelle dieser beiden *Fadings* jedoch können solche Werke erleuchten, ergreifen, erschüttern, diesen oder jenen Leser dazu bringen, sich der Literatur zu verschreiben. Daneben ist nichts weniger wichtig als das Schicksal dieser Titel auf dem internationalen Markt. Liest Naomi Campbell vielleicht Trakl? Gibt es die *Phänomenologie des Geistes* schon auf japanisch? Wer übersetzt die *Fackel* ins Amerikanische? Und ist der *Gaulschreck im Rosennetz* auf französisch greifbar? Ja, war eigentlich die Weltliteratur erfolgreich? Was sagte die Kritik noch zu de Sades *Philosophie dans le boudoir*? Wie viele Exemplare der *Fleurs du Mal* gingen über die Ladentheke? Wie viele Literaturpreise hat Herman Melville erhalten? Oder blicken wir in die goldene Jetztzeit des amerikanischen Romans? Wie hoch ist die deutsche Auflage von Thomas Pynchons *Gravity's Rainbow*? Suhrkamp bringt in einem halben Jahr mehr Hesse auf dem Markt unter als Rowohlt in zehn Jahren Bücher von Pynchon. Wen von beiden aber empfiehlt man einem künftigen Autor zum Studium?

Die Literatur kommt nicht aus dem Erfolg. Und dies gilt, obwohl es erfolgreiche und zugleich großartige Autoren gegeben hat. Die Literatur kommt aus der Obsession. Nicht aus den öffentlichen Kalamitäten, wie Victor Hugo meinte.

Das ist in diesem Jahrhundert reichlich probiert worden. Die literarische Bilanz der beiden Weltkriege fällt für die deutsche Literatur vernichtend aus. Man denke nur an den kriegsbetroffenen Gutmenschenkitsch eines Heinrich Böll. Und dann sind vom deutschen Vaterland auch beinahe zwei Generationen gewaltsam zu Asche gemacht worden. Auf wieviel Millionen Tote und Ungeborene kommt ein literarisches Genie? Wieviel Juden darf ein Land vertreiben und ermorden, ohne zugleich seine Literatur zu erwürgen? Die Literatur kommt aus der Obsession. Und Obsessionen züchtet man ebensowenig wie Wahnsinn. »Die Nächte durchrasen mit Schreiben«, so lautete der Stundenplan von Franz Kafka. Und solches Nocturno ist die Eigenzeit der Obsession. Vermutlich vergibt allein der Todestrieb die Kräfte für das Werk. Der Preis dafür sind Verausgabung, Drogen, Krankheit, Wahnsinn, früher Tod, Selbstmord. Eine solche Bilanz schreibt sich nicht, weil die Dichter degeneriert sind, wie man im 19. Jahrhundert annahm. Nicht ihre biologische Erbmasse treibt die Meister der Literatur aus den Normalitätskurven, sondern ihr Wahn, alles Glück auf beschriebene Blätter zu setzen. Was Hegel von der Weltgeschichte sagte, gilt wörtlicher noch von der Literaturgeschichte aller großen Dichter und Dichterinnen: »die Perioden des Glücks sind leere Blätter in ihr«.

Und auch die Großen sind nicht Tag und Nacht groß. »Keiner auch der größte Lyriker unserer Zeit hat mehr als sechs bis acht vollendete Gedichte hinterlassen.« Die Zählung stammt von Gottfried Benn. Und diese wenigen Verse sind fast immer der flüchtige Rest einer Randexistenz. Die sichersten Umstände, aus denen die großen Werke hervorgehen, sind das Unglück und der Zufall. Und die Literatur selbst. Die sogenannte Realität hat noch keinen einzigen Autor hervorgebracht. Allein die Wörter und die Literatur. Und deutsch lernt man nicht durch das Abschreiben amerikanischer Bestseller, sondern durch das Lesen deutscher Literatur. Erfahrungen kann man zwar auf unendlich viele Weisen machen. Aber Erfahrungen mit der Sprache nur in der eigenen.

IV

Die Debatte um die deutsche Gegenwartsliteratur gibt einen Beleg für die triviale Tatsache, daß die Literatur aus Schreiben von und über Literatur besteht. Und daß sich alles sagen läßt, wenn nur ein kleines Parteienfeuer in den Sätzen glimmt. Man kann dafür sein und dagegen. Und man kann eine mittlere oder eben extreme Position einnehmen. Vor allem muß man sich ein Profil zulegen. Kaum jemand sagt daher in dieser Debatte etwas völlig Dummes, aber auch nur wenige etwas sehr Kluges. Es ist insgesamt eine heitere Juste-milieu-Debatte. Es ist eine wundervoll deutsche Debatte. Und das heißt zweierlei. Eine ähnliche Debatte würde weder in dem Land mit der höchsten literarischen Kultur, nämlich in Frankreich, stattfinden noch in jenem Land, von dem nur einige Verrückte meinen, daß es über eine literarische Kultur verfüge, nämlich in Amerika. In Frankreich würde man in dieser selbstkritischen Form niemals debattieren. In Amerika wiederum debattiert man über Literatur überhaupt nicht. Bezogen auf Frankreich ist unsere Debatte komisch. Bezogen auf Amerika ist sie beruhigend. Denn sie bezeugt: Es gibt hierzulande ein intellektuelles Leben, es gibt kleinformatige intellektuelle Passionen. Und offensichtlich ist die Literatur nicht gleichgültig. Sagen wir das Tröstlichste über diese Diskussion: Der Konsens wäre der Wärmetod der Literatur.

Nachweise

I

Frank Schirrmacher: Idyllen in der Wüste oder Das Versagen vor der Metropole. In: Frankfurter Allgemeine Zeitung, 10. 10. 1989. – © Frank Schirrmacher, Frankfurt/Main.

Volker Hage: Zeitalter der Bruchstücke. In: Der Spiegel, 10. 11. 1989. – © Volker Hage, Hamburg.

Hubert Winkels: Was ist los mit der deutschen Literatur? In: Die Zeit, 2. 3. 1990. – © Hubert Winkels, Köln.

Reinhard Baumgart: Boulevard – was sonst? In: Die Zeit, 6. 4. 1990. – © Reinhard Baumgart, Grünwald.

Maxim Biller: Soviel Sinnlichkeit wie der Stadtplan von Kiel. In: Die Weltwoche, 25. 7. 1991. – © Maxim Biller, München.

Matthias Altenburg: Kampf den Flaneuren. In: Der Spiegel, 12. 10. 1992. – © Matthias Altenburg, Frankfurt/Main.

Roger Willemsen: Fahrtwind beim Umblättern. In: Der Spiegel, 21. 12. 1992. – © Roger Willemsen, Hamburg.

Uwe Wittstock: Ab in die Nische? In: Neue Rundschau 104 (1993), H. 3. – © Uwe Wittstock, Frankfurt/Main.

Siegfried Unseld: Literatur im Abseits? In: Frankfurter Allgemeine Zeitung, 18. 8. 1993. – © Siegfried Unseld, Frankfurt/Main.

Heinrich Vormweg: Literaturzerstörung. In: Jörg Drews (Hg.): Vergangene Gegenwart – gegenwärtige Vergangenheit. Studien, Polemiken und Laudationes zur deutschsprachigen Literatur 1960 bis 1994, Bielefeld: Aisthesis, 1994 [gekürzt]. – © Aisthesis Verlag, Bielefeld.

Thomas E. Schmidt: Der Friede der Dichter und der Krieg der Lektoren. In: Frankfurter Rundschau, 2. 12. 1995. – © Thomas E. Schmidt, Frankfurt/Main.

Karl Heinz Bohrer: Erinnerung an Kriterien. Vom Warten auf

den deutschen Zeitroman. In: Merkur 49 (1995). – © Karl Heinz Bohrer, Bielefeld.

Martin Hielscher: Literatur in Deutschland – Avantgarde und pädagogischer Purismus. In: Neue Rundschau 106 (1995), H. 4 [gekürzt]. – © Martin Hielscher, Köln.

Andrea Köhler: Reisender Schnee oder Realismus ohne Resignation. In: Neue Zürcher Zeitung, 30. 11./1. 12. 1996. – © Andrea Köhler, Zürich.

Iris Radisch: Der Herbst des Quatschocento. In: Die Zeit, 17. 10. 1997. – © Iris Radisch, Hamburg.

Andrea Köhler: Seasons in the sun. In: Neue Zürcher Zeitung, 24./25. 1. 1998. – © Andrea Köhler, Zürich.

II

Thomas Hettche: Vaporetto (Linie 52). Originalbeitrag. – © Thomas Hettche, Frankfurt/Main.

Burkhard Spinnen: Große Auswahl! Erstveröffentlichung. – © Burkhard Spinnen, Münster.

Jochen Hörisch: Die Vorzüge der Gegenwartsliteratur. Originalbeitrag. – © Jochen Hörisch, Mannheim.

Brigitte Kronauer: Wie aber steht's mit den Zähnen? Originalbeitrag. – © Brigitte Kronauer, Hamburg.

Rainer Moritz: Plädoyer für die Langeweile. Originalbeitrag. – © Rainer Moritz, Hamburg.

Norbert Bolz: Literarisches Kultmarketing. Originalbeitrag. – © Norbert Bolz, Essen.

Manfred Schneider: Einen Neckermann für unsere Dichter? Originalbeitrag. – © Manfred Schneider, Essen.

Die Autorinnen und Autoren

Matthias Altenburg, geboren 1958, lebt als Schriftsteller in Frankfurt/Main.

Reinhard Baumgart, geboren 1929, ist Professor für neuere deutsche Literatur an der Technischen Universität Berlin.

Maxim Biller, geboren 1960, lebt als Schriftsteller in München.

Karl Heinz Bohrer, geboren 1932, ist Professor für Literaturwissenschaft und Deutsche Literatur des 20. Jahrhunderts an der Universität Bielefeld.

Norbert Bolz, geboren 1953, ist Professor für Kommunikationstheorie an der Universität-Gesamthochschule Essen.

Volker Hage, geboren 1949, ist Redakteur im Kulturressort des »Spiegel«, Hamburg.

Thomas Hettche, geboren 1964, lebt als Schriftsteller in Frankfurt/Main.

Martin Hielscher, geboren 1957, ist Lektor im Verlag Kiepenheuer & Witsch, Köln.

Jochen Hörisch, geboren 1951, ist Professor für Neuere Germanistik und Medienanalyse an der Universität Mannheim.

Andrea Köhler, geboren 1957, ist Literaturredakteurin der »Neuen Zürcher Zeitung«.

Brigitte Kronauer, geboren 1940, lebt als Schriftstellerin in Hamburg.

Rainer Moritz, geboren 1958, ist Programmgeschäftsführer des Verlags Hoffmann und Campe, Hamburg.

Iris Radisch, geboren 1959, ist Literaturredakteurin der »Zeit«, Hamburg.

Frank Schirrmacher, geboren 1959, ist Herausgeber der »Frankfurter Allgemeinen Zeitung«.

Thomas E. Schmidt, geboren 1959, war bis 1998 Literaturredakteur der »Frankfurter Rundschau«.

Manfred Schneider, geboren 1944, ist Professor für Neuere Deutsche Literaturwissenschaft an der Universität-Gesamthochschule Essen.

Burkhard Spinnen, geboren 1956, lebt als Schriftsteller in Münster.

Siegfried Unseld, geboren 1924, ist Verleger des Suhrkamp Verlags, Frankfurt/Main.

Heinrich Vormweg, geboren 1928, lebt als Kritiker in Köln.

Roger Willemsen, geboren 1955, lebt als Journalist in Hamburg.

Hubert Winkels, geboren 1955, ist Literaturredakteur beim DeutschlandRadio, Köln.

Uwe Wittstock, geboren 1955, ist Lektor im S. Fischer Verlag, Frankfurt/Main.

RECLAM-BIBLIOTHEK

Trash-Piloten

Texte für die 90er

Herausgegeben von Heiner Link
316 Seiten. RBL 1595. 20,– DM
ISBN 3-379-01595-4

Trash-Piloten – ungeschminkte Texte für und gegen die 90er.
Weitgehend im »voroffiziellen« Bereich formiert sich ein Schreiben, das, frei von Konventionen, anknüpft, wo der legendäre Rolf Dieter Brinkmann aufhören mußte. Heiner Link hat eine Anthologie dieser unprätentiösen Prosa zusammengestellt. Die gut 40 Autorinnen und Autoren wie Funny van Dannen, Ralf Bönt, Franzobel, Marc Degens, Jürgen Ploog, Enno Stahl, Lou A. Probsthayn, Sibylle Berg, Stefan Beuse oder Katja Winkler besingen keine Blumen am Wegesrand, haben mehr zu bieten als Greisengemurmel, fühlen sich nichts und niemandem verpflichtet, außer ihrer individuellen, eigenständigen Haltung.

Mit *Trash-Piloten* quer durchs Land – eine Expedition ins Anarchische, Provokative und Unverkrustete der Gegenwartsliteratur.

RECLAM-BIBLIOTHEK

Das bleibt

Deutsche Gedichte 1945–1995

Herausgegeben von Jörg Drews.
274 Seiten. RBL 1532. 25,– DM
ISBN 3-379-01532-6

Die ewigen Rechtfertigungen des eigenen Geschmacks, der eigenen Vorlieben und Besessenheiten scheint Drews satt zu haben. Er nennt seine Anthologie schlicht und wohl mit der Faust auf den Tisch schlagend: »Das bleibt«. Schließlich hat Drews seine Kriterien oft genug formuliert.

Jürgen Werth, Radio Bremen

Seine Auswahl beispielhafter Texte aus dieser Moderne gibt einen eigenwilligen und anregenden Querschnitt. Man hat etwas in der Hand, mit dem sich umgehen läßt ... Einer ihrer Vorzüge ist, daß sie Streitigkeiten auslösen und ein bißchen Bewegung bringen könnte.

Heinrich Vormweg, WDR

Also (viele völlig Mißachtete werden dem gerne zustimmen) wohl noch nicht die Ultima ratio, aber (viele »Bleibende« werden es nicht bestreiten) ein klug, mit Humor und Sinn für das Originelle arrangierter lyrischer Kanon, über dessen Auswahlkriterien man sich mit Gewinn ärgern kann.

Rheinischer Merkur

Über „Schlafes Bruder“

Materialien zu Robert Schneiders Roman

Herausgegeben von Rainer Moritz.
191 Seiten. Mit 19 Abbildungen. RBL 1559. 16,– DM
ISBN 3-379-01559-8

Im Jahr 1992 erschien Robert Schneiders Debütroman *Schlafes Bruder*, ein Buch, dessen Erfolgsspur in der deutschsprachigen Gegenwartsliteratur fast ohne Beispiel ist. Die Prognose des *Spiegel* – »Dieser Roman wird wie eine Droge wirken« – hat sich längst bewahrheitet. Leser in der ganzen Welt ließen sich von der Geschichte des genialen Musikers Johannes Elias Alder packen. Bekannte Kritiker rühmten das Werk, dessen Autor eine Vielzahl von Preisen erhielt, darunter den Marieluise-Fleißer-Preis, den französischen Prix Médicis und den italienischen Premio Grinzane Cavour. Joseph Vilsmaiers Romanverfilmung, im Oktober 1995 in die Kinos gekommen, sorgte allenthalben für Aufsehen.

Um den vielen Lesern eine intensive Auseinandersetzung mit dem Roman zu erleichtern, versammelt dieser Materialienband eigens zu diesem Anlaß geschriebene Essays und Untersuchungen sowie eine Auswahl der wichtigsten Rezensionen.

Feuerharfe

Deutsche Gedichte jüdischer Autoren
des 20. Jahrhunderts

Herausgegeben und mit einem Nachwort versehen
von Josef Billen
281 Seiten. RBL 1598. 24,– DM
ISBN 3-379-01598-9

Die *jüdische* Welt im Deutschland des 20. Jahrhunderts: wie sah sie aus, wie spiegelte sich ihr Wesen im Werk des Magiers – des Dichters? Stets in einem Spannungsfeld von Annahme und Abweisung durch das umgebende Milieu und von eigenem Assimilations- und Dissimilationsstreben, stellen sie die klassischen Fragen nach Gott und der Welt, versuchen sich ihrer Wurzeln zu versichern und gegenwärtiger Gemeinschaft. Seismographisch werden die Anzeichen der heraufziehenden Katastrophe des nazistischen Völkermords aufgenommen. Dieser ist die thematische Mitte der Anthologie: Klage, Verzweiflung, Gedenken und Weiterdenken, Auseinandersetzung mit Verdrängung und Verleugnung begegnen hier. Vor allem aber die Frage: Wie weiterleben nach dem ungeheuerlichen Geschehen?